Kreativ durchs Jahr mit Kindern ab 4 Jahren

Inhalt

Vorwort 5

So geht's 6

April 86
Vorlagen 102

Januar 12
Vorlagen 29

Mai 114
Vorlagen 131

Februar 38
Vorlagen 53

März 62
Vorlagen 79

Juni 140
Vorlagen 156

Inhalt 3

Juli 164
Vorlagen 181

Oktober 238
Vorlagen 255

August 188
Vorlagen 205

November .. 264
Vorlagen 280

September . 214
Vorlagen 231

Dezember .. 290
Vorlagen ... 307

Buchempfehlungen für Dich 318
Impressum 320

Vorwort

Du bist immer wieder auf der Suche nach tollen Bastelideen? Dann ist dieses Buch genau das richtige für dich! Egal ob Frühling, Sommer, Herbst oder Winter, drinnen oder draußen – hier findest du für jeden Tag im Jahr die perfekte Idee, um kreativ zu werden.

Wie wäre es zum Beispiel mit einem Herzkissen zum Valentinstag, bunt gefärbten Eiern zu Ostern oder einem gemalten Tannenbaum zu Weihnachten? Außerdem findest du in diesem Buch leckere Rezepte für Eis im Sommer, fantastische Bastelideen aus Naturmaterial für den Herbst und tolle Schminkvorschläge für Karneval.

Zu Beginn solltest du dir die Grundanleitung durchlesen. Dort lernst du zum Beispiel wie man Schablonen anfertigt und was du beim Basteln mit verschiedenen Materialien beachten solltest. Danach kannst du zum jeweiligen Tag blättern und direkt mit den schönsten Projekten loslegen.

Egal ob mit Farbe, Holz, Wolle, Stoff, Naturmaterial oder Knetmasse – mit diesem Buch wird jeder Tag zum Lieblingsbasteltag.

So geht's

Grundlagen

Bastelplatz vorbereiten

Zu Beginn jeder Bastelarbeit solltest du deinen Arbeitsplatz gut mit Zeitung oder einer Wachstischdecke abdecken, das hält Farbe, Modelliermasse und Klebstoff ab. Lege dir alle Materialien vorher bereit, damit du nicht während des Bastelns suchen musst. Wenn du bei einem Projekt viel mit Farbe oder Klebstoff arbeitest, zieh dir am besten Sachen an, die dreckig werden dürfen.

Vorlagen übertragen

Für einige Modelle in diesem Buch gibt es Vorlagen. Mit Kohlepapier kannst du sie auf Papier oder Pappe übertragen. Lege zum Übertragen das Kohlepapier mit der beschichteten Seite nach unten auf das Tonpapier. Obenauf kommt die Vorlage, die du mit einem spitzen Stift nachzeichnest. So drückt sich der Umriss auf das Tonpapier ab und du kannst ihn dann ausschneiden.

Willst du eine Vorlage auf Stoff übertragen, legst du ein transparentes Papier darauf und zeichnest die Vorlage mit weichem Bleistift nach. Das Transparentpapier legst du dann mit der Bleistiftseite nach unten auf den Stoff. Ziehe die Linien auf der unbenutzten Seite des Papiers noch einmal nach und drücke dabei etwas fester auf. Wenn du das Papier wegziehst, sollte sich der Umriss auf dem Stoff abzeichnen.

Scheren

Für das Schneiden von Papier gibt es spezielle Scheren. Die normale Bastelschere kannst du für alle Papiere und auch Pappe verwenden. Für filigrane Muster eignet sich eine Silhouettenschere oder eine einfache Nagelschere besser. Für Stoff brauchst du eine Stoffschere. Diese Scheren solltest du für deine Bastelarbeiten immer zur Verfügung haben, denn sie stehen nicht noch einmal gesondert in den Materialangaben.

Klebstoff

Zum Kleben von Papier eignet sich der tropffreie UHU Alleskleber. Viele dünne Papiere ziehen sich bei flüssigem Klebstoff zusammen. Benutze dafür einen UHU Klebestift oder doppelseitiges Klebeband. Beide Klebstoffe gehören zu deiner Grundausstattung und sind in den Materiallisten nicht noch einmal extra angegeben.

Schablonen anfertigen

Schablonen brauchst du, wenn du eine Form aufmalen willst oder ein Motiv mehrmals ausschneiden musst. Das Material dazu solltest du immer griffbereit haben, denn es ist bei den Bastelprojekten nicht noch einmal zusätzlich angegeben. Übertrage deine Vorlage auf Pappe und schneide sie aus. Aufgrund der Stabilität der Pappe kannst du das Motiv nun so oft wie du möchtest auf das Tonpapier zeichnen. Einfach immer umranden und fertig!

Pinsel und Stifte

Pinsel und Stifte gibt es in allen möglichen Varianten. Lege dir am besten eine Grundausstattung zu, denn sie sind in den Materialangaben bei den Bastelprojekten nicht mit angegeben.

Erwachsene Helfer

Bei einigen Bastelprojekten solltest du dir von einem Erwachsenen helfen lassen. Immer dann, wenn mit Cuttern, Messern, Sägen, Heißkleber, einem Bügeleisen oder einem Herd gearbeitet wird, solltest du das nicht alleine machen.

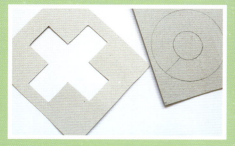

So geht´s

Papierbasteln

Gesichter übertragen

Bei vielen gebastelten Figuren in diesem Buch musst du Gesichter aufmalen. Übertrage die Gesichtslinien der Figuren am besten mit Transparentpapier. Pause dafür die Vorlage ab, wende das Papier und ziehe auf der Rückseite alle Innenlinien mit einem weichen Bleistift nach. Wende dann das Papier wieder, lege es passgenau auf und zeichne die Innenlinien mit einem harten Bleistift nach. Jetzt kannst du das Gesicht mit Bunt- und Filzstiften anmalen.

Papier- und Papprollen herstellen

Knicke ein Ende deines Papierstreifens um und rolle den Streifen dann um dieses eingeknickte Ende herum. Wickle dabei den Streifen straff, aber ziehe nicht so fest, dass dieser zerreißt. Lass zum Kleben einen Zentimeter unaufgerollt.

Pappstreifen verbinden

Wenn deine Rolle größer werden soll, brauchst du mehrere Pappstreifen. Streiche auf das unaufgerollte Ende des ersten Streifens etwas Klebstoff und drücke den neuen Streifen fest auf den ersten. Dabei muss bei Wellpappe die gewellte Seite nach unten zeigen. Rolle den Pappstreifen dann weiter über die verbundenen Enden. Wickle immer weiter und verbinde so viele Streifen bis deine Rolle groß genug ist. Bestreiche das Ende des letzten Streifens mit etwas Klebstoff und drücke es so lange fest, bis der Klebstoff angetrocknet ist.

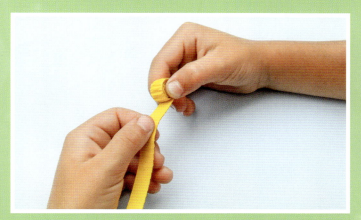

Hexentreppen falten

Klebe die Enden von zwei gleich langen und gleich breiten Papierstreifen im rechten Winkel aufeinander. Falte den unten liegenden Papierstreifen (hier gelb) über den darüber liegenden Papierstreifen (hier rot), dann den Papierstreifen, der jetzt unten liegt (hier rot) über den Papierstreifen, der darüber liegt (hier gelb). Mache so weiter, bis die Hexentreppe lang genug ist oder die Streifen aufgebraucht sind. Schneide nun die überstehenden Streifenenden ab. Klebe – je nach Motiv – den letzten oder vorletzten Faltabschnitt an, damit sich die Hexentreppe nicht wieder öffnet.

Köpfe an Hexentreppen ankleben

Klebe den letzten Faltabschnitt so an den vorletzten Faltabschnitt an, dass ein letztes Streifenstück (hier gelb) bleibt, das nicht angeklebt ist und herauf- und heruntergeklappt werden kann. Klebe daran nun den Kopf an. Damit das Stück den aufgeklebten Kopf nicht überragt, kürzt du es auf die entsprechende Länge oder rundest es ab. Alternativ kannst du den letzten Faltabschnitt des einen Streifens an den letzten Faltabschnitt des anderen Streifens kleben. Schneide die überstehenden Enden ab. Falte das separat ausgeschnittene Hals-Kopfteil und klebe es auf die Hexentreppe.

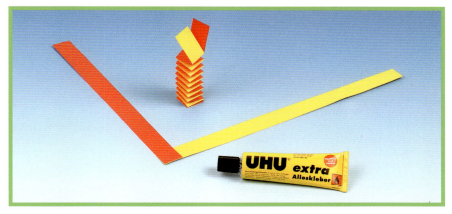
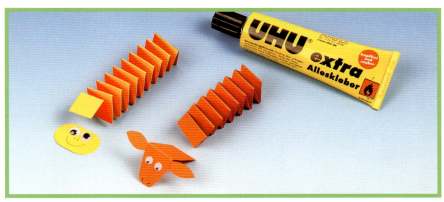

So geht's

3-D-Körper anfertigen

1 Wenn du 3-D-Figuren aus Tonkarton bastelst, musst du den Tonkarton so falten, dass deine Vorlagen für Körper bzw. Kleidungsstücke jeweils rechts und links deiner Faltlinie auf den Karton passen. Die Vorlage abpausen und direkt an der Faltlinie übertragen. Danach die Kanten mit Klebefilm etwas fixieren und mit der Schere beide Lagen ausschneiden.

2 Jetzt klebst du zwei Körperteile genau an den Falzkanten mit wenig Alleskleber zusammen und lässt sie gut trocknen. Danach eine Körperhälfte wiederum senkrecht mit Alleskleber versehen und den Steckdraht etwa bis zur Hälfte mittig festkleben. Darauf nochmals Klebstoff auftragen und die zweite Körperhälfte ergänzen. Der Draht wird etwas nach außen wegrutschen, ist aber so recht gut verankert.

3 Nach dem Trocknen die Figur schön zurechtbiegen, sodass die einzelnen Kartonfächer möglichst symmetrisch zueinander stehen. Auf den Draht die Perlen aufstecken und diese mit Kraftkleber am Draht und am Körper festkleben. Den Draht nicht kürzen.

Textiles Werken

Stoffe bedrucken

Für Stoff nimmst du am besten Textilfarben. Es gibt verschiedene Farben für helle und dunkle Stoffe. Wasch die Stoffe zuerst, dann hält die Farbe später besser. Lege beim Malen immer eine Plastiktüte unter den Stoff oder zwischen zwei Stoffschichten, da die Farbe oft durchdrückt.

Wenn die Farbe getrocknet ist, musst du den Stoff von einem Erwachsenen bügeln lassen. So wäscht sich die Farbe nicht heraus.

Sticken und Nähen

Bei den meisten Projekten in diesem Buch nähst oder stickst mit einem dicken Garn oder Stickgarn. Das Stickgarn besteht aus sechs Fäden, das ist etwas dick, teile deshalb das Garn so, dass es nur noch aus drei Strängen besteht.

Beim ersten Einstich wird der Faden immer nur so weit durchgezogen, dass auf der anderen Seite noch ca. 10 cm des Fadens übrigbleiben. Dieses Ende musst du vernähen und verknoten, da sich sonst deine ganze Arbeit wieder aufziehen kann. Wenn dir der Faden zu Beginn herausrutscht, kannst du auch einen Knoten in das Ende machen.

Steppstich

Der Steppstich ist ein langer gerader Stich, der gut geeignet ist, um Umrisse zu sticken. Stecke die Nadel das erste Mal von unten durch den Stoff und stich dann weiter entfernt wieder ein. Die Nadel ist jetzt unter deinem Stoff. Möchtest du den Stich in gerader Linie fortsetzen, musst du die Nadel ein Stück weiter weg nach oben führen und dann von oben wieder in das vorherige Einstichloch stecken. Für eine lange gerade Linie wiederholst du diesen Vorgang in gleichmäßigen Abständen immer wieder. Je enger du deine Abstände setzt, desto fester wird die Naht.

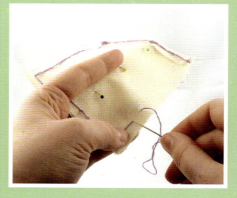

So geht´s

Stielstich

Dieser Stich ist ebenfalls ein langer gerader Stich. Du setzt die Stiche hier aber nicht hintereinander, sondern so, wie du es für dein Muster brauchst (z. B. kleine Schrägen). Achte darauf, dass die Stiche nicht zu weit voneinander entfernt liegen, da ein langer Faden auf der Rückseite, wenn du ihn straff ziehst, den Stoff rafft oder sich mit anderen Fäden verknotet, wenn du ihn zu locker lässt.

Zugstich/Faden einziehen

Stich die Nadel ein Stück vom Rand entfernt und in gerader Linie immer abwechselnd einmal ein und wieder heraus. Vergiss nicht, am Anfang ein Stück Faden stehen zu lassen. Bei dieser Stichart arbeitest du nur vorwärts. Deine Nadel sticht nicht noch einmal rückwärts ein.

Hast du das ganze Stück geschafft, nimmst du die Nadel vom Faden. Ziehe nun gleichzeitig am Anfang und am Ende des Fadens. Dadurch zieht sich der Stoff zusammen und verschließt ein Loch oder einen Beutel. Verknote die Fäden fest miteinander und schneide sie anschließend ab.

Vorstich/Heftstich

Der Vorstich oder Heftstich funktioniert genauso wie der Zugstich. Allerdings solltest du hier zuerst einen Knoten in dein Fadenende machen und du ziehst die Fäden am Ende nicht zusammen.

Vernähen

Wenn du mit einer Naht fertig bist, musst du den Faden immer vernähen (es sei denn, du verknotest ihn). Vernähen bedeutet, dass du die Nadel auf der Rückseite des Stoffs mehrmals durch ein Fadengeflecht ziehst. Konzentriere dich dabei auf eine Stelle, die du von mehreren Seiten durchstichst. Der Faden darf nur auf der Rückseite vernäht werden und wird nicht auf der Vorderseite entlang geführt! Hast du das oft genug gemacht, schneidest du den Faden ab und deine Näh- oder Stickarbeit ist fertig.

Pompons wickeln

Pause die passende Schablone ab und übertrage sie zweimal auf festen Karton. Dann schneidest du beide Schablonen aus.

1 Lege die Schablonen übereinander und umwickle sie mit einem Wollfaden, bis das Loch in der Mitte gefüllt ist.

2 Schiebe eine Scherenspitze zwischen die Pappringe und schneide die Wollfäden ringsherum auf.

3 Schiebe die Schablonen etwas auseinander und lege einen Wollfaden in den Spalt. Ziehe den Faden fest an und verknote ihn.

4 Nun löst du die Schablonen ab. Schneide den Pompon etwas zurecht, damit er schön rund wird. Bei manchen Projekten müssen die Abbindefäden lang bleiben. Achte darauf, sie dann nicht mit abzuschneiden.

Tipp: Für einen mehrfarbigen Pompon umwickelst du die Schablone mit einem Strang Wolle. Schneide den Faden ab. Danach kannst du mit einer zweiten Farbe weiterwickeln. Die Farbe kannst du beliebig oft wechseln.

So geht´s

Gabel-Pompons

Umwickle die vier Zinken einer Gabel mit Wolle. Führe einen Wollfaden zwischen den mittleren Gabelzinken rings um den Wollstrang herum und verknote ihn. Schiebe den Wollstrang von der Gabel und schneide die Wollfäden auf. Zuletzt schneidest du den Pompon noch etwas zurecht, damit er schön rund wird.

Werken mit Holz

Vorlagen auf Holz aufbringen

Umrisse kannst du auf Holz übertragen, indem du dir eine Schablone anfertigst, die du anschließend mit einem Bleistift umfährst. Auf Seite 6 kannst du nachlesen wie du eine Schablone anfertigst.

Sägen

Mit einer Säge solltest du immer unter Aufsicht eines Erwachsenen arbeiten, damit du dich nicht verletzt. Beim Sägen zeigt der Griff der Säge immer nach unten. Lege das Sperrholz auf das Sägetischchen und halte es mit einer Hand fest. Gesägt wird dort, wo sich die Kerbe im Sägetischchen befindet. Säge immer von oben nach unten und halte das Sägeblatt beim Sägen stets senkrecht und niemals schräg. Sind ein paar Zentimeter gesägt, wird das Sperrholz einfach mit der Hand leicht gedreht und weitergeschoben.

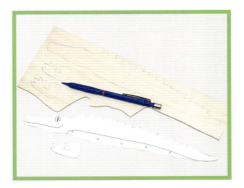

Innenflächen aussägen

Manche Motive haben Innenflächen, die herausgesägt werden müssen. Bohre dafür ein Loch in die Innenfläche. Dann löst du an deiner Laubsäge auf einer Seite das Sägeblättchen, steckst es durch das gebohrte Loch und schraubst es wieder fest. Jetzt kannst du die Innenfläche heraussägen.

Schleifen

Wenn du dein Werkstück ausgesägt hast, hat es vor allem auf der Rückseite oft ausgefranste Ränder. Mit einem Schleifpapier mit 220er-Körnung kannst du diese Ränder glätten und nach Wunsch auch leicht abrunden.

Leimen

Holzteile werden in der Regel zusammengeleimt. Trage den Leim stets auf das kleinere Teil auf und presse es anschließend auf das größere Teil. Drücke beide Teile ein bis zwei Minuten zusammen oder verwende dafür eine Leimzwinge. Wenn du zu viel Leim aufgetragen hast, quillt er auf der Seite hervor und muss mit einem feuchten Tuch abgewischt werden.

Modellieren

Modelliermassen

Lufttrocknender Ton, dünne Objekte aus Salzteig und selbst gemachte Knete können an der Luft aushärten. Andere Modelliermassen, wie z. B. FIMO® oder dickere Objekte aus Salzteig, müssen im Ofen getrocknet werden. Achte darauf, die Herstellerangaben einzuhalten.

Grundformen modellieren

Für Kugeln formst du zunächst eine Rolle. Davon schneidest du gleichmäßig große Stücke ab, aus denen du Kugeln rollst. So werden diese gleich groß. Scheiben lassen sich von einer Rolle in der gewünschten Dicke abschneiden. Würfel entstehen, indem du eine Kugel von sechs Seiten flach presst.

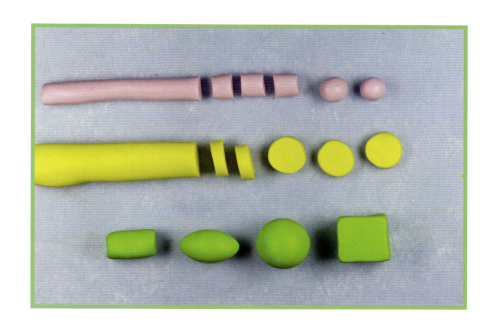

Muster modellieren

Punkte entstehen, indem du auf die vorgeformte Kugel kleine Kügelchen aufsetzt. Marmorieren kannst du, indem du verschiedenfarbige Reststücke etwas verknetest. Ein Kordelmuster erhältst du, wenn du verschiedenfarbige Stränge ineinander drehst.

Salzteig Grundrezept

2 Tassen Mehl, 2 Tassen Salz und 20 EL Wasser miteinander vermischen.

Januar

1 Minischlagzeug

Das brauchst du 3 Konservendosen unterschiedlicher Größe • Acrylfarbe in Weiß • Masking Tape nach Wunsch • 3 Holzstäbe, ø 0,5 cm je 31 cm lang • 2 Holzscheiben, ø 5 cm • Baumwollkordel in Weiß, ca. 1 m lang • Klangspiel (5 Klangstäbe) • 6 Schellen • Graupappe, 34 x 12 cm • Tonpapier in Hellgrün, 34 x 12 cm • Küchenpapierrolle • Malerkrepp • Reis

1 Reinige die Konservendose und bemale sie mit weißer Acrylfarbe. Ist die Farbe trocken, kannst du die Dosen mit Masking Tape verzieren.

2 Spitze zwei der Holzstäbe mit einem Bleistiftanspitzer jeweils an einer Seite an und klebe sie in die Löcher der Holzscheiben. Anschließend malst du die Standstäbe und den einzelnen Holzstab weiß an.

3 Ziehe jeweils 5 cm lange Stücke Baumwollkordel durch die Klangstäbe und verknote die Enden. Auf ein 15 cm langes Stück Kordel fädelst du alle Schellen auf und verknotest die Enden. Verziere den einzelnen Holzstab und fädle Schellen und Klangstäbe auf.

4 Nun verbindest du die Standstäbe mit dem Holzstab. Teile den Rest der Baumwollkordel und verknote damit je ein Ende des Holzstabs mit einem Standstab. Wickle die Kordel mehrmals über Kreuz um die übereinander liegenden Stäbe und mache zum Schluss einen festen Knoten.

5 Schneide aus Graupappe und Tonpapier je ein 34 cm x 12 cm großes Rechteck zurecht und klebe das Tonpapier auf die Pappe. Ordne das Klanggerüst und die Dosen auf dem grünen Untergrund an und befestige alles mit Klebstoff.

6 Als Beigabe zum Schlagzeug kannst du eine Rassel basteln. Klebe eine Seite einer Küchenpapierrolle mit Malerkrepp zu und befülle sie mit etwas Reis. Verschließe die offene Seite ebenfalls mit Malerkrepp. Male die Rolle weiß an und verziere sie mit Masking Tape.

2 Geschenkpapier-Stifte

Das brauchst du Pappe • Geschenkpapierreste • Cutter mit Schneideunterlage • Holzbleistifte **Vorlagen Seite 29**

1 Zuerst machst du dir eine Vorlage für deine Geschenkpapierstreifen. Nimm dazu ein Stück Pappe und schneide einen 3 cm x 17 cm langen Streifen zurecht.

2 Jetzt legst du den Streifen auf besonders schönes Geschenkpapier und fährst mit dem Cutter an den Linien deiner Vorlage entlang. Lass dir dabei von einem Erwachsenen helfen.

3 Den Geschenkpapierstreifen überziehst du mit einer ordentlichen Klebeschicht. Den Kleber schön gleichmäßig verstreichen, besonders an den Ecken und Rändern.

4 Jetzt legst du den Bleistift der Länge nach auf das Geschenkpapier und beginnst ihn darin einzurollen. Streich die Naht schön glatt. Fertig ist dein bunter Begleiter.

14 Januar

Pit Pinguin

Das brauchst du leerer, gut gereinigter Getränkekarton • wetterfeste Acrylfarben in Schwarz, Weiß, Blau und Orange • Cutter mit Schneideunterlage • Holzspatel, 15 cm lang • Klebeband • Prickelnadel • Kordel in Türkis, 25 cm lang **Vorlagen Seite 29**

1 Übertrage die Linien für den weißen Teil des Pinguinkörpers auf den Getränkekarton und bemale diesen. Wenn der Karton noch durchscheint, solltest du ihn noch einmal bemalen. Nach dem Trocknen malst du den ganzen restlichen Karton schwarz an.

2 Wenn die Farbe getrocknet ist, malst du deinem Pinguin auch noch einen Schnabel, Augen und eine schöne Fliege auf.

3 Lass dir von einem Erwachsenen helfen, die Öffnung für den Eingang und für die beiden Flügel mit einem Cutter einzuschneiden.

4 Jetzt klebst du den Holzspatel von unten an den Karton und befestigst ihn zusätzlich mit Klebeband. Bitte deinen Helfer, dir auch noch ein Loch in die Oberseite des Pinguins zu bohren, sodass du die Kordel als Aufhänger durchfädeln kannst. Verknote deren Enden, fülle Vogelfutter in den Pinguin und suche ihm ein schönes Plätzchen im Garten. Achte darauf, dass Katzen ihn nicht erreichen können!

Schokolöffel

Das brauchst du Plastiklöffel in verschiedenen Farben • 200 g Vollmilchschokolade • Zuckerstreusel • Zuckerperlen • Zuckerherzen • Zuckerkonfetti

1 Zerteile die Schokolade mit einem Messer vorsichtig in kleine Brocken. Lass dir dabei am besten von einem Erwachsenen helfen. Dann gibst du die Schokostückchen in einen kleinen Topf.

2 Nun wird die Schokolade im Wasserbad oder in der Mikrowelle geschmolzen. Für das Wasserbad füllst du einen Topf zur Hälfte mit heißem Wasser, gibst die Schokostückchen in eine kochfeste Schüssel und stellst sie in den Topf. Erwärme das Ganze bei kleiner bis mittlerer Hitze und rühre mit einem Löffel immer mal wieder um.

3 Nun legst du dir die Plastiklöffel zurecht. Die Spitze des Löffelgriffs legst du auf einen Teller, so lassen sich die Löffelmulden später einfacher mit Schokolade befüllen.

4 Lass die geschmolzene Schokolade etwas abkühlen und fülle sie dann in ein kleines Milchkännchen. Jetzt kannst du deine Plastiklöffel voll Schokolade gießen. Ein paar Zuckerstreusel deiner Wahl obendrauf – fertig ist das Schoko-Glück!

Januar

5 Funkenflitzer

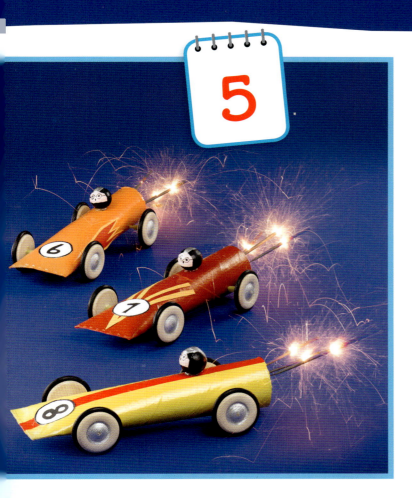

Das brauchst du Papprolle • Tacker • Acrylfarbe • Holzspieße • Strohhalme • Holzräder mit Gummiring (ø 45 mm) • Holzkugel (ø 15 mm) • Fotokarton • Knete • Wunderkerzen

1 Hefte die Papprolle an einer Öffnung mit dem Tacker zusammen und bemale sie.

2 Mit einer spitzen Schere stichst du auf jede Seite vorne und hinten jeweils ein Loch, also insgesamt vier Löcher. Lass dir dabei von einem Erwachsenen helfen.

3 Stecke einen Holzspieß als Achse durch beide Löcher hinten und einen durch beide Löcher vorne. Den Spieß nun so abschneiden, dass er auf beiden Seiten gleichmäßig herausschaut.

4 Von einem Strohhalm vier kleine Stücke abschneiden und auf die Holzspieße stecken. Jetzt kommen die Räder mit etwas Kleber dran.

5 Aus der Holzkugel wird ein echter Rennfahrer mit Helm, male sie entsprechend an und klebe den Rennfahrer an Ort und Stelle.

6 Jetzt kannst du deinen Funkenflitzer noch nach Belieben mit Feuerstrahlen, Blitzen, Streifen oder Nummern aus Fotokarton verzieren.

7 Damit Funken sprühen, steck' ein bisschen Knete hinten in den Flitzer. In die Knete pikst du Wunderkerzen hinein. Jetzt draußen eine Abfahrt suchen, anzünden und losrollen lassen. Besonders cool sieht das im Dunkeln aus!

6 Sternendeuter

Das brauchst du Holzspatel in Natur, 15 cm lang, 2 cm breit • Acrylfarbe in Hellgrün, Hellblau, Orange, Hautfarbe, Braun, Blau und Weiß • Glitzerkartonrest in Gold • Webband in Grün mit Goldmuster, 3 cm breit, 6 cm lang • Webband in Gold, 1,2 cm breit, 6 cm lang • Häkelspitze, 1 cm breit, in 2x Weiß, 1x Hellblau, je 6 cm lang • Strasssteinchen, ø 0,6 cm in 2x Blau, 1x Gelb, 1x Grün, 1x Lila • Strasssteinchen, ø 0,4 cm in 4x Blau und 3x Pink • Filzrest in Schwarz, Grau und Hellbraun **Vorlagen Seite 34**

1 Um die Heiligen drei Könige zu basteln bemalst du die Holzspatel zu drei Vierteln in Orange, Hellblau und Hellgrün. Eines davon bekommt im letzten Viertel einen braunen Anstrich. Trocknen lassen.

2 Zeichne zwei Kronen auf den Glitzerkarton und schneide sie aus. Klebe sie an die Holzspatel. Der dunkelhäutige König bekommt statt der Krone einen Turban aus dem grünen Webband.

3 Gestalte die Gewänder mit Strasssteinchen, Webbändern und Zackenlitze. Auf die Kronen kannst du ebenfalls Steinchen kleben.

4 Nun sind die Bärte dran: Schneide sie aus den Filzresten zu und befestige sie an den Gesichtern der drei Weisen.

5 Die Gesichter werden mit Acrylfarben aufgemalt. Damit man beim dunkelhäutigen König die Nase besser erkennen kann, kannst du die braune Farbe mit etwas Weiß aufhellen. Trocknen lassen und die morgenländischen Weisen in die Servietten fürs Festessen stecken oder als Lesezeichen verwenden.

16 Januar

Reizende Rotkehlchen

Das brauchst du Fotokartonreste in Weiß, Beige, Braun und Schwarz • Bunt-, Filz- und Lackmalstifte • Büroklammern für die Füßchen • fester Karton, 2 mm stark, 10 cm x 10 cm • Faltblatt mit Buchtext oder Zeitungspapier • Blumendraht • Ast • 4 Strasssteine in Rot, ø 5 mm **Vorlagen Seite 29**

1 Schneide die Grundform der Vögelchen aus beigem Fotokarton aus und schattiere sie rundherum mit einem hellbraunen Buntstift. Auch der obere braune Teil wird ausgeschnitten und mit dunkelbraunem Buntstift schattiert.

2 Male dann den Flügel auf und trage das Auge mit einem dünnen schwarzen Filzstift auf. Den Lichtpunkt mit weißem Lackmalstift aufsetzen. Gestalte den Bauch des Rotkehlchens, indem du etwas rote Farbe von einem Buntstift abreibst und mit einem Wattestäbchen verteilst.

3 Klebe den Schnabel von hinten an und klebe die Füßchen aus Büroklammern mit der Klebepistole an den Vogelkörper. Lass dir dabei von einem Erwachsenen helfen. Biege die Klammern zuvor so, dass die Füßchen auch stehen.

4 Für das Bild einen festen Karton 10 cm x 10 cm groß zuschneiden. Mit einem mindestens 2 cm größeren Zeitungspapier oder Text-Faltblatt beklebst du ihn. Die Ränder umschlagen und festkleben. Einen Draht (ca. 50 cm lang) auf ein Schaschlikstäbchen rollen und das Stäbchen herausziehen. Den Draht an den Enden als Aufhängung von hinten mit der Klebepistole am Bild fixieren. Lass dir dabei von einem Erwachsenen helfen.

5 Einen kleinen Ast auf das Bild kleben und diesen mit weißen Ilexblättern und roten Strasssteinen dekorieren.

Maulwurf

Das brauchst du Moosgummi in Schwarz, 2 mm stark, A3 • Moosgummi in Grau, 2 mm stark, A5 • Moosgummireste in Weiß, Flieder und Rot, 2 mm stark • Ölkreide in Weiß und Violett **Vorlagen Seite 30**

1 Schneide die einzelnen Teile aus Moosgummi aus. Mit Ölkreide kannst du die Ränder schattieren und dann den Mund mit einem schwarzen Stift aufmalen. Den Mund nach Vorlagenbogen einschneiden, die Zunge einstecken und mit Klebstoff fixieren.

2 Klebe nun den Bauch auf den Körper und setze die Augen daran an. Unter die Nase klebst du verdeckt noch drei Moosgummikreise als Abstandshalter übereinander. Dann kann die Nase zwischen den Augen platziert werden.

3 Jetzt die Brille zusammenkleben, auf die Nase setzen und die Enden hinter dem Kopf fixieren. Bringe die beiden Haare hinter dem Kopf an. Die Hände und die Arme zusammenfügen und von hinten am Körper fixieren.

4 Nun kannst du draußen einen großen Schneeberg aufhäufen und den Maulwurf von oben hineinstecken.

Januar

Süße Maus

9

Das brauchst du Klopapierrolle • Tonpapier in Grau • Filzrest in Rosa • 2 Wackelaugen, ø 1,2 cm • Baumwollkordel in Braun, 9 cm lang • Pompon in Rosa, ø 1,5 cm • Buntstift in Pink und Rot • Chenilledraht in Weiß mit schwarzen Streifen, 17 cm lang • 2 Pompons in Schwarz, ø 1,5 cm **Vorlagen Seite 31**

1 Kürze die Klopapierrolle auf eine Länge von 8 cm und umklebe sie mit grauem Tonpapier. Schneide den Bauch aus rosa Filz und den Kopf aus grauem Tonpapier der Vorlage nach aus. Klebe zuerst den Bauch auf den Körper auf.

2 Befestige die Wackelaugen am Kopf und zwei 4,5 cm lange Stücke Baumwollkordel für die Barthaare. Klebe den rosa Pompon als Nase auf. Die Wangen malst du mit rotem Buntstift, die Ohren mit pinkfarbenem Buntstift an, so wie du es auf dem Foto sehen kannst. Dann klebst du das Gesicht auf den Mäusekörper.

3 Forme den Chenilledraht zu einer Rolle und klebe ihn als Mäuseschwänzchen an. Befestige noch zwei schwarze Pompons als Füße — fertig!

Parade-Elefanten

10

Das brauchst du Waschmittelflasche, 1,5 l • Acrylfarbe in Pink, Rosa, Blau und Petrol • Fotokarton in Weiß, DIN A5 • unterschiedliche Stoffreste, je 20 cm x 30 cm lang • je 2 Wackelaugen oval, ø 1,8 cm • Federn in Blau, Pink, Grün und Gelb • Holzperle in Gelb und Pink, ø je 1,0 cm • Pomponborte in Hellgrün und Hellblau, je 25 cm lang **Vorlagen Seite 31**

1 Schneide zunächst das untere Drittel der Waschmittelflasche mit einer spitzen Schere ab. Dabei solltest du dir von einem Erwachsenen helfen lassen.

2 Schraube den Deckel von der Flasche ab. Dann bemalst du Deckel und Flasche mit den Acrylfarben. Alles gut trocknen lassen.

3 Schneide die Ohren nach Vorlage aus Fotokarton zu und klebe sie mit Klebestift auf die linke Stoffseite.

4 Schneide das Ganze großflächig aus, lege den Stoff um die Kanten und klebe ihn auf der Rückseite fest. Dann kannst du die Ohren rechts und links an den Elefanten kleben.

5 Als Nächstes klebst du die Wackelaugen vorne mittig auf den Elefanten. Schneide die Federn auf die gewünschte Länge zu und klebe sie in die Perle. Die klebst du dann auf den Deckel. Jetzt kannst du die Flasche wieder zudrehen.

6 Zum Schluss klebst du noch die Pomponborte einmal um den Deckel herum und fertig ist dein Parade-Elefant.

Januar

Fröhlicher Schneemann

Das brauchst du Tonkarton in Californiablau, A2 • Tonkartonrest in Schwarz • Transparentpapier in Blau, A4 • Transparentpapierreste in Rot, Orange, Gelb, Grün und Hellrot-Dunkelrot gestreift • Transparentpapier in Weiß, A3 **Vorlagen Seite 32**

1 Schneide die Motivteile wie in der Grundanleitung beschrieben zweimal aus Tonkarton aus.

2 Jetzt kannst du die Transparentpapierstücke in der benötigten Größe ausschneiden und sie hinter die Ausschnitte kleben.

3 Für die Nase schneidest du das weiße Transparentpapier aus und beklebst diese Stelle neu.

4 Jetzt die Rückseite aus Tonkarton deckungsgleich gegen den Schneemann kleben. Ergänze das Schneemanngesicht. Lege dafür das Motiv auf die Vorlage und klebe die einzelnen Motivteile auf.

11

Dip Dip Hurra!

Das brauchst du 8 Kartoffeln • 2 Paprika • 10 Möhren • 4 EL Olivenöl • 1 TL Kräuter der Provence • Prise Salz • etwas Pfeffer • 1 Becher Saure Sahne

1 Zuerst lässt du den Backofen auf 175° C vorheizen. Leg ein Backblech mit Alufolie aus und schrubbe Möhren, Kartoffeln und Paprika ordentlich unterm Wasser ab. Dann halbierst du die Kartoffeln und schneidest Paprika und Möhren in ca. 5 cm lange Stücke.

2 Gib das Gemüse in eine Schüssel und schütte 4 EL Olivenöl darüber. Jetzt massierst du das Öl mit deinen Händen schön ins Gemüse ein. Noch eine Prise Salz, Pfeffer und Kräuter der Provence dazu, dann wandert dein Gemüse-Mix zuerst aufs Blech und dann für 25 Minuten in den Ofen.

3 In der Zwischenzeit kümmerst du dich um deinen Dip. Verrühr einen Becher Saure Sahne mit einem Teelöffel Kräuter der Provence und würze das Ganze mit Salz und Pfeffer. Fertig ist dein Dip! Jetzt nur noch das Gemüse vorsichtig mit Backhandschuhen aus dem Ofen holen und schon kannst du losdippen!

12

Januar

Labyrinth durchs All

13

Das brauchst du Transparentpapier • Tablett aus Pappe in Silber, 46 cm x 34 cm • Klebefilm • Buntstift in Lila, Rot, Orange und Grün • 3D-Glitterliner in Blau • Stanzer „Stern", ø 1,5 cm und ø 2,5 cm • Tonpapierreste in Türkis, Gelb, Hellgrün und Lila • Wackelauge, ø 1,2 cm • Chenilledraht in Gelb, ø 1,7 cm, 2 cm lang • Pompon in Gelb, ø 1,2 cm • 2 Magnete mit Plastikhülle, ø 4 cm **Vorlagen Seite 33**

---

1 Übertrage das Labyrinth mit Bleistift auf Transparentpapier. Lege das Papier mit den Linien nach unten auf das Tablett und befestige die Ecken mit Klebefilm. Zeichne alle Linien mit dem lila Buntstift nach. Entferne das Transparentpapier und ziehe die eingedrückten Linien mit dem blauen Glitterliner nach. Lass die Farbe gut trocknen.

2 Stanze aus Tonpapier drei große und elf kleine Sterne aus und schneide alle weiteren Motive gemäß der Vorlage zu. Die Ränder schattierst du mit Buntstiften. Klebe das Wackelauge auf den Alienkopf und dahinter das Chenilledrahtstück. Am Ende befestigst du den Pompon. Den Mund malst du mit rotem Buntstift auf.

3 Klebe alle Teile (außer den Alien) mit Alleskleber auf das Tablett. Die Antennen vom Ufo malst du mit blauem Glitterliner. Dann klebst du den Alien auf einen der Magneten, den anderen setzt du unter den Teller dahinter. Jetzt kannst du den Alien durch das Labyrinth zu seinem Ufo führen.

Sturm auf die Ritterburg

14

Das brauchst du 4 Sektkorken (mit Draht) • Acrylfarbe in Silber, Weiß, Hautfarben und Hellblau • Getränkekarton, 1 l • 4 Klopapierrollen • Permanentmarker in Schwarz, Rosa und Hellblau • Papierstrohhalm in Blau-Weiß gestreift • 4 Kronkorken

---

1 Zuerst malst du die Sektkorken silber an. Die Kronkorken streichst du mit hellblauer Acrylfarbe an.

2 Für die Türmchen schneidest du in gleichmäßigem Abstand sechs kleine Vierecke aus jeder Klorolle heraus. Von dem Getränkekarton schneidest du 1 cm unterhalb der Oberseite einmal ringsherum den ganzen Deckel weg.

3 Streiche die Klorollen und den Getränkekarton mit blauer Acrylfarbe an. Eventuell braucht beides einen zweiten Anstrich.

4 Jetzt malst du den Rittern mit hautfarbener Acrylfarbe ein Gesichtsfeld auf. Wenn die Farbe getrocknet ist, zeichnest du die Gesichter mit Permanentmarkern auf.

5 Von einem Strohhalm schneidest du für jeden Ritter ein 6 cm langes Stück ab. Drücke die Röhrchen jeweils an einer Seite platt und schneide die Enden zu Spitzen.

6 Die Kronkorken und den Speer klebst du jetzt mit Alleskleber rechts und links an deine Ritterfigur.

7 Schneide die Klorollen an der Unterseite so ein, dass du sie auf die Ecken vom Getränkekarton stecken kannst.

Januar

Teebeutel in Sternform

15

Das brauchst du Teefilter, 10 cm x 13 cm • Nähgarn in Dunkelblau • Nähnadel • Teeportion für 1 Tasse • Tonpapierrest in Dunkelrot • Marker in Silber, 0,8 mm **Vorlagen Seite 31**

1 Übertrage die Vorlage, wie in der Grundanleitung beschrieben, auf den Teefilter.

2 Umnähe den Stern mit kleinen Vorstichen bis zur Hälfte. Dann mit Tee befüllen.

3 Jetzt kannst du den Stern fertig umnähen. Zur Schließung der Lücken nochmals mit einem Steppstich umnähen.

4 Verknote die Fadenenden und schneide ein Fadenende ab. Kürze das andere Ende auf 15 cm.

5 Nun schneidest du den Teebeutelstern mit ein paar Millimetern Abstand zur Naht aus.

6 Bestreiche Tonpapierstreifen mit Klebestift und lege das lange Fadenende dazwischen. Jetzt faltest du den Streifen und beschriftest ihn mit silbernem Marker.

Witzige Stift-Figuren

16

Das brauchst du Moosgummireste in Weiß Schwarz, Grün, Pink und Gelb, 2 mm stark • 2 Schmucksteine in Hellblau, ø 8 mm • Filzstift in Schwarz • 4 Moosgummikreise in Rot, ø 2 cm • 2 Moosgummikugeln in Rot, ø 2 cm • Moosgummikugel in Hautfarbe, ø 3 cm • Kordel in Schwarz, ø 1 mm, 10 cm lang • Chenilledraht in Grün gestreift, 2 x 5 cm lang • 4 Wackelaugen, ø 1 cm • Schaschlikstäbchen • 4 Schmucksteine in Rot, ø 3 mm • Schmucksteinkleber **Vorlagen Seite 31**

1 Rolle den Stift probeweise in das Moosgummi ein, sodass Anfang und Ende ca. 5 mm weit überlappen. Markiere diese „Linie" mit einem Stift und schneide das Moosgummi ab. Danach das Moosgummi um den Stift legen und die Naht zukleben. Dabei darauf achten, dass die Hülle nicht am Stift anklebt.

2 Für den Gespensterstift das Gespenst ausschneiden, den Mund aufmalen und als Augen die hellblauen Schmucksteine aufkleben.

3 Für den Alien an die Kordelenden je eine kleine Moosgummikugel kleben. Dazu das Kordelende mit dem Schaschlikstäbchen in die Moosgummikugel stechen und mit Klebstoff darin fixieren. Die Kordel mit den Kugeln zusammen mit der großen Kugel oben auf die Hülle kleben. Je zwei Moosgummikreise deckungsgleich an jedes Chenilledrahtstück kleben. Die Drähte in den Kopf stechen, mit Klebstoff darin fixieren und zuletzt die Augen am Kopf und auf den Moosgummikreisen befestigen.

4 Für den Krönchenstift die Krone ausschneiden. Die Krone um den oberen Rand kleben, die Nähte sollten beide hinten sein. Mit den Schmucksteinen verzieren.

Januar

Buntes Mühlespiel

17

Das brauchst du Pappelsperrholz, 5 mm stark, A4 • Laubsäge • Schleifpapier, 220er-Körnung • Vorstechnadel • Tonkarton in Schwarz • Acrylfarbe in Türkis und Ultramarinblau **Vorlagen Seite 34**

1 Fertige zunächst von beiden Vorlagen eine Schablone an. Diese platzierst du jeweils so auf der Sperrholzplatte, dass zwei Seiten bündig mit dem Rand abschließen. Übertrage die Umrisse mit Bleistift auf die Sperrholzplatte und säge das Spielbrett einmal und den Holzstreifen zweimal aus. Schneide nun von der schmalen Schablone ein quadratisches Stück ab und lege es bündig auf den Sperrholzstreifen. Ziehe mit dem Bleistift einen Querstrich und verschiebe die Schablone um 1,5 cm, um einen weiteren Strich zu ziehen usw. Dann sägst du von dem Holzstreifen die Spielsteine ab und glättest anschließend die Ränder von Spielbrett und Steinen mit Schleifpapier.

2 Lege die Schablone auf das Spielbrett. Nimm die Vorstechnadel und stich an den Eck- und Kreuzungspunkten durch die Schablone ins Holz.

3 Nun schneidest du die Spielfeldlinien aus schwarzem Tonkarton aus. Die Streifen sind jeweils 0,5 cm breit und haben folgende Längen: 4 × 16 cm, 4 × 11 cm, 4 × 6 cm und 4 × 5 cm. Beginne beim Aufkleben mit den vier längsten Streifen ganz außen. Die Einstichstellen sind dabei die Eckpunkte. Dann fährst du mit den 11 cm langen Streifen fort.

4 Nun klebst du noch die 6 cm und die 5 cm langen Streifen auf. Orientiere dich dabei an der Abbildung.

5 Male als Letztes neun Spielsteine in Türkis und neun Steine in Ultramarinblau an. Dann kann dein Spiel beginnen.

Drollige Krake

18

Das brauchst du Wolle • Karton, 2 mm stark, 15 cm x 15 cm • Füllwatte • Filzreste in Weiß und Schwarz • Wollrest in Rot **Vorlagen Seite 34**

1 Binde den Wollfaden einmal um den Karton und knote ihn fest.

2 Umwickle den Karton mit der Wolle, bis ein dicker Strang entstanden ist.

3 Schiebe den Wollstrang vorsichtig von dem Karton herunter. An einer Stelle bindest du die Fäden mit einem Wollrest zusammen. Schneide den Strang am unteren Ende auf.

4 Für den Kopf bindest du den oberen Teil mit einem Wollrest ab. Schiebe etwas Füllwatte zwischen die Fäden, damit der Kopf schön rund wird.

5 Teile die Fäden in mehrere Stränge auf und verflechte sie miteinander. Die Enden umwickelst du mit einem Wollfaden und knotest ihn fest.

6 Die Augen und Pupillen nach Vorlage aus Filz ausschneiden. Für den Mund einen Wollfaden in Rot abschneiden. Klebe Augen und Mund auf den Kopf.

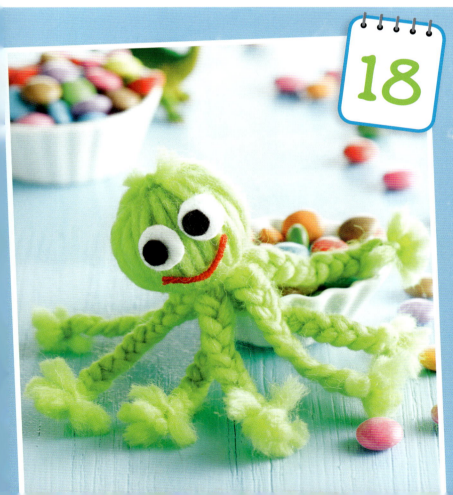

22 Januar

Pinguin-Freunde

19

Das brauchst du Pfeifenputzer in Weiß, Orange und Schwarz, je 50 cm lang • 2 Wackelaugen, ø 0,5 cm

1 Knicke ein 15 cm langes Stück orangefarbenen Pfeifenputzer einmal in der Mitte. Für die Füße rollst du die beiden Drahtenden bis auf jeweils 5 cm Rest auf. Biege die Füße so zurecht, dass du sie auf deine Unterlage stellen kannst.

2 Wickle 30 cm schwarzen Pfeifenputzer um einen Stift und streife die so entstandene Spirale ab. Schiebe die Spirale über die zuvor geformten Beine. Für den Schnabel ziehst du den orangefarbenen Pfeifenputzer an der gewünschten Stelle aus der Spirale heraus und biegst den Draht nach vorne.

3 Für jeden Flügel biegst du ein 4 cm langes Stück schwarzen Pfeifenputzer zu einer Schlaufe. Klebe beide Flügel seitlich am Pinguinkörper fest.

4 Forme für den Bauch 3 cm weißen Pfeifenputzer zu einem U und klebe es dem Pinguin an. Die Drahtenden versteckst du zwischen den Windungen. Zum Schluss klebst du noch die Wackelaugen auf.

Tapferer Ritter

20

Das brauchst du Tonkarton in Dunkelblau, A3 • Steckdraht, ø 0,8 mm, 10 cm lang • 2 Holzperlen, ø 1,2 cm • Fotokartonreste in Hellblau, Silber, Weiß, Hellbraun und Hautfarbe • Lackmalstift in Silber • Holzknopf in Hellbraun, ø 1,6 cm • Knopf in Grün, ø 1 cm **Vorlagen Seite 35**

1 Zunächst vier gleiche Körperteile aus gefaltetem, dunkelblauem Tonkarton anfertigen, wie es in der Grundanleitung beschrieben wird. Klebe je zwei Körperteile an den Falzkanten zusammen und verklebe diese nach dem Trocknen wiederum miteinander. Klebe dabei den Draht zur Hälfte mit ein. Die Perlen mit Kraftkleber auf Körper und Draht fixieren. Das hellblaue Kleidungsstück ebenso aus einem mittig gefalteten Karton zuschneiden.

2 Übertrage die weiteren Motivteile auf Karton und schneide sie aus. Die Arme zweimal, einmal seitenverkehrt, anfertigen. Das Gesicht aufmalen und die Haare aufkleben. Den Helm mit den silbernen Streifen bekleben und auf dem Kopf fixieren. Von unten den Kragen ergänzen. Kragen und Helm mit silbernen Lackmalstiftpunkten verzieren.

3 Den Kopf oberhalb des Körpers auf der oberen Perle und der Drahtspitze festkleben. Das hellblaue Kleidungsstück auf der Falzkante mit Klebstoff versehen und bündig mit dem Boden in die Körpervertiefung kleben.

4 Jetzt die Arme mit den Ärmeln bekleben und im oberen Bereich rund biegen. Die Arme rechts und links des Kopfes vor den Perlen auf dem Körper fixieren. Das Schwert zusammensetzen, mit Lackmalstift bemalen und unter die rechte Hand kleben. Das Schild verzieren. Den grünen Knopf in den Holzknopf kleben und diesen mittig auf dem Schild fixieren. Das Schild auf dem zweiten Arm festkleben.

Januar

Bunte Tischdekoration

Das brauchst du Tonpapier • Fotokarton • Bunt- und Filzstifte • Wellpappestreifen, 3 mm breit **Vorlagen Seite 36**

1 Schneide für die Mäuschen-Tischkarten alle benötigten Motivteile aus. Die Ohren sind aus Tonpapier, so lassen sie sich leichter biegen. Drücke die Mittellinie der Karte mithilfe von Prickelnadel und Lineal ein, damit du sie leichter falten kannst.

2 Zeichne dann das Gesicht mit Bunt- und Filzstiften und klebe die Nase auf. Die Innenohren erhalten kleine Filzstiftpunkte. Klebe sie nur im unteren Bereich auf die Ohren.

3 Schneide die Karte am Falz auf beiden Seiten etwas ein, stecke die Ohren ein und klebe sie fest. Für den Schwanz rollst du einen schmalen Wellpappestreifen (Rillenverlauf beachten!) um ein Schaschlikstäbchen. Halte ihn ein paar Sekunden, bevor du ihn wieder aufspringen lässt. Klebe den Schwanz an das Schild und beschrifte es nach Belieben.

Utensilien-Kroko

Das brauchst du Schachtel für 10 Eier mit hohen Zapfen • Schachtel für 6 Eier mit hohen Zapfen • 2 Schälchen (Palette), 1,5 cm hoch (Augenuntergründe) • Acrylfarbe in Weiß, Grün und Rot • Prickelnadel • Perlgarn in Grün, 14 cm lang • 2 Wackelaugen, ø 2,5 cm **Vorlagen Seite 36**

1 Schneide von beiden Schachteln den Deckel ab, und schneide den Schwanz und die Zähne aus dem Deckel der großen Schachtel zu. Bemale dann die Einzelteile wie es dir gefällt.

2 Stich durch den Deckel für den Kopf mit einer Prickelnadel zwei Löcher (ca. 2 cm von der seitlichen Deckelrundung und 1 cm von der Deckeloberseite entfernt). Lass dir dabei von einem Erwachsenen helfen. Ziehe das Perlgarn hindurch. Die Wackelaugen in die Schälchen kleben und auf dem Deckel fixieren. Befestige anschließend die Zähne.

3 Nun den Deckel schräg auf das Schachtel-Unterteil kleben. Den Schwanz befestigst du an der Randunterseite des Körpers.

4 An der Körpervorderseite stichst du mit der Prickelnadel zwei Löcher (2 cm von der seitlichen Rundung entfernt), ziehst den Perlgarnfaden hindurch und verknotest ihn. Lass dir dabei von einem Erwachsenen helfen.

Januar

Glitzerkugeln

Das brauchst du Schnee • Baum mit Astgabel

1 Juchu, es schneit! Falls dir Schneemänner zu langweilig werden, ist diese Naturkunst genau das Richtige!

2 Forme so viele Schneebälle, wie du kannst und staple sie vorsichtig in einer Baumgabel. Dein Kunstwerk sieht sicher toll aus und ist kinderleicht.
In der Sonne glitzern diese „Discokugeln der Natur" in vielen Farben.

3 Kein Baum in der Nähe? Du kannst auch eine Pyramide aus Schneebällen errichten oder ein Labyrinth legen. Dämmerungsspecial: Platziere Wunderkerzen oder Teelichter darauf, das schimmert ganz mystisch.

23

24

Kunterbunte Welt

Das brauchst du 50 Bügelperlen in bunter Farbmischung • klare Flüssigseife im Spender • 11 Bügelperlen in Weiß, Gelb, Orange, Rot, Pink, Flieder, Lila, Hellblau, Dunkelblau, Hellgrün, Dunkelgrün, Braun, Grau und Schwarz • spitze Schere • Kopfhörer

1 Schraube die Öffnung des Seifenspenders ab und fülle vorsichtig die 50 Bügelperlen ein. Schraube die Öffnung wieder gut zu und schüttle alles kräftig durch. Die Bügelperlen sind nun schön verteilt und bewegen sich lustig in der Seife, wenn du sie benutzt. Nach einiger Zeit werden sich die Bügelperlen aber wieder am oberen Rand absetzen, dann musst du erneut schütteln.

2 Schneide eine Bügelperle der Länge nach auf und drücke sie etwas auseinander. Schiebe sie über das Kabel deiner Kopfhörer. Wiederhole diesen Vorgang, bis das ganze Kabel mit Bügelperlen versehen ist.

Januar

Schokokuss-Eulen

25

Das brauchst du Mini-Schokoküsse in Weiß • Fondantmasse in verschiedenen Farben • Lebensmittelstift in Schwarz • Blütenausstecher mit Auswerfer • Keksausstecher Kreis, ø ca. 13 mm und ca. 20 mm • Messer • dünner Pinsel

1 Rolle die Fondantmasse auf einem Stück Frischhaltefolie aus. Mit Hilfe kleiner Ausstecher kannst du Blüten oder Kreise für die Augen und Flügel ausstechen.

2 Für die Füße rollst du eine kleine Kugel aus der Fondantmasse, drückst sie platt und schneidest mit dem Messer ein Drittel davon ab. Für den Schnabel schneidest du ein spitzes Dreieck aus der Fondantmasse zu.

3 Um die Einzelteile an der Eule zu befestigen, tauchst du einen dünnen Pinsel in Wasser und befeuchtest die Rückseite deiner Verzierungen. Dann drückst du sie an die Eule. Sie haften jetzt von selbst.

4 Mit einem schwarzen Lebensmittelstift malst du deinen Eulen noch Pupillen auf und fertig sind die süßen Piepmätze.

Knuddelige Eisbären

26

Das brauchst du Fotokarton in Eierschale und Hellblau, A3 • Fotokartonreste in Blau, Pastellgrün, Grün, Schwarz und Hautfarbe • Buntstifte • Filzstift in Schwarz • Lackmalstift in Weiß **Vorlagen Seite 36/37**

1 Übertrage alle Motivteile auf den jeweiligen Karton und schneide sie aus. Die Ränder sowie die Arme und Körperlinien des großen Eisbären, die Unterseite des kleinen Bären sowie die Linien an der Schnauze kannst du kräftig mit Buntstiften hervorheben. Auf allen Tatzen mit Filzstift schwarze Krallen aufmalen.

2 Auf die Köpfe mithilfe von Transparentpapier die Augen und Münder übertragen und ausmalen. Weiße Lichtpunkte mit Lackmalstift aufsetzen und zarte rosafarbene Wangen auftragen. Die Nasen mit weißem Buntstift schattieren und über den Mündern aufkleben. Auf den Ohren die hautfarbenen Kartonteile ergänzen.

3 Den blauen Fotokarton mit einem Buntstiftkaro bemalen und daraus die Schalteile des großen Eisbären zuschneiden. Den Schal nach Vorlage zusammenkleben und darauf den Bärenkopf fixieren. Den nun fertigen Kopf auf dem Körper festkleben und von unten noch das Schwänzchen ergänzen.

4 Den pastellgrünen Schal des kleinen Eisbären schattieren und grüne Streifen aufkleben. Die Schalteile nach Vorlage festkleben und die Streifen zusätzlich mit weißen Zierstrichen verschönern. Den kleinen Bärenkörper und die einzelne Tatze nach Vorlage auf dem großen Bären festkleben und den Kopf ergänzen.

5 Die hellblaue Eisfläche mit weißen Lackmalstiftlinien versehen und alle Linien und Ränder kräftig mit weißem Buntstift hervorheben. Zuletzt klebst du die Bären auf der Eisfläche fest.

Januar

Pinguine

Das brauchst du Tonpapierstreifen in Weiß, 2 x 25 cm lang, 2 cm breit • Fotokartonreste in Schwarz und Orange • 2 Wackelaugen, ø 5 mm
Vorlagen Seite 37

1 Schneide die Motivteile aus und falte die Hexentreppe, wie in der Grundanleitung beschrieben wird. Für den Schnabel einen orangefarbenen Kartonstreifen (ca. 6 cm x 2 cm) in der Mitte falten und gemäß der Vorlage ausschneiden.

2 Das schwarze Motivteil ritzt du entlang der gestrichelten Linien an und die Seiten, den Hals und den Fuß klappst du nach vorn. Das Teil umdrehen und entlang der gestrichelten Kopflinie anritzen. Dann den Kopf nach hinten falten.

3 Klebe die Hexentreppe zwischen Kopf- und Fußteil. Zuletzt bringst du den Schnabel, die Augen und die Füße an.

27

Montagsmaler

Das brauchst du mehrere Zahnstocher

1 Ein Mitspieler denkt sich eine Figur oder einen Gegenstand aus, der nicht zu kompliziert ist (Haus, Stern, Fenster, Berg, Buch, Kerze, Tanne, Fahne oder Tasse).

2 Diesen Gegenstand legt er mit den Zahnstochern auf den Tisch – wobei runde Elemente natürlich eckig werden (z. B. Bälle oder Reifen). Die anderen Mitspieler raten nun, was dort wohl gerade für ein Bild entsteht.

3 Anstelle von Zahnstochern gehen auch kleinere Elemente wie Steine, Büroklammer oder auch Sand, den man unten aus der Faust fließen lässt.

28

Januar

Freundliche Elche

Das brauchst du 3 Klopapierrollen • Packpapier in Naturfarben • kleine Äste • 4 Wackelaugen, ø 1,2 cm • 2 Pompons in Rot, ø 1,5 cm • 2 Pompons in Braun, ø 2 cm • Schleifenbandrest in Rot-Weiß kariert • 2 Silberglöckchen, ø 0,5 cm

1 Halbiere eine Klopapierrolle. Dann beklebst du diese Hälften und die anderen beiden Rollen mit Packpapier. Lass den Kleber gut trocknen.

2 Bitte einen Erwachsenen, dir von deinen gesammelten Ästen vier gleichlange Stücke für die Beine, je zwei Stücke für das Geweih und je ein Stück für den Hals abzuschneiden. Das geht am besten mit einer Zange.

3 Lass dir von deinem erwachsenen Helfer mit einer spitzen Schere Löcher für Beine, Geweih und zur Befestigung des Kopfes am Körper in die Rollen stechen. Dann kannst du die Äste in die Öffnungen kleben. Befestige auch die Wackelaugen, die roten Pompons als Nase und die braunen als Schwänzchen. Binde ein Stück Schleife um den Hals und hänge das Glöckchen in das Geweih.

29

Rustikales Vesperbrett

Das brauchst du Leimholz (Buche, vorgeschliffen), 62,5 cm x 30 cm x 19 mm • Handsäge • Handbohrer, ø 10 mm • Schleifklotz und Schleifpapier, 100er und 240er Körnung **Vorlagen Seite 35**

1 Übertrage die Vorlagenzeichnung mit einem Bleistift auf dein Brett. Du kannst die Vorlage vergrößern oder verkleinern, wie es dir gefällt.

2 Säge das Vesperbrett sorgfältig mit der Handsäge aus.

3 Der Griff bekommt oben noch eine Bohrung, damit man das große Brett auch aufhängen kann. Bohre entweder mit einem 10 mm-Handbohrer oder bitte einen Erwachsenen, das Loch für dich mit einer Bohrmaschine zu bohren.

4 Schleife alle Kanten und Schnittflächen sehr gründlich. Nimm erst grobes und dann feines Schleifpapier.

5 Weiche dein Brett für 15 Minuten in lauwarmem Wasser ein und schleife es dann erneut, wenn es wieder richtig trocken ist. So bleibt dein Brett auch nach dem Spülen glatt.

30

28 Januar

Löffelherren mit Bärtchen

Das brauchst du 4 Holzlöffel • Acrylfarbe in Dunkelblau, Türkis, Gelb und Orange • Moosgummireste in Hellgelb, Rosa, Pink und Mint • Chenilledraht in Hellblau, Hellgrün, Gelb und Rot, je 20 cm lang • Wackelaugen, ø 1,2 cm und 1,5 cm–3,0 cm • 4 Holzperlen in Neonfarben, ø 1,2 cm **Vorlagen Seite 30**

1 Male zuerst die Holzlöffel ringsherum mit Acrylfarben an und lass die Farbe trocknen.

2 Schneide nach Vorlage aus Moosgummi Haarteile, Bärte und Hände aus. Natürlich kannst du dir auch eigene Haar- oder Bartformen ausdenken.

3 Knote einen 20 cm langen Chenilledraht um den Hals eines jeden Löffels und biege die Enden etwas nach innen, sodass sie aussehen wie Arme.

4 Nun klebst du die Wackelaugen auf den Holzlöffel. Als Nasen klebst du je eine Holzperle an. Klebe auch die Moosgummi-Haare und -Bärte an den Löffel an. Zum Schluss kommen die Hände an die Enden der Chenilledrähte.

Januar

Vorlagen

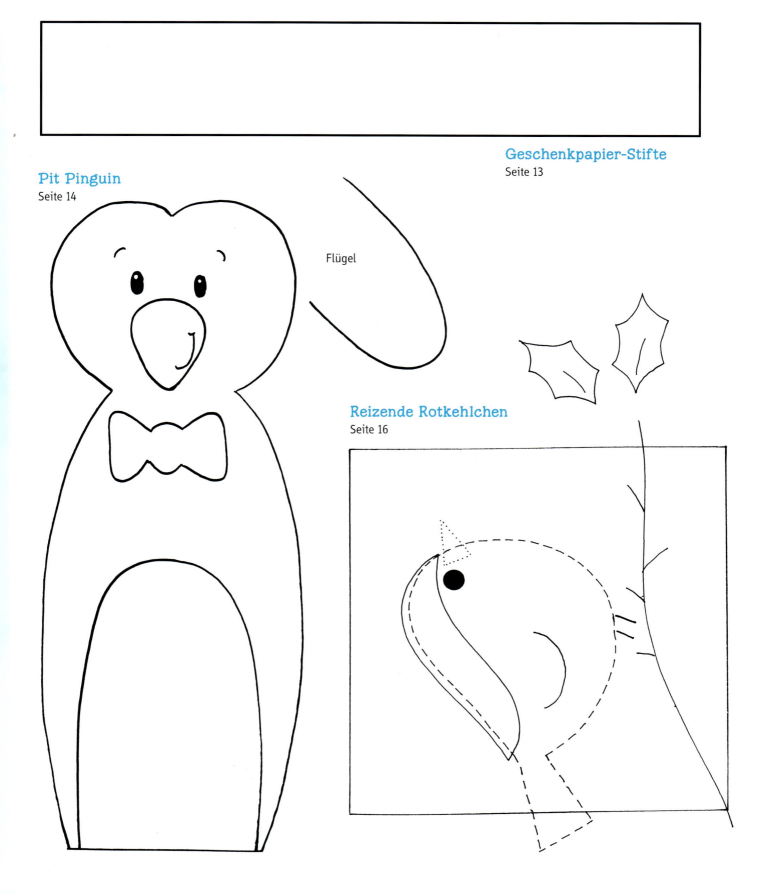

Geschenkpapier-Stifte
Seite 13

Pit Pinguin
Seite 14

Flügel

Reizende Rotkehlchen
Seite 16

30 Januar

Maulwurf
Seite 16
Vorlage bitte um 125 % vergrößern

2x

1x so
1x seitenverkehrt

2x so
2x seitenverkehrt

Löffelherren mit Bärtchen
Seite 28

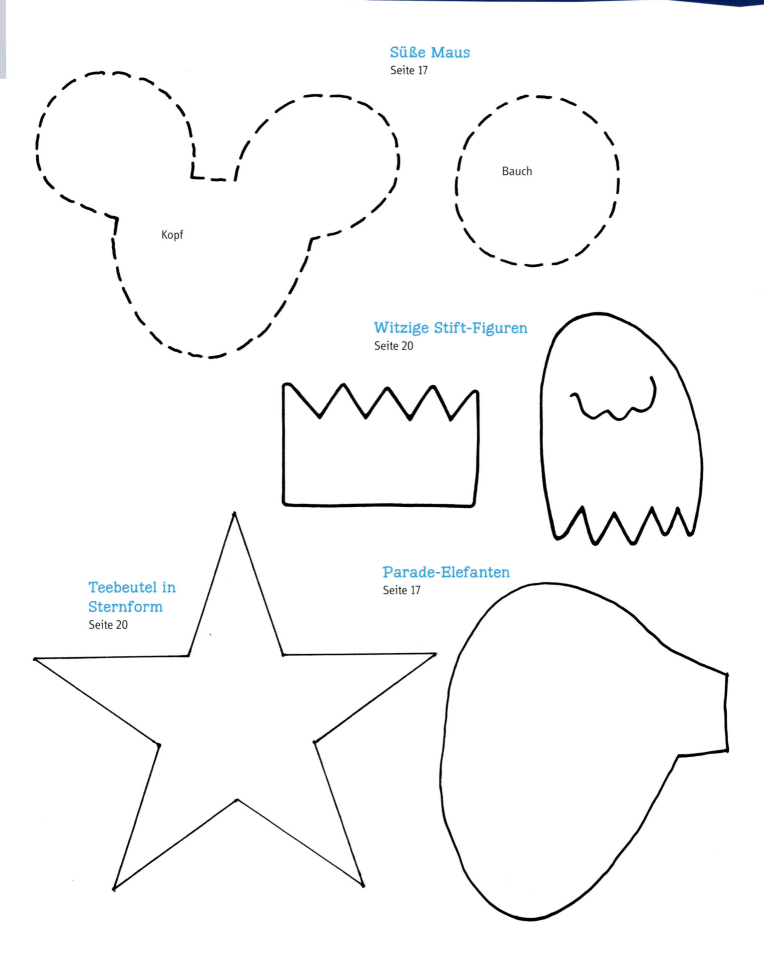

32 Januar

Fröhlicher Schneemann
Seite 18
Vorlage bitte um 200 % vergrößern

Januar 33

Labyrinth durchs All
Seite 19
Vorlage bitte um 200 % vergrößern

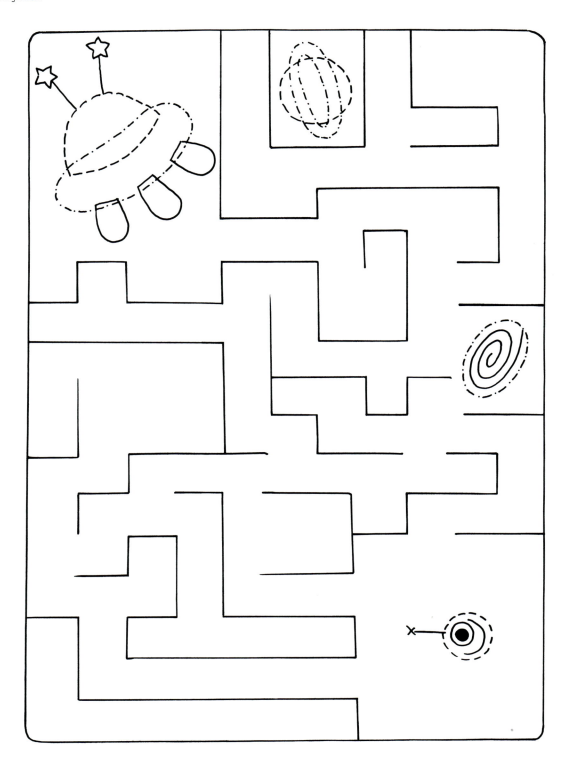

34 Januar

Buntes Mühlespiel
Seite 21

Vorlage bitte um 200 % vergrößern

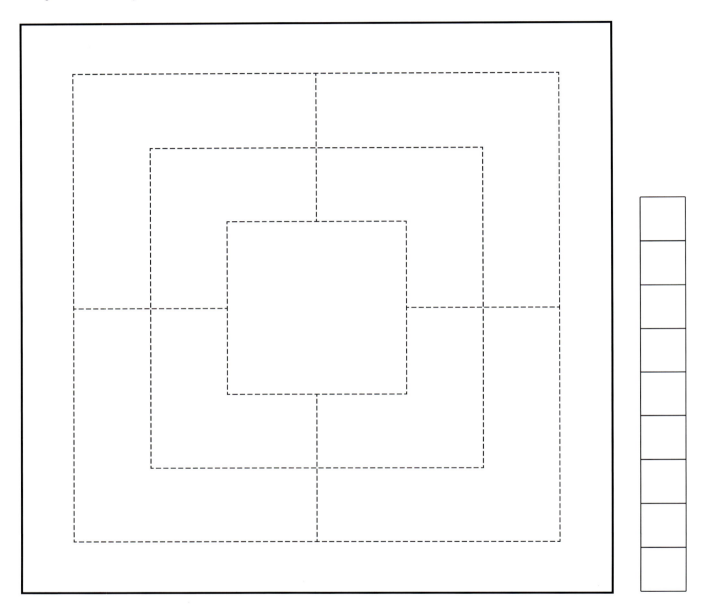

Drollige Krake
Seite 21

Sternendeuter
Seite 15

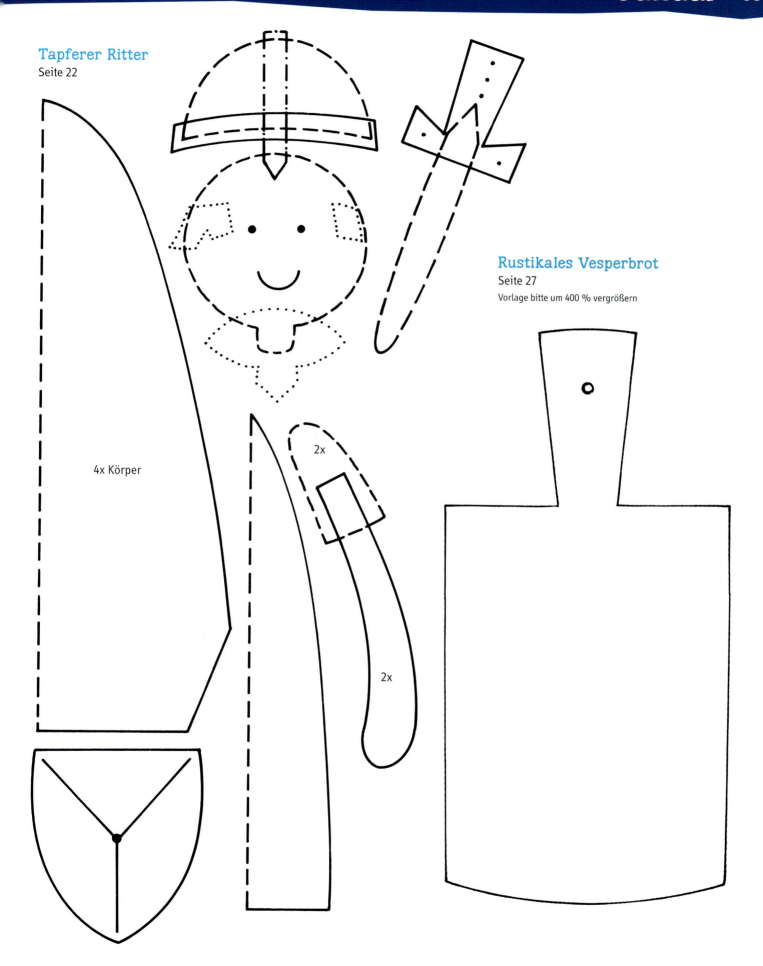

36 Januar

Bunte Tischdekoration
Seite 23

Utensilien-Kroko
Seite 23

Knuddelige Eisbären
Seite 25

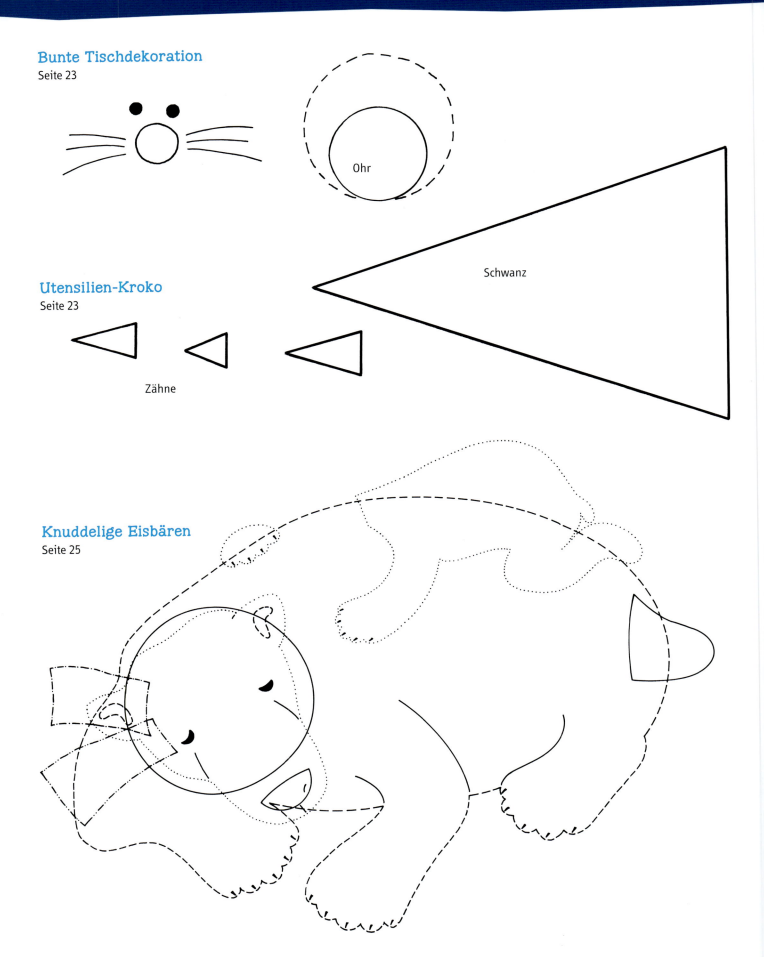

Januar 37

Knuddelige Eisbären
Seite 25

Pinguine
Seite 26

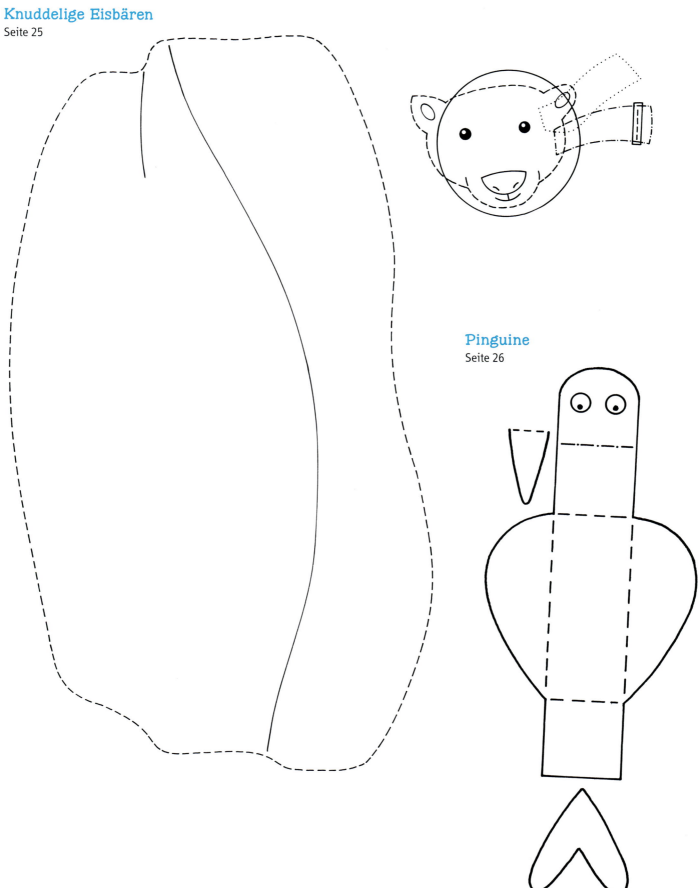

Februar

Kegelkullerei

Das brauchst du 7 Trinkjoghurtflaschen, 100 ml • 7 Wattekugeln, ø 40 mm • Schaschlikspieße • Acrylfarbe, Farben nach Wunsch • Geschenkpapierreste

1 Ziehe die Aufkleber von den Trinkjoghurtflaschen ab und spüle sie gründlich aus. Die Flaschen sollten schön bauchig sein, damit die Geschenkpapierstreifen sich gut aufkleben lassen.

2 Stecke die Wattekugeln auf einen Schaschlikspieß, streiche sie mit Acrylfarbe an und lass sie trocknen.

3 Jetzt schneidest du aus Geschenkpapierresten 5 cm x 15 cm große Streifen zurecht und klebst sie mittig mit Klebestift um den Flaschenbauch.

4 Zum Schluss klebst du die Wattekugeln mit Bastelkleber auf die Flaschenköpfe.

1

Eisbär-Sockenpuppe

Das brauchst du Kuschelsocke in Weiß • Papierrest in Weiß • Filzrest in Weiß • Stickgarn in Weiß, 30 cm lang • Stickgarn in Schwarz, 50 cm lang • Sticknadel

1 Lege die Sohle der Socke auf Papier und zeichne den Umriss mit Bleistift nach. Schneide die Form aus.

2 Lege die ausgeschnittene Sohle auf einen Filzrest. Zeichne auch hier den Umriss mit Bleistift nach und schneide den Filz aus.

3 Bestreiche eine Seite der Filzsohle mit Klebstoff. Wende die Socke auf links und klebe die Filzsohle in den Sockenboden ein.

4 Greife in die Socke und forme ein geschlossenes Maul.

5 Für die Ohren musst du die Socke kurz hinter dem Maul zu je einem Zipfel zusammenraffen, mit weißem Stickgarn umwickeln und verknoten.

6 Mit schwarzem Stickgarn kannst du jetzt Augen und Eisbärenschnauze auf die Socke sticken.

2

Februar

Eiskalte Liebe

Das brauchst du Eiswürfelform mit Herzmotiv • Beeren in Rot • kleine Blätter in Grün

1 Schneide die kleinen roten Beeren und Blätter mit einer kleinen Kinderschere vom Zweig oder knubbel sie ab.

2 Fülle die Beeren in die Eiswürfelformen bis diese voll sind. In andere Eiswürfelformen füllst du Blätter. Gieße vorsichtig Wasser hinein.

3 Wenn die Temperaturen winterlich sind, kann man die Formen über Nacht draußen gefrieren lassen, sonst stellst du sie ins Gefrierfach.

4 Für das ganze Herz benötigst du ungefähr 30 kleine rote und 26 kleine grüne Eisherzen.

5 Im Garten oder auf dem Waldspielplatz kannst du die kleinen bunten Eisherzen zu einem großen Herz anordnen.

3

4

Bienenwachsherzen

Das brauchst du Bienenwachsplatten • Moirewachsfolie in Hellgrün, Hell- und Mittelblau • Keksausstecher „Herz", ø 7,5 cm, 4 cm und 3 cm • Sticknadel • Faden in Gold, 1 m lang • Klebwachs • 12 Ahornsamen • 2 Federn in Hellblau, Hellgrün, Lila, Gelb und Apricot

1 Arbeite auf einem abwaschbaren Untergrund oder einer alten Zeitung, denn das Wachs hinterlässt einen klebrigen Film. Lege zuerst die Wachswabe aus und stich ein Herz aus.

2 Beim Ausstechen gleichmäßig auf die Ausstechform drücken, dann kannst du das Wachsherz vorsichtig herauslösen. Wenn du ein buntes Herz möchtest, stichst du mit demselben Ausstecher ein Herz aus der Moirewachsplatte und drückst die beiden Herzen aufeinander.

3 Stich mit der Sticknadel ein kleines Loch in dein Wachsherz. Schneide einen Goldfaden von 20 cm Länge ab. Fädle ihn durch das Loch im Herz und verknote ihn.

4 Trenne vom Klebwachs zwei kleine Kügelchen ab und drücke sie rechts und links auf dein Bienenwachsherz.

5 Suche zwei schöne Ahornsamen oder Federn aus und drücke sie auf dem Klebwachs fest. Nun ist dein fliegendes Herz fertig zum Aufhängen.

Februar 41

Am laufenden Band

5

Das brauchst du Fotokarton in Orange und Grün, A4 • Lochzange • Klebestreifen • Baumwollgarn, gewachst, in Grün, Rot und Blau, ø 1 mm, 2 m lang

1 Male mit einem Frühstücksteller einen Kreis auf deinen grünen Fotokarton und schneide ihn mit der Kinderschere aus.

2 Mit der Lochzange stanzt du im Abstand von 1,5 cm rundherum Löcher in den Karton. Lass dir hierbei von einem Erwachsenen helfen.

3 Das rote Baumwollgarn befestigst du mit einem Klebestreifen auf der Rückseite des Kreises. Die Garnspitze kannst du jetzt beliebig durch die Löcher fädeln.

4 Wenn das rote Garn aufgebraucht ist, wird es auf der Rückseite mit dem blauen Garn verknotet. Ist auch dieses aufgefädelt, wird es auf der Rückseite mit dem grünen Garn verbunden und das Bild wird fertiggenäht.

Superhelden gesucht

6

Das brauchst du Fotokarton in Rot, Hellgrün und Weiß, A4 • Fotokartonrest in Gelb, Weiß, Hellblau, Türkis, Dunkelblau und Dunkelgrün • Bunt- und Filzstifte • Hutgummi in Weiß und Blau, je ca. 35 cm lang **Vorlagen Seite 53**

1 Übertrage die Masken auf den Fotokarton und schneide sie sorgfältig aus. Die Augen kannst du am besten mit einer spitzen Schere oder einer Nagelschere ausschneiden.

2 Schneide auch alle Teile, die du zum Verzieren deiner Masken brauchst, aus bunten Fotokartonresten aus.

3 Jetzt wird verziert: Schattiere und bemale alle Teile mit Bunt- und Filzstiften. Lass deiner Fantasie freien Lauf. Statt der Blitze kannst du z. B. auch Herzen, Totenköpfe oder Kringel aufmalen, je nachdem, welchen Charakter dein Superheld bekommen soll.

4 Klebe alle Teile an der Maske fest und lass den Kleber gut trocknen.

5 Bitte einen Erwachsenen, dir mit einer Nadel oder einer spitzen Schere zwei Löcher für den Hutgummi in die Seiten der Maske zu stechen. Ziehe je ein Ende des Gummibandes hindurch und verknote es.

42 Februar

Kullererbsen-Reis

Das brauchst du 1 Zwiebel • 200 g gekochter Schinken • 6 EL Parmesan • 2 EL Olivenöl • 30 g Butter • 250 g Risottoreis • 500 ml Gemüsebrühe • 500 g Erbsen aus der Dose • Prise Salz • etwas Pfeffer

1 Bevor du loskochen kannst, ist ein wenig Vorbereitung nötig. Schäle die Zwiebel und schneide sie in feine Würfel. Den Schinken würfelst du ebenfalls und den Parmesan reibst du auf einer feinen Reibe.

2 Dann erhitzt du Öl und Butter in einem Topf und dünstest die Zwiebel darin an. Der Reis kommt dazu – und ab jetzt musst du fleißig rühren! Gib eine Suppenkelle voll Gemüsebrühe in den Topf und rühr um.

3 Die nächste Ladung Gemüsebrühe schüttest du erst dazu, wenn der Reis die Flüssigkeit aufgenommen hat. Das machst du so lange, bis alle Flüssigkeit verbraucht ist (ca. 30 Minuten). Rühr immer wieder gut um, sonst brennt dir dein Risotto an.

4 Gib Erbsen, Schinken und die Hälfte vom Parmesan dazu, rühr alles nochmal gut durch und schmeck zum Schluss dein Essen mit Salz und Pfeffer ab. Vor dem Servieren kannst du noch etwas Parmesan über das Essen streuen.

7

Kokeshis

8

Das brauchst du 3 Deoroller mit runder Deckelkappe, ø 3 cm • Acryllack in Weiß, Schwarz und Rosa • 5 Holzkugeln ø 2 cm • Permanentmarker in Pink, Schwarz und Rot • verschiedene bunte Servietten • Satinband, je 25 cm

1 Zuerst entfernst du die Aufkleber von den Deorollern. Dann streichst du die Roller mit weißem Acryllack an und lässt die Farbe trocknen.

2 Schraube die Deckelkappen ab und gestalte mit Holzkugeln Frisuren. Du kannst entweder zwei Kugeln rechts und links aufkleben oder eine mittig auf die Oberseite des Deckels.

3 Die Deckel bekommen jetzt einen Anstrich mit schwarzem Acryllack. Lass den Lack gut trocknen und schraube die Deckel dann wieder auf die Deoroller.

4 Male nun mit rosafarbener Acrylfarbe die Gesichter auf. Wenn die Farbe trocken ist, kannst du mit Permanentmarkern Auge, Mund und Wangen aufzeichnen.

5 Für die Kleider schneidest du aus bunten Servietten passende Streifen zurecht (am besten vorher abmessen). Ein dünnerer Streifen in der Mitte sorgt für einen zusätzlichen Farbtupfer.

6 Klebe die großen und kleinen Streifen fest und binde ein ca. 25 cm langes Satinband als Gürtel um die Puppe.

Kunterbunte Serviettenringe

Das brauchst du Butterbrotpapier • Klopapierrollen • Acrylfarbe nach Wunsch **Vorlagen Seite 54**

1 Übertrage zuerst die Vorlage auf das Butterbrotpapier und schneide sie aus. Wickle die Schablone um die Klopapierrolle und zeichne den Umriss mit einem Bleistift auf.

2 Schneide die Gabel oder den Löffel aus. Für die Zinken der Gabel nimmst du am besten eine spitze Schere, so kommst du besser in die Zwischenräume.

3 Zum Schluss malst du die Besteckspirale noch in deiner Wunschfarbe von innen und außen an. Die Pappe kann sich beim Bemalen wieder etwas aufwickeln. Das macht nichts, sie lässt sich ganz einfach wieder eindrehen, wenn die Farbe getrocknet ist.

9

Sturm im Abenteuerglas

Das brauchst du alte saubere Gläser mit Schraubdeckel • Acrylfarbe • Heißklebepistole • Figuren und Dekorationen • Glyzerin • destilliertes Wasser • Glitzer & Co.

1 Bemale die Deckel der Schraubgläser mit Acrylfarbe.

2 In die Deckelinnenseite werden mit der Heißklebepistole Figuren geklebt und alles, was sonst noch so ins Glas soll. Hol' dir dafür besser Hilfe von einem Erwachsenen. Probiere vorher aus, ob auch alles so passt, wie du es dir vorstellst.

3 Jetzt wird gemixt: Glyzerin und destilliertes Wasser kommen im Mischverhältns 1:1 ins Glas, Glitzer und Glitter, Schneeteilchen oder Sterne gesellen sich dazu.

4 Den Deckel mit den angeklebten Figuren fest aufs Glas schrauben, Glas umdrehen und schon herrscht wilder Sturm im Abenteuerglas!

10

Februar

Eingewickelt

11

Das brauchst du Knäuel Baumwollgarn in Gelb, Türkis, Lila, Petrol, Grau, Dunkelrot, Dunkelblau, Pink, Hellgrün und Hellblau

1 Suche dir einen schönen Baum aus.

2 Umwickle den Baumstamm mit Wolle. Knote dafür das Fadenende eines Knäuels an den Stamm und laufe rund um den Baum herum. Wiederhole diesen Vorgang mit verschiedenen Wollfarben. Achte darauf, dass du die Wolle nicht nur um eine Stelle wickelst, sondern sie den Baum „hinauf wachsen" lässt.

3 Wenn es der Baumbesitzer erlaubt, kann die Wolle am Stamm verbleiben. Sie verrottet dort langsam und beschädigt den Baum nicht.

Tischfussball

Das brauchst du 2 quadratische Bierdeckel • Papiertaschentuch • Schere oder Messer

1 Mache an den Bierdeckeln an je zwei sich gegenüberliegenden Seiten einen langen Schnitt – bis ca. 1 cm vor dem oberen Rand. Lass dir dabei von einem Erwachsenen helfen.

2 Biege diese Pfosten etwas nach vorn – und stelle die Bierdeckel als Tore einander gegenüber auf den Tisch. Knülle ein Viertel eines Papiertaschentuchs zu einem Ball zusammen. Das Spiel kann beginnen!

3 Noch besser (aber auch schwieriger) ist es die Tore mit Bällen wie Haselnüssen, kleinen Kastanien, Schokokugeln usw. zu treffen.

12

Februar

Leselümmel

Das brauchst du Holzstäbchen, je 15 cm x 1,8 cm • Acrylfarbe in Hellblau, Rosa, Gelb, Weiß und Mint • Wollreste in Grün, Hellblau, Rosa, Pink und Hellgrün • je 2 Wackelaugen, ø 0,6 cm • Permanentmarker in Pink, Rot und Weiß

1 Zuerst bemalst du die Holzstäbchen mit Acrylfarbe. Lass die Farbe gut trocknen.

2 In der Zwischenzeit kümmerst du dich um die Frisuren deiner Leselümmel. Wickle einen ca. 30 cm langen Wollfaden um ein bis zwei Finger deiner Hand, ziehe das Knäuel ab und verknote es in der Mitte mit einem Extrafaden.

3 Jetzt kannst du nach Lust und Laune entweder die Wolle genauso lassen oder die Schlaufen aufschneiden.

4 Mit Alleskleber klebst du Haare und Wackelaugen an Ort und Stelle.

6 Zum Schluss malst du mit Permanentmarkern noch Münder und Augenbrauen auf. Fertig sind deine Lesezeichen.

13

Zum Valentinstag

14

Das brauchst du Filz in Gelb, 1 mm stark, 16 cm x 18 cm • Baumwollstoff in Rosa gepunktet, 2x 20 cm x 25 cm • Baumwollstoff in Gelb gepunktet, 14 cm x 16 cm • Sticktwist in Gelb • Füllwatte
Vorlagen Seite 54

1 Schneide das größere Herz aus Filz und das kleinere Herz aus Stoff aus. Das kleinere Herz legst du auf das größere Herz und steckst beide Lagen mittig auf einen Kissenstoff. Dann nähst du die Herzen mit Vorstichen fest.

2 Lege die beiden Kissenstoffe so aufeinander, dass die schönen Seiten innen liegen. Befestige beide Lagen mit Stecknadeln und nähe die Kissenstoffe rundherum mit Vorstichen zusammen. An der unteren Seite lässt du eine 10 cm lange Öffnung zum Wenden frei.

3 Nun wendest du das Kissen und stopfst es mit Füllwatte kuschelig aus. Zuletzt schiebst du die Nahtzugaben an der Wendeöffnung 1 cm breit nach innen und nähst die Öffnung zu.

Februar

Post für dich!

Das brauchst du Designpapier in Grün, Dunkelrot und Dunkelblau gemustert, A3 • Tonpapier in Magenta, Hellgrün und Orange, A3 • 4 Tonpapierstreifen in Orange, 3 mm breit und 4 cm lang • Motivstanzer Blume, ø ca. 1,5 cm **Vorlagen Seite 55**

1 Übertrage die Vorlagen auf die jeweiligen Papiere und schneide alles aus.

2 Für den Umschlag mit den Rundungen klebst du das kleinere gemusterte Papier auf das größere Papier in Magenta. Drehe das Ganze um und knicke die vier Halbkreise zur Mitte. Um den Umschlag zu verschließen, klappst du die Halbkreise nacheinander nach unten und schiebst den letzten Halbkreis zur Hälfte unter den vorletzten.

3 Für den quadratischen Umschlag klebst du das kleinere gemusterte Papier auf das größere orangefarbene. Drehe deine Form um und knicke auch hier alle vier Balken nach innen auf das Quadrat. Klebe dann an jeden Balken am innen liegenden Rand einen dünnen orangefarbenen Papierstreifen. Nutze dafür am besten schmales doppelseitiges Klebeband. Zum Verschließen des Umschlags klappst du nacheinander alle Balken nach innen und schiebst dann den letzten unter den ersten. Bringe noch ein ausgestanztes Blümchen als Verzierung an.

4 Der rechteckige Umschlag besteht aus einem großen gemusterten und einem kleinen hellgrünen Papier. Das einfarbige Papier bildet das Innenfutter. Klebe das grüne Papier auf die unbedruckte Seite des gemusterten Papiers. Falte alle Dreiecke an den markierten Linien nach innen und wieder zurück. Klappe die seitlichen Dreiecke nach innen und klebe darauf das untere fest.

15

Polizeiautos

Das brauchst du selbsthärtende Modelliermasse • 4 angebohrte oder durchgebohrte Rohholzkugeln, ø 2 cm • Acrylfarbe in Schwarz, Hellblau, Ultramarin, Grün, Rot, Gelb, Weiß und Silber • Rundholzstab, ø 3 mm, 2 x 6 cm lang **Vorlagen Seite 56**

1 Fertige die Kartonschablonen der Autos an und lege sie auf einen handelsüblichen Modelliermasseblock (3 cm bis 4 cm). Fahre die Umrisse mit der Messerspitze nach. Nimm die Schablonen ab und schneide die Autos mit dem Messer aus. Glätte die Ränder.

2 Bohre gemäß der Vorlage Löcher für die Achsen. Alternativ kannst du zwei Kerben in den Fahrzeugboden schneiden.

3 Für das Blaulicht rollst du eine ca. 5 mm dicke Walze aus Modelliermasse und schneidest davon jeweils zwei 1 cm lange Stücke ab. Lass die Autos trocknen und bemale sie. Klebe die Blaulichter aufs Autodach.

4 Male die Holzkugeln an, führe die Rundholzstäbe durch die Löcher im Rumpf und klebe die Holzkugeln auf.

16

Februar 47

Schlange

Das brauchst du Fotokartonstreifen in Regenbogenfarben, 16 x 25 cm lang, 2 cm breit • Fotokartonreste in Rot und Regenbogenfarben • 2 Wackelaugen, ø 1,2 cm **Vorlagen Seite 55**

1 Falte acht Hexentreppen und klebe sie zum Schlangenkörper aneinander.

2 Schneide das Kopfteil zweimal aus. An einem Teil befestigst du die Wackelaugen und malst die Nasenlöcher auf. Die Zunge von unten daran fixieren. Klappe das zweite Kopfteil an der gestrichelten Linie um und klebe es von unten an das erste Kopfteil.

3 Bringe den Kopf am letzten Faltabschnitt des Körpers an.

17

18

Fliegenpilze

Das brauchst du 2 Klopapierrollen • Acrylfarbe in Rot und Elfenbein • 2 Styropor®-Kugeln, ø 5 cm • Wattereste in Weiß • Moosreste in Grün

1 Schneide aus den Klopapierrollen zwei Ringe von je 3 cm und einen Ring von 4 cm Länge zu. Bemale die Ringe außen mit der Acrylfarbe in Elfenbein.

2 Teile die Styropor®-Kugeln mit einem Messer in jeweils zwei Teile. Lass dir dabei von einem Erwachsenen helfen. Male drei Halbkugeln mit der roten Acrylfarbe an und lass sie gut trocknen. Dann klebst du sie auf die Klopapierrollen.

3 Aus dem Watterest formst du kleine Kugeln und klebst sie auf die Pilze. Zum Schluss klebst du etwas Moos um die Pilzstiele.

Februar

Schöne Störche

Das brauchst du Adhäsionsfolie: stehender Storch 13 cm x 25 cm; fliegender Storch 27 cm x 27 cm • Windowcolor-Konturenfarbe in Schwarz • Windowcolor in Schwarz, Weiß und Orange **Vorlagen Seite 58/59**

1 Male die Störche der Vorlage nach auf die Adhäsionsfolie. Achte beim Auftragen der Konturenfarbe für den Schnabel und die Beine darauf, dass die Linien nicht zu dicht nebeneinanderliegen. Sie könnten sonst zusammenfließen.

2 Die Reihenfolge, in der die Flächen ausgemalt werden, ist beliebig. Die Augen werden erst ganz zum Schluss mit Windowcolor in Schwarz entweder in die noch flüssige weiße Farbe oder auf die bereits getrocknete Farbe getupft.

3 Wenn das Motiv trocken ist, wird es mit der Schere exakt ausgeschnitten.

19

Gefährliche Gefährten aus der Urzeit

Das brauchst du Pappelsperrholz, 5 mm stark, A4 • Laubsäge • Schleifpapier, 220er-Körnung • kleine Holzfeile • Acrylfarbe in Grün und Schwarz oder in Blau und Dunkelrot • feiner Filzstift in Schwarz **Vorlagen Seite 57**

1 Übertrage alle Teile mithilfe von zuvor angefertigten Schablonen auf das Sperrholz.

2 Nun sägst du die Saurierteile aus. Bei den Einschnitten von Körper und Beinen solltest du dabei besonders sorgfältig arbeiten. Um zu überprüfen, ob die Einschnitte breit genug sind, steckst du ganz einfach einen Sperrholzrest hinein. Lassen sich die Hölzer nicht leicht ineinanderschieben, feilst du mit einer kleinen flachen Holzfeile vorsichtig etwas nach. Hast du alle Einschnitte überprüft, kannst du den Saurier zusammenstecken. Die Teile sollten sich leicht ineinanderfügen lassen, denn durch die noch folgende Farbschicht werden die Einschnitte wieder etwas schmaler.

3 Bemale die Dinosaurierteile mit den Acrylfarben. Die Augen und Nasenlöcher werden mit dem Filzstift aufgetupft. Bevor du die bemalten Teile zusammensteckst, überprüfst du noch einmal mit einem Sperrholzrest, ob die Einschnitte passend sind und korrigierst gegebenenfalls mit der Feile.

20

Februar 49

Pappnasen

Das brauchst du leerer Eierkarton • Acrylfarben • dicke Wollnadel • Gummikordel, ø 1 mm • Besen oder Spülbürste

1 Schneide aus dem Eierkarton eine Spitze heraus und begradige die Kanten.

2 Je nach Tiernase die Kartonspitze mit Acrylfarbe in Grau, Grün, Gelb oder Orange grundieren.

3 Male Zähne, Nasenlöcher, rosa Bäckchen oder eine Schnauze auf.

4 Stich seitlich mit der Nadel zwei Löcher in den Karton.

5 Fädle die Gummikordel durch die Löcher und knote sie an beiden Seiten fest.

6 Schneide von einem Besen oder einer Spülbürste ein paar Borsten ab. Pikse kleine Löcher in die Nase und klebe die Barthaare hinein.

21

Tapfere Ritter

Das brauchst du wasserlösliche Schminkfarben in Silber und Schwarz

1 Lege mit einem feinporigen Schwämmchen die silberfarbene Grundierung für den Helm an. Mit dem gleichen Schwämmchen nimmst du Schwarz auf und schattierst damit ganz leicht die Wangen.

2 Mit einem schwarzen Pinselstrich malst du die Ritterlilie auf die Stirn und umrandest den Helm. Male außerdem den schwarzen Bart in kantiger Form auf. Achte darauf, dass man die Pinselstriche sieht, sonst ist es nur ein schwarzer Balken. Arbeite mit etwas Grau auf dem Pinsel noch kleine Strukturen hinein, und schon kann der Ritter zur Tafelrunde.

22

Februar

Pinselhelden

23

Das brauchst du Alufolienreste • 4 alte Pinsel • Acrylfarbe in Rosa, Hellblau, Rot, Grün und Lindgrün • Permanentmarker in Schwarz • Bastelfilz in Rot, Grün, Blau, Schwarz und Lindgrün, DIN A5 • 4 Kronkorken • alte Zeitschriften • Wackelaugen in verschiedenen Größen **Vorlagen Seite 56**

1 Aus Alufolie bastelst du deinem Superhelden einen Oberkörper und Arme. Für die Arme faltest du Streifen zu kleinen Rollen. Lege sie mittig hinter den Pinsel. Ein kleines Knäuel Folie legst du mittig vorne auf den Pinsel und umwickelst dann Knäuel und Arme wieder mit Alufolien-Streifen, bis dir die Form des Oberkörpers gefällt.

2 Jetzt malst du Haare, Gesicht und Körper mit Acrylfarbe auf. Du kannst auch den Alufolienteil mit Acrylfarbe bemalen – ganz wie es dir gefällt. Lass alles gut trocknen.

3 Als Nächstes zeichnest du mit einem dünnen Permanentmarker das Gesicht auf.

4 Schneide aus Bastelfilz einen Umhang und einen Streifen für die Superheldenmaske zurecht. Dann beklebst du einen Kronkorken innen mit coolen Motiven aus alten Zeitschriften. Auch ein einzelner Buchstabe sieht gut aus. Oder du malst den Korken innen an.

5 Zum Schluss klebst du Umhang, Kronkorken, Maske und schließlich die Wackelaugen auf deinen Helden auf.

6 Wenn du Schlitze in die Maske schneidest und die Wackelaugen dort hervorgucken lässt, sieht das Ganze noch realer aus.

Clown mit roter Nase

24

Das brauchst du fester Karton, 6 cm x 12 cm • Wolle in Rot • Gummifaden, ø 1 mm, 50 cm lang **Vorlagen Seite 60**

1 Schneide die kleine Pompon-Schablone aus festem Karton aus.

2 Wickle einen Pompon, so wie es in der Grundanleitung beschrieben ist. Die beiden Fadenenden des Abbindefadens lässt du dabei lang hängen.

3 Verknote ein Ende des Gummifadens mit einem Ende des Abbindefadens.

4 Das zweite Ende des Gummifadens mit dem anderen Abbindefaden verknoten. Schneide die überstehenden Fadenenden ab.

Februar 51

Gute-Laune-Girlanden

Das brauchst du 11 bunte Pfeifenputzer, je 50 cm lang für die Blumengirlande • 14 bunte Pfeifenputzerreste für die Kreisgirlande • 12 bunte Pfeifenputzerreste für die Herzgirlande

1 Für eine Blume in der Blumengirlande formst du du jeweils fünf Schlaufen. Du kannst die Schlaufen um deine Finger wickeln. Schließe jede Schlaufe durch Verdrehen der Drähte. Das Drahtende wickelst du mehrfach um die Mitte der Blume.

2 Bei der nächsten Blume hängst du die letzte Schlaufe in die vorherige Blume ein, bevor du das Drahtende mit der Mitte verdrehst. Fahre so fort, bis deine Girlande die gewünschte Länge hat.

3 Für die Kreisgirlande formst du aus einem Pfeifenputzerrest einen bunten Kreis und verdrehst die Enden. Die folgenden Kreise hängst du immer erst in den vorherigen ein, bevor du sie schließt. Damit deine Kreise schön rund werden, kannst du verschieden große Gläser zu Hilfe nehmen.

4 Aus der oben beschriebenen Kreisgirlande kannst du ganz leicht eine Herzgirlande zaubern. Forme die Stellen, an denen die Drähte verdreht sind, zu einer Spitze. An einer Seite biegst du eine Spitze nach innen, fertig ist das Herz.

25

Räuber der Meere

Das brauchst du wasserlösliche Schminkfarbe in Schwarz, Weiß und Blau • Splitcake in Blautönen

1 Nimm mit einem Pinsel Farbe aus dem Splitcake auf. Setze den Pinsel schräg auf der Wange auf, die dunklere Farbe weist dabei nach oben. Ziehe einen Bogen und drehe dabei den Pinsel, damit der Strich am Ende spitz zuläuft.

2 Den Pinsel umdrehen und einen Strich von unten gegen den ersten Strich setzen. Schwanz und Rückenflossen aufmalen.

3 Ziehe alle Konturen mit einem schwarzen Rundpinsel nach. Das Auge des Hais nicht vergessen!

4 Male als nächstes mit einem blauen Rundpinsel das Korallenriff mit feinen Verästelungen unter den Hai.

5 Zum Schluss Zähne und Glanzpunkte mit Weiß auf den Haifischkiefer, die Flossen und die Blubberblasen malen. Kleine Beutefische vervollständigen das Werk.

26

Februar

Charmante Schale

Das brauchst du 70 g Bügelperlen in bunter Farbmischung • Porzellanschüssel (feuerfest) • Speiseöl • Pinsel • Backofen

1 Heize den Backofen auf 200° C vor.

2 Gib ein paar Tropfen Speiseöl in die Porzellanschüssel und verstreiche sie bis zum Schüsselrand mit dem Pinsel. Das Öl dient als „Klebstoff" für die Perlen, sodass sie auch am Rand halten. Gleichzeitig bekommst du deine Bügelperlenschale besser aus der Porzellanschüssel heraus.

3 Fülle nun die Bügelperlen nach und nach in die Schüssel. Drücke die Bügelperlen immer wieder an den Schüsselboden. Du wirst merken, dass sich die Bügelperlen ganz von alleine den Schüsselrand hoch bewegen. Der Boden sollte dicht bedeckt sein.

4 Stelle nun die Schüssel vorsichtig in den Backofen. Achtung! Der Backofen ist heiß, ein Erwachsener sollte dir auf jeden Fall assistieren. Nach einiger Zeit fangen die Bügelperlen an zu schmelzen. Die Perlen während des Schmelzens im Auge behalten! Nach 10–12 Minuten kannst du den Backofen wieder ausschalten. Lass die Schüssel im Backofen erkalten.

5 Klopfe die Schüssel aus ihrer Form. Schon hast du eine tolle Seifenschale oder ein Depot für Bonbons.

27

Helden-Schutzschild

Das brauchst du Karton, 3 mm stark, ø 35 cm • Fotokarton in Silber, 70 cm x 100 cm • Fotokarton in Rot, 30 cm x 9 cm • Hologrammfolie, selbstklebend, in Blau 35 cm x 35 cm • Sprühkleber • 3D Liner in Dunkelblau • 6 Pappmaschee-Spitztüten, ø 6,5 cm, 13 cm lang • Styropor®-kugel, ø 12 cm • Seidenpapier in Rosa, A3 • Sprühlack in Scharlachrot, Ultramarinblau und Silber • Leder (Rest) in Natur **Vorlagen Seite 60/61**

1 Schneide den Karton einmal und den Fotokarton zweimal nach der Vorlage zu. Die drei Teile mithilfe von Sprühkleber aufeinander kleben, dabei liegt der Karton in der Mitte. Die Kreise aus Hologrammfolie und Fotokarton in Rot ausschneiden und mit Sprühkleber auf das Schild kleben.

2 Verziere den Rand des Schildes mithilfe des 3D Liners mit dem Zackenmotiv und lass es gut trocknen. Die Pappmaschee-Spitztüten mit Sprühlack in Blau und Rot besprühen und trocknen lassen. Danach mit UHU Hart Spezialkleber auf die Punkte kleben.

3 Zerteile eine Styropor®-kugel mittig und umklebe eine Hälfte mit Seidenpapier. Danach das Ganze mit Sprühlack in Silber besprühen und trocknen lassen.

4 Abschließend die Kugel mit Styropor®-kleber auf die Mitte des Schildes kleben. Für den Griff auf der Rückseite einen Lederrest nach Vorlage zuschneiden und mit UHU Hart Spezialkleber auf die Rückseite des Schildes kleben. Gut trocknen lassen. Dein Schild ist nun einsatzbereit!

28

Februar 53

Vorlagen

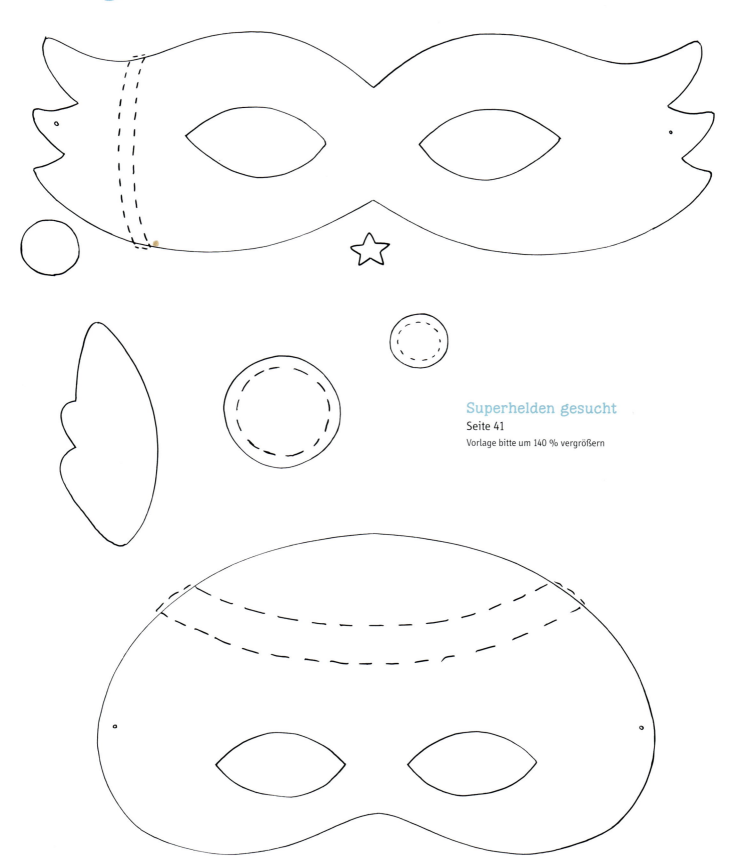

Superhelden gesucht
Seite 41
Vorlage bitte um 140 % vergrößern

54 Februar

Zum Valtentinstag
Seite 45

Kunterbunte Serviettenringe
Seite 43

Februar 55

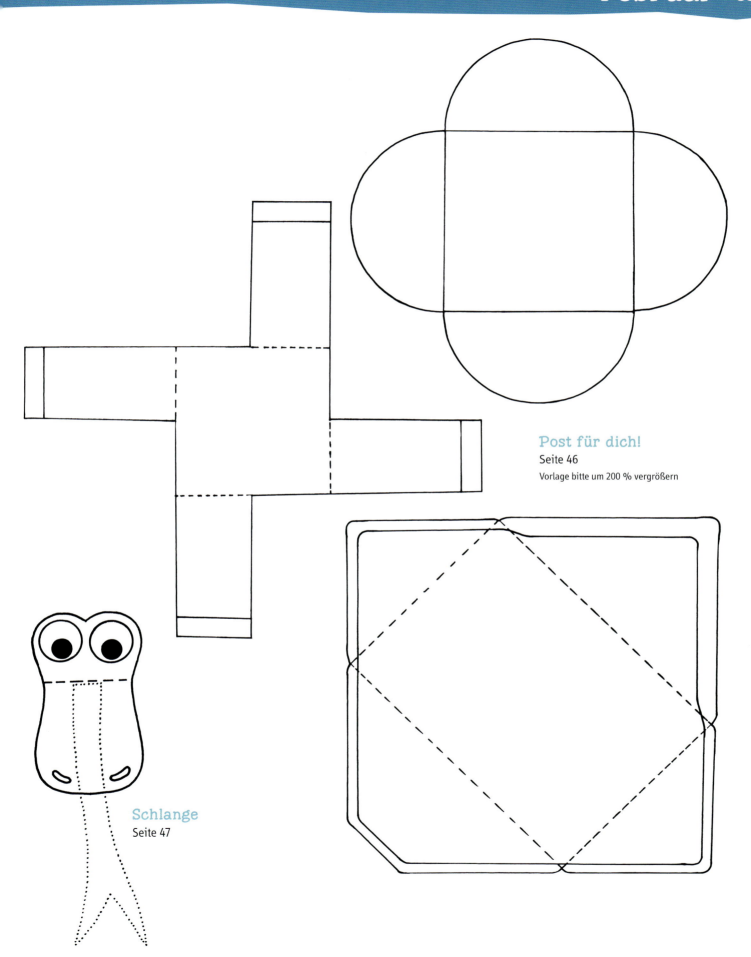

Post für dich!
Seite 46
Vorlage bitte um 200 % vergrößern

Schlange
Seite 47

56 Februar

Polizeiautos
Seite 46

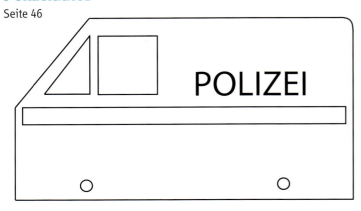

Pinselhelden
Seite 50

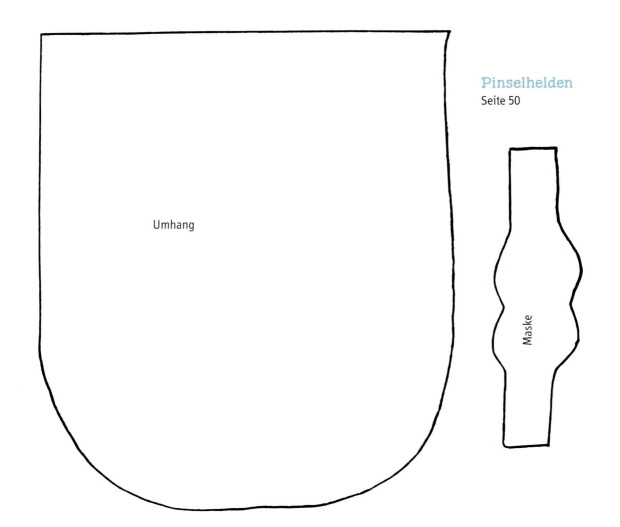

Februar 57

Gefährliche Gefährten aus der Urzeit
Seite 48

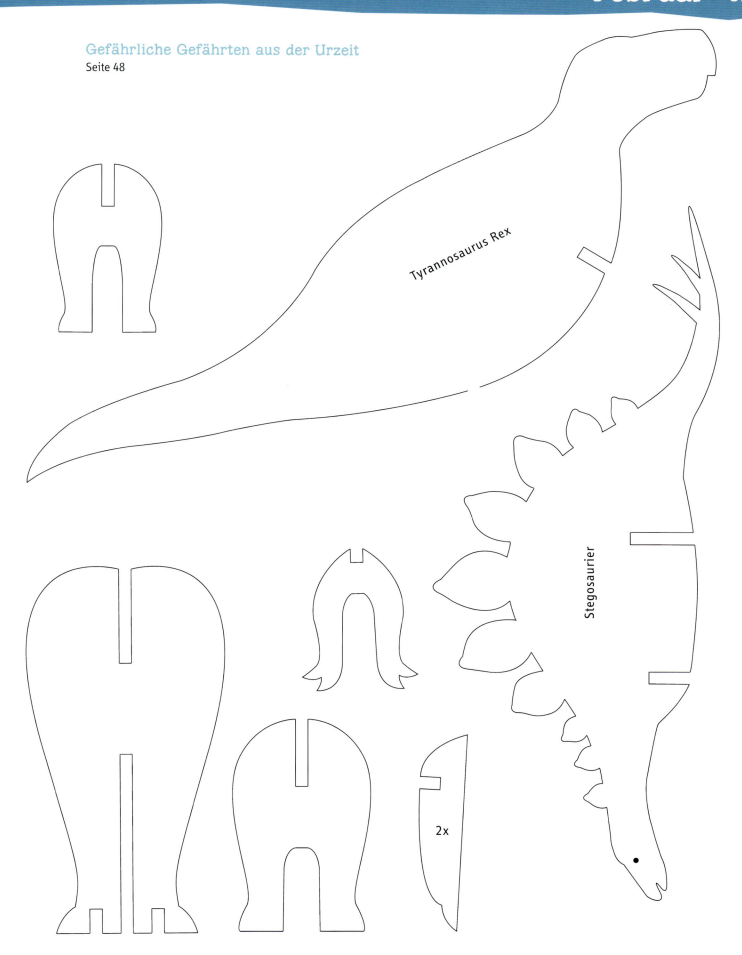

58 Februar

Schöne Störche
Seite 48
Vorlage bitte um 160 % vergrößern

Februar 59

Februar

Clown mit roter Nase
Seite 50

Helden-Schutzschild
Seite 52

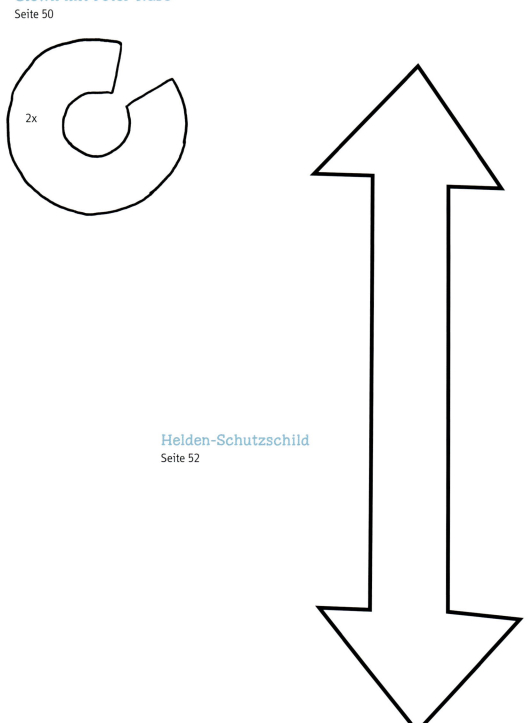

Helden-Schutzschild
Seite 52
Vorlage bitte um 200 % vergrößern

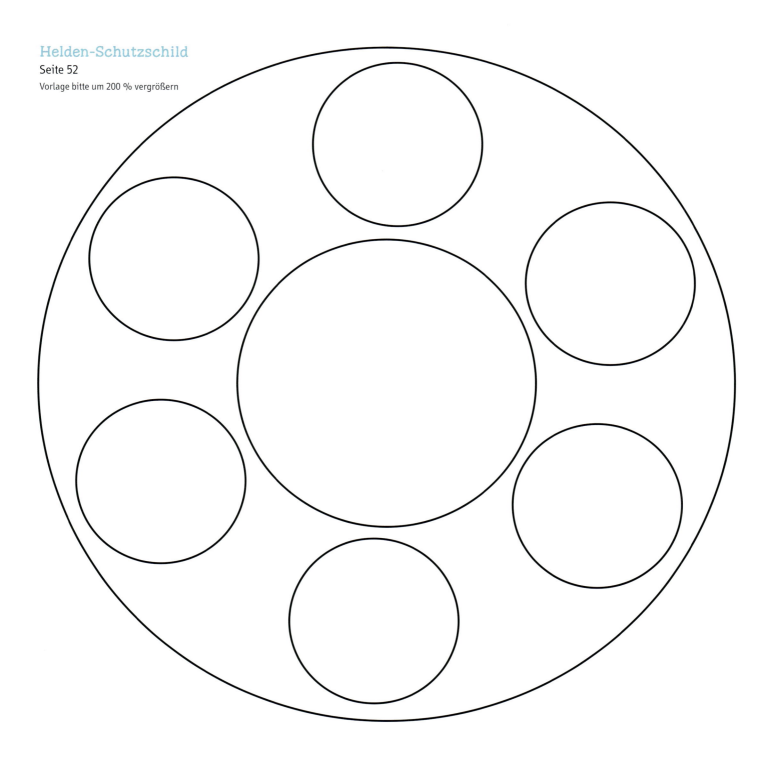

März

März 63

Kühlschrank-glotzer

Das brauchst du Wackelaugen, ø 6 mm, 10 mm und 17 mm • doppelseitiges Klebeband oder Klebepads • Bastelfilzreste • Satinband, 10 cm lang

1 Das wird eine Überraschung, wenn jemand das nächste Mal in den Kühlschrank schaut – denn plötzlich schauen ganz viele Augenpaare zurück! Um eurem Obst und Gemüse Leben einzuhauchen, klebst du zuerst die Wackelaugen mit Klebepads oder doppelseitigem Klebeband auf Karotten, Gurken und Co.

2 Weil es im Kühlschrank so kühl ist, ziehst du dem einen oder anderen Gemüsekopf noch eine Mütze aus Filz auf. Schneide ein Rechteck nach Augenmaß zurecht und wickle es z. B. um den „Kopf" einer Karotte. Die beiden Filzenden klebst du hinten zusammen. Nun knotest du noch ein Satinband um den Filz herum und fertig ist die Pudelmütze!

3 Für einen kuscheligen Schal schneidest du einen länglichen Streifen aus Filz zurecht. Schneide ihn an den Enden ein paar Mal ein, so wird er schön fransig. Dann wickelst du ihn um den „Hals" z. B. einer Gurke. Ordne jetzt die Obst-Und-Gemüse-Gesellen in den Kühlschrankfächern an, wie es dir gefällt, schließe die Kühlschranktür und warte auf das verdutzte Gesicht des nächsten Hungrigen...

Prinzessin Immerschön

Das brauchst du wasserlösliche Schminkfarben in Rosa, Rot, Gold, Weiß, Grün und Hellblau • Glitzer in Transparent

1 Zunächst malst du eine goldene Krone mithilfe des Pinsels zwischen die Augenbrauen auf die Stirn. Auf jede Gesichtsseite jeweils zwei Blüten in Rosa malen und für die Rose im Schläfenbereich einen ca. 2 cm großen Kreis ebenfalls in Rosa ergänzen.

2 Mit Rot malst du nun die Punkte für die Perlenkette leicht schräg von der Augenbraue bis zum Haaransatz. Lass einen kleinen Abstand für die weißen Punkte. Ebenfalls mit Rot drei kleine Halbmonde in die rosa Kreise setzen: zwei am Randbereich und einen quer in die Mitte. Male die Lippen rot an.

3 Nun malst du die grünen Ranken: Nimm hierfür einen sehr spitzen Pinsel zur Hand und male die Ranken und Blätter am besten in einem Schwung auf. Achte dabei darauf, dass die angedeuteten Blätter die Ranken nie ganz berühren. Ziehe die Blütenblätter noch einmal in Weiß mit einem dünneren Strich nach und ergänze die weißen Lichtpunkte an der Perlenkette.

4 Mit Hellblau nun den Lidstrich aufmalen. Er sollte mit zwei Pinselstrichen von innen nach außen aufgetragen werden. Nun noch die kleinen hellblauen Punkte im Augenwinkel von unten nach oben auftupfen. Zum Schluss malst du goldene Punkte in die Blütenmitten und trägst mit dem Pinsel etwas Glitzer auf die Rosen, die Krone und die Perlen auf.

64 März

Knusper, knusper Mäuschen ...

Das brauchst du Tonpapierrest in Orange oder Gelb (Kopf) • Holzperle in Schwarz, ø 8 mm (halbiert, Nase) • geglühter Blumendraht, ø 0,35 mm, 3 x 8 cm lang (Barthaare) • 2 Wackelaugen, ø 3 mm • Pinzette • je 2 Tonpapierstreifen in Gelb oder Orange, 2 cm breit, 25 cm lang • Lackmalstift in Orange oder Gelb • Chenilledraht in Gelb oder Orange, 4 x 2,5 cm (Beine) und 1 x 15 cm lang (Schwanz) • Seitenschneider **Vorlagen Seite 79**

1 Schneide zunächst den Kopf aus und male Kringel auf die beiden Ohren. Dann die halbierten Holzperlen als Nase ankleben. Ziehe die Barthaare ein. Die Wackelaugen mit der Pinzette am Kopf anbringen und die Augenbrauen aufzeichnen.

2 Auf die beiden Papierstreifen beidseitig Punkte auftupfen und dann eine Hexentreppe mit sechs Zacken falten. Schau dafür in die Grundanleitung. Drehe die Hexentreppe so, dass der letzte Faltabschnitt nach unten weist. Er wird etwas gekürzt und der Kopf angeklebt.

3 Nun biege vom Schwanzdraht ein Ende nach 1 cm rechtwinklig nach oben um und stecke bzw. klebe ihn von unten in den Rumpf ein. Zum Schluss seitlich die Beine einstecken und mit Klebstoff fixieren.

3

Zaungast

4

Das brauchst du Kohlepapier • Buchen- oder Pappelsperrholz, 5 mm x 30 cm x 40 cm • Laubsäge und Sägetischchen • Schleifpapier, 220er Körnung und Schleifklotz • Drillbohrer (alternativ Bohrmaschine mit Holzbohrer, ø 2–3 mm) • Acrylfarbe in Schwarz • 2 Holzschrauben, ø 3 mm, 18 mm lang **Vorlagen Seite 79**

1 Übertrage mit Hilfe des Kohlepapiers die Katzen-Vorlage auf dein Holz.

2 Säge, wie in der Grundanleitung beschrieben, nun mit gleichmäßigen Auf- und Abwärtsbewegungen entlang der Kontur. Achte darauf, dass die auszusägende Kontur immer im V-förmigen Bereich deines Säge-Tischchens ist.

3 Glätte die Kanten der ausgesägten Katze nun von allen Seiten mit feinem Schmirgelpapier.

4 Bohre mit einem Drillbohrer die Löcher für die Schrauben vor. Wenn du sehr ungeduldig bist, kann das auch ein Erwachsener mit einer Bohrmaschine übernehmen.

5 Nun kannst du die Katze rundherum schwarz anmalen. Beginne mit den Kanten. Erst die eine und nach dem Trocknen die andere Seite bemalen. Lege zwei kleine Hölzer unter und lass den ersten Anstrich gut trocknen. Bemale die Katze ein zweites Mal und lass diese Schicht wieder gut trocknen.

6 Du kannst nun den Zaungast mit zwei Schrauben auf dem Zaun befestigen, sodass man die Katzensilhouette schon von Weitem sieht.

März 65

Küken Kindergarten

Das brauchst du 4 kleine Joghurtbecher in Rosa, Gelb, Hellorange und Pink • Prickelnadel • ca. 12 Bastelfedern in Pink, Gelb, Rot, Orange und Weiß • Tonpapier in Pink • 8 Wackelaugen, ø 1 cm

1 Spüle die Joghurtbecher gründlich aus und lass sie trocknen. Dann stichst du mit einer Prickelnadel ein Loch in die Bodenmitte des Bechers. Stich auch noch je ein Loch links und rechts in die Seiten des Bechers. Lass dir dabei von einem Erwachsenen helfen.

2 Stelle den Becher auf den Kopf. Stecke je zwei gleichfarbige Federn durch die Löcher an den Seiten. Eine Feder in einer anderen Farbe kommt in das Loch oben auf dem Kükenkopf. Du kannst die Federn innseitig mit etwas Bastelkleber rund um das Einstichloch festkleben.

3 Schneide einen Schnabel aus pinkfarbenem Tonpapier für jedes Küken nach Vorlage zurecht. Dann klebst du die Wackelaugen und den Schnabel auf.

5

Tierisches Quartett

6

Das brauchst du Fotokarton in Gelb, Hellblau, Hellrot und Flieder, 50 cm x 70 cm • Fotokartonreste in Hautfarbe, Braun, Dunkelbraun, Schwarz, Weiß, Rosa, Grün und Türkis • doppelseitiges Klebeband, 1–1,5 cm breit **Vorlagen Seite 80/81**

1 Die Schachtelvorlage auf die großen Kartonbögen übertragen. Alle Umrisse sorgfältig ausschneiden. Bitte einen Erwachsenen den Schlitz für die Verschlusslasche mit einem Cuttermesser auszuschneiden. Falze alle Falzlinien um, streiche sie mit dem Falzbein glatt und klappe sie wieder zurück. Starke Bleistiftspuren kannst du wegradieren.

2 Beklebe die vier schmalen Klebekanten der Seitenteile mit Doppelklebeband und falte die Schachtel zusammen. Die seitlichen Laschen faltest du nach innen. Den Deckel über die Box legen und die Lasche auf der gegenüberliegenden Seite durch den Schlitz stecken.

3 Jetzt kannst du alle sonstigen Teile für die Tierköpfe zuschneiden und die Ränder mit dunkleren Buntstiften schattieren z. B. Gelb für die Froschaugen oder Rosa für die Kuhschnauze. Übertrage und bemale die Gesichter, wie es in der Grundanleitung beschrieben ist. Setze die Köpfe nach Vorlage zusammen. Die Nasen mit Klebepads aufsetzen. Die fertigen Köpfe mit Doppelklebeband auf den Schachteln befestigen.

März

Fröhliche Blumenvase

Das brauchst du Glasvase, ca. 25-30 cm hoch • Porzellanfarben in Hellgrün, Grün, Gelb, Rot, Rosa, Weiß, Lila, Pink und Orange

1 Male zunächst mit einem breiten Pinsel Grashalme in Hellgrün auf die Vase. Gut trocknen lassen.

2 Jetzt malst du mit einem dünnen Pinsel im Abstand von ca. 5 cm Blumenstiele auf. Mit deinem Finger kannst du Blätter auftupfen.

3 Wenn die Farbe getrocknet ist, ergänzt du die Blüten: Drücke mit einem Schwammpinsel auf einige Stiele Blütenstempel in Gelb auf. Tupfe rundherum Blütenblätter mit der Fingerspitze auf.

4 Probiere verschiedene Blüten aus, male z. B. kegelförmige Traubenhyazinthen auf. Für kleine Blümchen drückst du erst mit dem Daumen größere Kreise auf und setzt dann mit der Fingerspitze kleinere Kreise hinein.

5 Wenn die Farben trocken sind, kannst du sie im Backofen nach Herstellerangaben brennen. Das solltest du zusammen mit einem Erwachsenen machen.

7

Haarspangenhalter

Das brauchst du Wolle in verschiedenen Farben • Metallring ø 15 cm • Bastelfilz-Streifen in Pink, 2 cm x 35 cm • Webband nach Wunsch, 35 cm und 14 cm lang • Stoffkleber • Schnurrest

1 Schneide dir 50 cm lange Wollfäden zurecht. Verknote den ersten Faden an dem Metallring und fange an, den Ring mit dem Faden zu umwickeln.

2 Dann knotest du an das Ende des Wollfadens einen Wollfaden in einer neuen Farbe an und wickelst weiter. Das wiederholst du so lange, bis der ganze Ring bunt umwickelt ist. Das letzte Ende knotest du wieder am Ring fest und schneidest den überstehenden Rest ab.

3 Schneide aus Bastelfilz einen 2 cm x 35 cm großen Streifen zu. Vom Webband brauchst du ein 35 cm und ein 14 cm langes Stück. Klebe das längere Webbandstück mit Stoffkleber mittig auf den Filzstreifen.

4 Knicke an einem Ende 3 cm um und lege genau diese Schlaufe um den Ring. Klebe die Schlaufenenden zusammen.

5 Für die Webbandschlaufe, aus der jetzt eine Aufhängung werden soll, faltest du das Band in der Mitte. Lege sie um den Ring und schließe die offenen Enden mit einer Schnur, die du verknotest.

8

März

Schnecken-Wettrennen

Das brauchst du Knete „Super Fluffy" • Schneckenhäuser • dünne Äste • je 2 Wattekugeln, ø 10 mm • Permanentmarker in Schwarz

1 Zuerst formst du aus einem walnussgroßen Stück Knete eine kleine Rolle. Dann drückst du ein Drittel nach oben. Das wird später der Kopf der Schnecke. Den Rest der Knetrolle drückst du etwas flach. Jetzt drückst du das Schneckenhaus auf den flachen Teil der Knete.

2 Als Nächstes brichst du zwei kleine Äste zu Schneckenfühlern zurecht und steckst sie in die Spitze des Kopfes.

3 Nun fehlen nur noch die Augen. Dafür bemalst du zwei Wattekugeln mit einem Permanentmarker und klebst sie, wenn die Knete getrocknet ist, mit Bastelkleber am Kopf an.

9

Hübsche Vogelhäuschen

Das brauchst du 4 Klopapierrollen • Acrylfarbe in Gelb, Pink, Reseda und Flieder • Zackenlitze in Weiß, 0,7 cm breit, 64 cm lang • Tonpapierreste in Gelb, Rosa, Reseda und Flieder • je 2 Pompons in Rosa-, Gelb-, Flieder- und Grünmeliert, ø 2 cm • 8 Wackelaugen, ø 0,5 cm • Bogenschere • Schmuckkordel in Weiß, ø 0,1 cm, 1 m lang • 12 bunte Holzperlen, ø 0,7 cm • ca. 40 Klebepunkte in Weiß, ø 0,7 cm **Vorlagen Seite 82**

1 Male die Klopapierrollen innen und außen mit Acrylfarbe an und lass alles gut trocknen.

2 Lege auf die Häuschen ca. 2,5 cm vom unteren Rand entfernt die Quadrate für die Ausschnitte an und umfahre die Linien mit einem Bleistift. Dann schneidest du drei Seiten mit einer kleinen Schere auf; die untere Seite wird nicht ausgeschnitten, sondern nach außen umgeklappt.

3 Teile die Zackenlitze in vier gleichlange Teile und umklebe den unteren Rand der Vogelhäuschen. Klebe je zwei gleichfarbige Pompons aufeinander und setze die Wackelaugen auf. Knicke einen gelben Tonpapierrest und schneide vier kleine Schnäbel aus. Klebe sie an. Danach klebst du die Vögelchen auf die Klappen.

4 Schneide die Dächer aus dem Tonpapier außen mit der Bogenschere zu. Teile die Schmuckkordel in vier Teile von je 25 cm Länge und binde an einem Ende einen Knoten. Fädle eine Perle auf und lege die Schnur in die Mitte vom Dach. Dann klebst du die Dächer tütenförmig zusammen. Fädle noch zwei weitere Perlen auf. An das andere Schnurende knotest du eine Schlaufe. Klebe die Dächer auf die Vogelhäuschen.

5 Bringe nun noch die Klebepunkte verteilt auf den Dächern an.

10

März 68

Kreidestifte

Das brauchst du 4 leere Toilettenpapierrollen oder 4 Stücke Plastikschlauch mit jeweils ca. 10 cm Länge • Malerkrepp • Gummibänder • 4 saubere Joghurtbecher • ca. 150 g Modelliergips-Pulver • 80 ml Wasser • große Plastikschüssel • kleiner Schneebesen • ca. 10–15 Tropfen Lebensmittelfarbe oder Fingerfarbe, in deinen Lieblingsfarben • Alufolie

11

1 Klebe eine offene Seite der Papierrolle oder des Schlauches mit Malerkrepp zu. Wenn du den Plastikschlauch verwendest, werden die Farben der Kreide intensiver, weil keine Papierreste hängenbleiben. Hierbei den Schlauch auf einer Seite in Längsrichtung aufschneiden und mit einem Gummiband wieder fixieren, dann kannst du später die Kreide leicht herauslösen.

2 Schütte vorsichtig vier Joghurtbecher Gipspulver und zwei Joghurtbecher Wasser in die Schüssel und verrühre alles solange, bis eine gleichmäßige Masse entsteht.

3 Fülle die fertige Gipsmasse in die Joghurtbecher und färbe sie dort mit ungefähr 10–15 Tropfen Lebensmittel- oder Fingerfarbe ein. Umrühren nicht vergessen! Arbeite zügig, denn der Gips wird schnell hart.

4 Fülle jetzt den eingefärbten Gips in deine vorbereiteten Papprollen oder den Plastikschlauch. Beim Einfüllen ab und zu gegen die Rolle oder den Schlauch klopfen, damit keine Blasen in der Kreide entstehen. Zum Schluss mit Alufolie verschließen.

5 Lass deine Straßenmalkreide über Nacht trocknen. Löse dann vorsichtig die Papprolle oder den Schlauch vom Gips ab. Schon hast du eine tolle selbstgegossene Straßenmalkreide für den Gehweg oder die Straße.

Die Grünkopf-Bande

Das brauchst du Joghurtbecher, 100 g • Acrylfarbe in Rosa • je 2 Wackelaugen, ø 1,2 cm • Permanentmarker in Schwarz, Weiß und Pink • Fineliner in Schwarz • Filzreste in Gelb, Rosa und Schwarz • Obstnetz in Rot, 30 cm lang • Watte • Kressesamen **Vorlagen Seite 82**

12

1 Zunächst bemalst du die Becher außen mit rosafarbener Acrylfarbe. Gut trocknen lassen.

2 Jetzt die Wackelaugen aufkleben. Mit Permanentmarker kannst du Zähne und Wangen aufmalen und mit schwarzem Fineliner die Feinheiten aufzeichnen.

3 Aus Filzresten schneidest du nach Vorlage Schnurrbart, Augenbrauen und Blümchen aus und klebst sie auf.

4 Schneide einen 30 cm langen Streifen von einem Obstnetz ab und knote es als Stirnband um einen der Köpfe.

5 Jetzt füllst du etwas Watte in jeden Becher. Feuchte sie mit Wasser an und streue jeweils einen halben Teelöffel Kressesamen in jeden Becher. Wenn du die Töpfe gut wässerst, kannst du schon nach wenigen Tagen die Haare wachsen sehen …

Fossilienfälscher

Das brauchst du Efaplast® • kleine Plastikdinosaurier • Plastikbäume • Wasserfarben und Pinsel

1 Aus Efaplast® formst du eine Kugel und drückst sie schön platt.

2 Jetzt kommen die Dinosaurier zum Einsatz. Drücke einen Dino fest in die Masse hinein, sodass ein schöner Abdruck entsteht. Mit eingedrückten Plastikbäumen sieht das Ganze noch viel echter aus.

3 Wartezeit einplanen, denn bevor es weitergehen kann, muss das Efaplast® austrocknen und hartwerden. Dann bekommen die Fossilien mit Wasserfarbe einen Anstrich.

Spitzen-Shirt

Das brauchst du unifarbenes T-Shirt in deiner Größe • Pappe, A4 • Teller- oder Tassendeckchen, ø 18 cm • Stoffmalfarbe in Pink • Bügeleisen • Fön

1 Bevor du loslegst, steckst du zwischen Vorder- und Rückseite deines T-Shirts ein Stück Pappe, damit die Farbe nicht durch den Stoff durchdrückt.

2 Jetzt legst du das Tellerdeckchen mittig auf dein T-Shirt. Mit der einen Hand hältst du das Deckchen fest, mit der anderen pinselst du schön dick Stoffmalfarbe in die Lücken des Deckchens.

3 Den äußeren Rand des Deckchens fährst du auch einmal mit Farbe ab. Dann ist es Zeit, den Fön zu zücken. Föhne die Farbe trocken und ziehe das Deckchen dann vorsichtig ab.

4 Am besten lässt du dein Kunstwerk über Nacht trocknen. Zum Schluss bügelst du von links fünf Minuten ohne Dampf über das Muster. Achtung, Bügeleisen nicht alleine benutzen! Jetzt ist das Muster fixiert und du kannst dein T-Shirt sogar waschen.

70 März

15

Vogelnestchen

Das brauchst du 6er-Eierkarton mit achteckigen Schälchen • Acrylfarbe in Flieder, Rosa, Hellblau und Gelb • Chenilledraht in Flieder, Rosa, Hellblau und Gelb, ø 0,7 cm, je 15 cm lang • je zwei Pompons in Lilatönen, Gelbtönen, Rosatönen und Blautönen, ø 2,5 cm • 8 Perlen in Schwarz, ø 0,3 cm • Tonpapierrest in Gelb • Bast in Natur, ca. 3 m lang **Vorlagen Seite 82**

1 Schneide aus dem Eierkarton vier Schälchen, ca. 2 cm hoch, aus. Male die Schälchen an und lass die Farbe trocknen.

2 Biege Chenilledrahtstücke zu einem U und klebe die Enden an den Innenseiten des Schälchens fest.

3 Für Vogelkopf und Vogelkörper klebst du je zwei gleichfarbige Pompons aufeinander. Befestige zwei kleine Perlen als Augen am Kopf.

Schneide Schnäbel aus Tonpapier aus. Falte sie in der Mitte, bestreiche den Knick mit Kleber und bringe die Schnäbel unter den Augen an. Dann klebst du die Vögelchen in die Schälchen.

4 Schneide den Bast in ca. 2,5 cm lange Stücke und stecke ca. 30 Stückchen pro Schälchen rund um das Vögelchen fest.

Fröhliche Schmetterlinge

16

Das brauchst du 2 Klopapierrollen • Acrylfarbe in Hautfarbe, Gelb und Hellblau • 4 ovale Wackelaugen, 1 cm x 1,5 cm • je 2 Pompons in Gelb, Orange und Rosa, ø 0,5 cm • Buntstifte in Rot, Orange, Pink, Rotviolett und Blau • 4 Astknöpfe in Naturfarben, ø 1,5 cm • Fotokartonreste in Pink, Orange, Rosa und Flieder • Glitzerpapierrest in Pink und Türkis • Blumenstanzer, ø 2,7 cm • Chenilledraht in Orange-Pink gestreift und Blau-Lila gestreift, je 16 cm lang **Vorlagen Seite 83**

1 Male für das Gesicht das obere Drittel der Rollen in Hautfarbe an und die unteren zwei Drittel in Gelb bzw. Hellblau für den Körper.

2 Wenn die Farbe getrocknet ist, kannst du die Wackelaugen und die rosa Pompons als Nase aufkleben. Den Mund und die Wangen malst du mit rotem Buntstift auf. Dann klebst du je zwei Astknöpfe auf den Körper.

3 Schneide die Schmetterlingsflügel nach der Vorlage aus. Die Ränder der Flügel bemalst du mit orangefarbenen, pinkfarbenen, rotvioletten und blauen Buntstiften. Danach klebst du die Flügel zusammen.

4 Stanze zwei türkise und zwei pinkfarbene Blumen aus dem Glitzerpapier aus und klebe die Pompons in die Mitte der Blumen. Dann klebst du die Blumen auf die Flügel. Schneide den Chenilledraht in je zwei gleiche Stücke, biege je ein Ende halbrund und klebe die Fühler an den Innenseiten der Klopapierrollen fest. Klebe nun die fertigen Flügel an die Schmetterlinge, und lass sie losfliegen!

März 71

Sandwich am Stiel

Das brauchst du 2 Scheiben Vollkorntoast • Ausstechförmchen (Schmetterlinge, Herzen und Sterne) • 250 g Gouda am Stück • 2 Scheiben gekochter Schinken • 2 Scheiben dünn geschnittener Gouda • 1 Handvoll Weintrauben • 10 Cocktailtomaten • 4 Blätter Romanasalat • Schaschlikspieße

1 Zuerst kommt der Vollkorntoast in den Toaster. Stich mit Ausstechförmchen Motive nach Belieben daraus aus. Das Goudastück schneidest du in 1 cm dicke Scheiben und stichst daraus ebenfalls Sterne, Herzen oder andere Wunschfiguren, die du gerne magst, aus.

2 Jetzt legst du je eine Scheibe gekochten Schinken auf eine Scheibe Gouda. Wickle das Ganze zu einer Rolle und schneide von der Rolle ca. 1 cm breite Röllchen ab.

3 Weintrauben, Cocktailtomaten und Salatblätter wäschst du gründlich mit kaltem Wasser und trocknest sie etwas ab. Dann kann die Stapelei beginnen.

4 Nacheinander steckst du deine Zutaten auf lange Schaschlikspieße. Lass deiner Fantasie und deinen Vorlieben dabei freien Lauf.

17

Mini-Mikado

Das brauchst du mehrere Zahnstocher • Masking Tape in verschiedenen Farben

1 Klebe oben und unten ein kleines Stück Masking Tape an die Zahnstocher und drücke es fest.

2 Variiere die Farben — oder, bei nur einer Farbe, variiere die Menge der Streifen pro Zahnstocher.

3 Lege verschiedene Punktzahlen pro Farbe fest, z. B.: grünes Stäbchen = 2 Punkte, gelbes Stäbchen = 5 Punkte usw. Der jüngste Spieler fängt an!

18

72 März

Piepmätze

Das brauchst du Kieselsteine • Keilrahmen • Bastelfarben • Schaschlikstäbchen • Holzstücke, Zweige • Federn

1 Suche größere und kleine Kieselsteine für die Vögelchen und Blätter. Lege diese probeweise auf den Keilrahmen.

2 Bemale die Steine in den gewünschten Farben. Verwende für die Blätter verschiedene Grüntöne, dann wirkt dein Bild lebendiger. Ein Vögelchen erhält Punkte. Setze diese nach dem Trocknen der ersten Farbe mit einem Schaschlikstäbchen auf.

3 Male die Augen mit einem schwarzen Filzstift auf und klebe kleine Holzstückchen als Schnäbel an. Lege dann alles auf dem Keilrahmen aus und befestige die Teile mit Alleskleber oder Heißkleber (nur mit Hilfe eines Erwachsenen). Vergiss die Federn nicht.

19

Glückliche Hühner

Das brauchst du Schachtel für 10 Eier mit hohen Zapfen • hoher Zapfen (Schachtel), 6,5 cm hoch • Acrylfarbe in Weiß und Gelb • Tonkartonrest in Gelb • Bastelfilzrest in Rot • 10 Wackelaugen, ø 8 mm • 5 Federn in Weiß • Baumwollgarn in Gelb, 6 x 14 cm lang **Vorlagen Seite 82**

1 Schneide für die Hünergruppe alle vier Zapfen am Stück aus der Schachtel und schneide den unteren Rand bogenförmig ein (Körperhöhe 6,5 cm) und grundiere alles.

2 Die Flügel schneidest du nach der Vorlage aus dem Deckel der Eierschachtel und bemalst sie. Die Schnäbel aus Tonkarton knicken. Kehlläppchen und Kämme aus Filz schneiden (den Kamm pro Huhn doppelt ausschneiden und vor dem Befestigen zusammenkleben).

3 Bringe nun alle Einzelteile sowie die Schwanzfedern an.

4 Schneide für das Kantenhockerhuhn den Zapfen bogenförmig zu und grundiere ihn.

5 Aus den Garnfäden kannst du zwei Zöpfe flechten und diese an der Innenseite des Körpers befestigen. Daran die bemalten Füße aus dem Deckel der Eierschachtel fixieren. Alle übrigen Einzelteile bringst du wie bei der Hühnergruppe an.

20

März 73

21 Geschichten aus dem Garten

Das brauchst du Kreidestifte • evtl. echte Blüten

1 Suche dir einen schönen Platz und beginne mit der Wiese. Sie bildet deine Basis. Wenn du mehrere Grüntöne benutzt oder etwas Gelb und Blau dazu nimmst, wirkt die Wiese lebendiger.

2 Wenn du mit deiner Wiese fertig bist, kannst du sie verzieren. Male unterschiedliche Blumen mit verschiedenen Blättern, Stielen und Blüten. Du kannst entweder eine Phantasiewiese malen oder du versuchst, echte Blumen nachzumalen.

3 Wenn die Wiese fertig ist, fülle sie mit Leben: Zarte Schmetterlinge, lustige Marienkäfer, schleimige Schnecken und emsige Bienen bevölkern jeden Garten. Wenn du möchtest, kannst du die Wiese auch noch mit echten Blüten dekorieren. Aber diese bitte nicht einfach aus Nachbars Garten stibitzen.

Schmuck für Prinzessinnen

22

Das brauchst du Designpapier, rosa gepunktet, A4 • Haarspangen, je 4 cm und 7 cm lang • Haarreifen, je 1 cm und 1,5 cm breit
Vorlagen Seite 85

1 Übertrage die Vorlagen für die große oder kleine Schleife auf Papier und schneide alles aus. Für die kleinen Schleifen schneidest du zusätzlich noch einen 0,5 cm x 2 cm und für die großen 1 cm x 3 cm großen Streifen zu.

2 Trage einen kleinen Tropfen Klebstoff in der Mitte des Schleifenteils auf. Biege dann beide Seiten zur Mitte und fixiere sie dort.

3 Bringe die Schleife auf dem Band an und wickle anschließend den Streifen einmal um die Mitte der Schleife. Klebe die Enden auf der Rückseite fest.

4 Nun ist die Schleife fertig. Du brauchst sie nur noch auf den Haarspangen oder den Haarreifen zu befestigen und fertig ist der Prinzessinnen-Haarschmuck.

74 März

Auf zur Osterinsel

Das brauchst du 6 Sektkorken • Schaschlikspieß • Acrylfabe in Weiß • Tonpapierreste in verschiedenen Pastelltönen • Wollreste in verschiedenen Farben • Permanentmarker in Hellblau, Schwarz und Rosa **Vorlagen Seite 82**

1 Zuerst steckst du den Korken mit der Unterseite auf einen Schaschlikspieß. Dann malst du ihn mit weißer Acrylfarbe an und lässt die Farbe trocknen.

2 Jetzt schneidest du aus Tonpapier nach Vorlage die Hasenohren aus und klebst sie mit Klebestift auf die Rückseite des Korkens.

3 Für den Hasenbart schneidest du je drei ca. 10 cm lange Wollfäden zu. Lege sie übereinander und verknote sie in der Mitte. Jetzt kannst du den Bart auf die gewünschte Länge zurechtstutzen und aufkleben.

4 Mit Permanentmarkern malst du zum Schluss noch Hasengesichter auf.

23

24

Vogelmobile

Das brauchst du Mobile-Ring verchromt, ø 15 cm • Mobile-Ring verchromt, ø 30 cm • buntes Pomponband, 25 mm breit und 2 m lang • Satinband in Hellgrün, 7 mm breit und 1 m lang • Pomponband in Pink, 15 mm breit und 1 m lang • Satinband in Pink, Hellblau, Rot, Gelb, 7 mm breit, 20 cm und 40 cm lang • Bastelfilzreste in Hellgrün, Hellblau, Gelb, Pink und Rosa • Häkelblumen • Deko-Vogel, 13 cm hoch

1 Zuerst umwickelst du beide Mobile-Ringe: den größeren mit Satinband und den kleineren mit Pomponband. Dafür den Anfang des Bandes am Ring festknoten, umwickeln und das Ende ebenfalls festknoten oder -kleben. Den größeren Ring umwickelst du nochmals mit Pomponband, dieses Mal aber nicht so dicht.

2 Aus hellgrünem Filz schneidest du kleine Blätter frei Hand zurecht und klebst sie auf den Ring. Aus bunten Filzresten kannst du Blumen ausschneiden und ebenfalls an den großen Ring ankleben.

3 Aus 20 cm langen Satinbandstücken kannst du Schleifen binden und an den Ring knoten, je bunter umso schöner.

4 Die beiden Ringe verbindest du mit einem 40 cm langen Stück Satinband, das du an beiden Ringen festknotest und das dir dann auch als Aufhänger dient. Zum Schluss den kleinen Vogel befestigen und fertig ist dein buntes Mobile!

März 75

Blühende Menagerie

Das brauchst du 30 Rosenblütenblätter in Gelb und Pink, gepresst • 10 Krokusblütenblätter in Gelb, gepresst • 7 Hortensienblütenblätter in Blau, gepresst • Transparentpapier, A4 (alternativ Architektenpapier) • Plastikbecher, ø 9,5 cm und 7,5 cm • Permanentmarker in Orange, Rot und Gelb, dick • Overheadfolie, A4 • Permanentmarker in Schwarz, dünn • Satinbändchen in Rot, 4 mm breit, 1 m lang • alte Kataloge oder Telefonbücher zum Pressen

1 Presse dir sehr viele Blüten (mehr als du später benötigst, ein paar werden vielleicht nichts) drei Wochen lang zwischen alten Telefonbüchern oder mithilfe einer Blumenpresse.

2 Stelle einen Plastikbecher auf Transparentpapier und umfahre ihn jeweils mit einem anderen Permanentmarker. Schneide die Kreise aus. Schneide ebenso viele genauso große Kreise aus der Overheadfolie aus.

3 Lege die gepressten Blütenblätter auf den Transparentpapierkreisen zu Tieren und fixiere die Blütenblätter dann mit Alleskleber.

4 Male mit schwarzem Permanentmarker Mund, Fühler, Beine, Schnurrhaare und Augen auf.

5 Verbinde die einzelnen runden Bilder mit 2 cm langen Satinbandstücken, indem du die Enden mit Alleskleber fixierst, dann auch die Overheadfolie am Außenrand mit Klebstoff bestreichst und gegen das Transparentpapier und das Satinband klebst. Bringe ein langes Stück am obersten Bild als Aufhängung an.

25

Kunterbunte Kükenschar

Das brauchst du Wolle in einer beliebigen Farbe • Tonpapier in Orange, 2 cm x 3 cm • Tonpapier in Gelb, 4 cm x 6 cm • 2 Mini-Wattekugeln, ø 8 mm • Filzstift in Schwarz **Vorlagen Seite 83**

1 Fertige je einen Pompon nach den beiden Vorlagen an. Die Abbindefäden lässt du daran hängen. Binde die Pompons mit den Abbindefäden zusammen, indem du sie zu einem festen Knoten verschlingst.

2 Male mit einem Filzstift kleine Pupillenkreise auf die Wattekugeln. Die Füße aus gelbem Tonpapier ausschneiden. Schneide danach den Schnabel aus dem orangefarbenen Tonpapier aus und falte ihn mittig.

3 Die Augen, den Schnabel und die Füße an das Küken kleben. Fertig! Bastle gleich eine ganze Schar Küken!

26

März

Häschenschule

Das brauchst du Fingerpuppen-Figurenkegel, 7 cm hoch • 3 Figurenkegel, 5 cm hoch • Acrylfarbe in Hellbraun, Mittelbraun, Dunkelbraun, Rosa, Weiß und Gelb • Filzreste in Hellbraun, Braun, Rosa, Orange, Pink und Dunkelgrün, 1 mm stark • Filzreste in Hellgrün und Hellbraun, 4 mm stark • 4 Pompons in Weiß, ø 5 mm • Chenilledraht in Braun, 2 x 5 cm lang • Zahnstocher, 5 cm lang • Aludraht, ø 1 mm, 9 cm lang • Buntstifte in Grün und Orange • Lackmalstifte • 3 Bastelhölzer, 10 cm lang • Holzei, 2 cm x 3 cm • 8 Textilgänseblümchen, ø 2 cm **Vorlagen Seite 84**

1 Bemale die Figurenkegel in den verschiedenen Brauntönen, das Ei in Rosa. Die Gesichter nochmals mit einem jeweils helleren Braun übermalen. Der Hasenlehrer bekommt eine gelbe Weste, das Ei weiße Punkte.

2 Übertrage alle Filzteile und schneide sie aus. Jeder Hase erhält Ohren in der passenden Farbe. Klebe auch die rosa Innenohren an. Die Pompon-Schwänzchen fixieren. Die Fliege des Lehrers und die Schleife des Hasenmädchens ankleben.

3 Gestalte die Weste des Lehrers sowie die Hasengesichter mit Bunt- und Lackstiften. Biege die Enden des Chenilledrahtes jeweils zur Mitte und fixiere die so entstandenen Arme am Körper des großen Hasen. Die Spitzen des Zahnstochers abschneiden und als Zeigestab in eine Hand geben. Die Brille zurechtbiegen und befestigen.

4 Für die Tafel die beiden Filzteile aufeinander kleben und mit dem Lackstift beschriften. Zwei Bastelhölzer über Kreuz zusammenkleben, das dritte auf 7 cm kürzen und als Stütze von hinten an die beiden anderen kleben. Die Filztafel daran fixieren.

5 Schneide eine Grundplatte aus grünem Filz und verteile Hasen, Ei, Tafel und Blümchen darauf.

Lustige Hasenbande

Das brauchst du Äste mit Gabel • Acrylfarbe in Weiß • je 2 Wackelaugen, ø 10 mm • Maisstroh • je 1 Pompon in Rosa, ø 10 mm • Permanentmarker in Schwarz • Stoffreste, bunt

1 Für diese Hasen brauchst du einen Ast mit einer Astgabel. Bemale die Mitte der Gabelung als Gesicht und die beiden Ohren mit weißer Acrylfarbe und lass alles gut trocknen.

2 Jetzt klebst du mit Bastelkleber zwei Wackelaugen auf die Astgabel auf.

3 Rupfe dir ein paar Fäden Maisstroh zurecht und klebe sie als Schnurrhaare mittig unter die Augen. Darüber klebst du den rosafarbenen Pompon als Nase. Darunter malst du dem Häschen mit schwarzem Permanentmarker ein Schnäuzchen.

4 Zum Schluss schneidest du einen ca. 1 cm x 10 cm langen Streifen Stoff zurecht und bindest ihn deinem Hasen als Schal um.

Tütentöpfe

Das brauchst du leerer, sauberer Milch- oder Saftkarton • Acrylfarben • Pflanzenerde • Samen oder Setzling

1 Schneide den Milchkarton in der Mitte durch.

2 Zeichne an drei Seiten eine waagerechte Linie und an einer Seite Ohren auf.

3 Schneide alle vier Ecken bis zu der Linie ein.

4 Schneide alles entlang der eingezeichneten Kontur aus.

5 Den Topf mit weißer Acrylfarbe grundieren, trocknen lassen und bunt anmalen.

6 Ist die Farbe trocken, kannst du das Töpfchen befüllen oder bepflanzen.

März 77

Eierzipfel

Das brauchst du Bastelfilz in Türkis, Hellgrün, Gelb, Orange, Pink und Rosa • Webbänderreste • Zickzackborten-Reste • Stecknadeln • Satinbänder, je 10 mm und 6 mm breit • Pompons, ø 1,5 cm **Vorlagen Seite 85**

1 Übertrage zunächst die Eierzipfel-Vorlage auf den Bastelfilz. Schneide von jeder Farbe zwei Zipfel mit 0,5 cm Nahtzugabe aus. Dann suchst du dir schöne Bänder, die zu deinem Filz passen. Hierfür kannst du prima Bänderreste verwerten.

2 Nähe auf eine Zipfelseite vier verschiedene Bänder auf. Dann legst du die beiden Filzzipfel – einen mit und einen ohne Bänder – rechts auf rechts aufeinander und steckst sie mit ein paar Stecknadeln fest.

3 Nähe am Rand entlang und lass nur an der geraden Seite eine Öffnung. Jetzt stülpst du den Zipfel wieder auf rechts, sodass die Bänder sichtbar werden. Dann nähst du mit der Hand einen kleinen Pompon an der Zipfelspitze fest. Schneide ein ca. 30 cm langes Stück Satinband zurecht und nähe es an den inneren Nahtstellen ebenfalls von Hand fest. Jetzt nur noch ein buntes Ei reinstecken und schon kann der Zipfel an einem Osterzweig baumeln.

März

Pastell-Eier

Das brauchst du Ostereierfarbe in Rot oder Rosa • ausgeblasene oder gekochte Eier in Weiß, 6 cm hoch • Wachsmalstifte • Küchenkrepppapier

1 Rühre die Ostereierfarbe gemäß der Packungsangabe an.

2 Bemale die Eier mit Wachsmalstiften. Wenn es ausgeblasene Eier sind, darf nicht zu viel Druck ausgeübt werden. Hübsch sehen Blüten, geometrische Muster oder Streifen aus.

3 Tauche ein Ei ins Farbbad und bewege es eventuell mithilfe eines Holzstäbchens, damit es gleichmäßig Farbe annimmt. Wenn der Farbton die gewünschte Intensität hat, das Ei mit einem Löffel aus dem Farbbad nehmen und auf einem Stück Küchenkrepp trocknen.

März 79

Vorlagen

Knusper, knusper Mäuschen ...
Seite 64

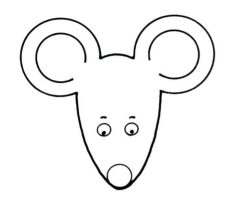

Zaungast
Seite 64
Vorlage bitte um 150 % vergrößern

März

Tierisches Quartett
Seite 65

Tierisches Quartett
Seite 65
Vorlage bitte um 250 % vergrößern

März 81

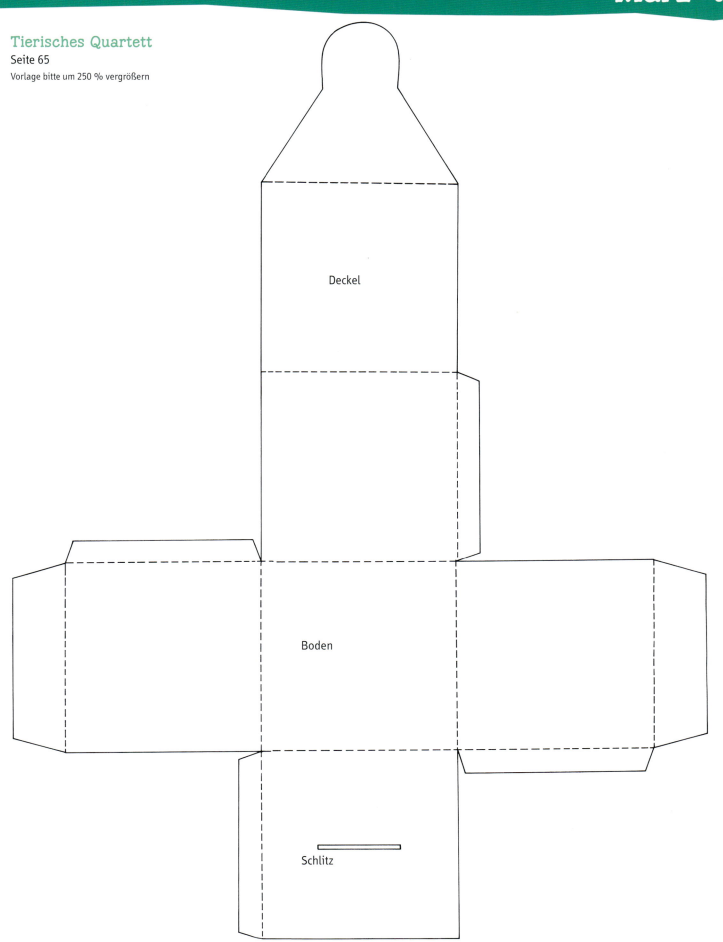

82 März

Hübsche Vogelhäuschen
Seite 67

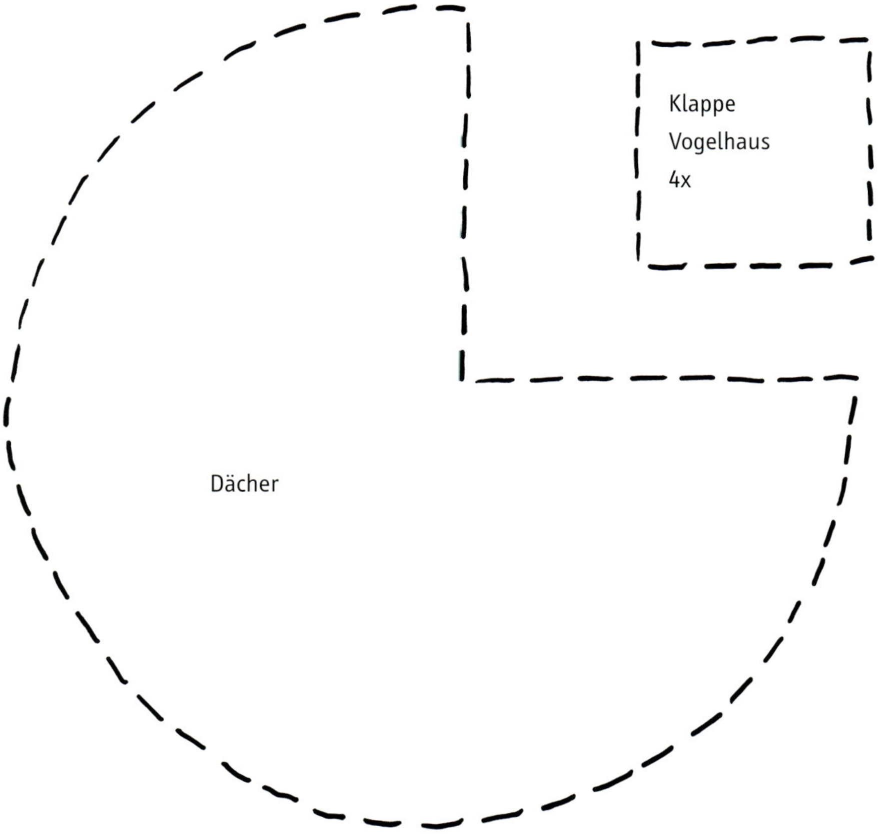

Klappe
Vogelhaus
4x

Dächer

Auf zur Osterinsel
Seite 74

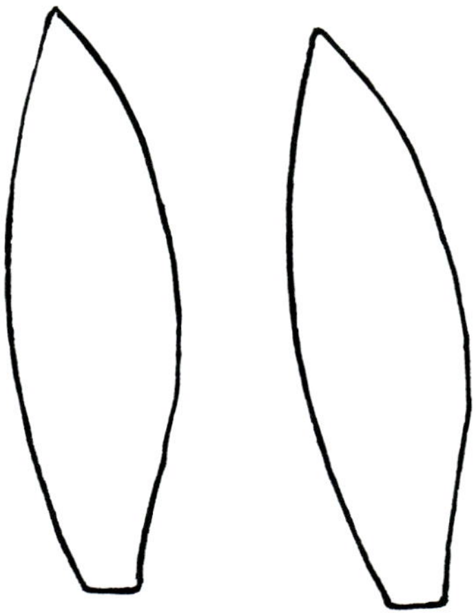

Vogelnestchen
Seite 70

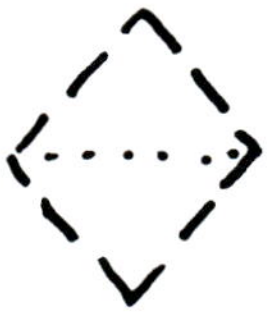

Die Grünkopf-Bande
Seite 68

Glückliche Hühner
Seite 72

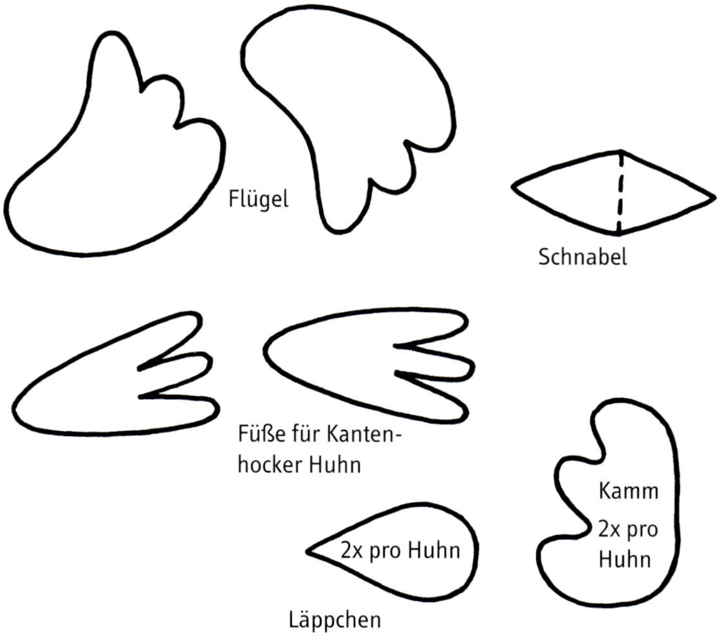

Flügel

Schnabel

Füße für Kanten-
hocker Huhn

Kamm
2x pro
Huhn

2x pro Huhn

Läppchen

März 83

Fröhliche Schmetterlinge
Seite 70

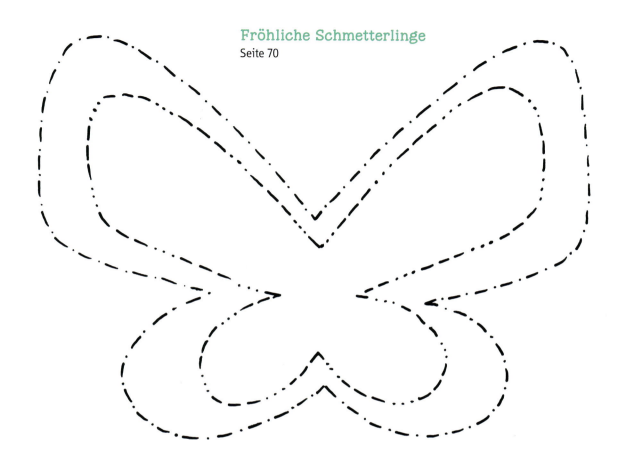

Kunterbunte Kükenschar
Seite 75

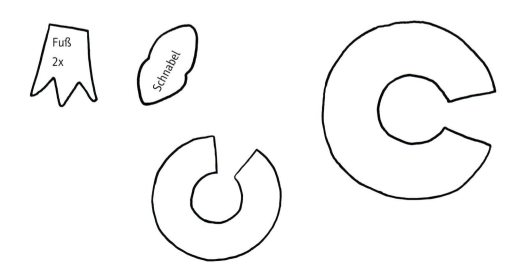

84 März

Häschenschule
Seite 76

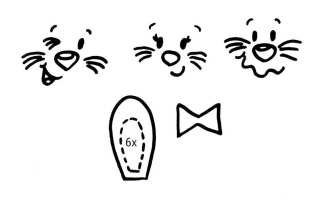

Vorlage bitte um 125 % vergrößern

März 85

Eierzipfel
Seite 77

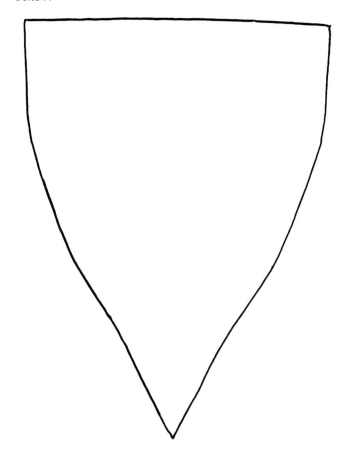

Schmuck für Prinzessinnen
Seite 73

April

April 87

Tanzende Hasen

Das brauchst du (Weiden-)Äste • Gartenschere • Holzleim • Holzscheiben, ø 6 cm (Kopf) und 7 cm lang (Ohren) • Holzhalbkugel oder Holzscheibe, ø ca. 1,5 cm (Nase) • Acrylfarbe • Schaschlikstäbchen • Karoband oder Bast • Blüten oder Sisalgras **Vorlagen Seite 102**

1 Schön verzweigte Stücke findest du am Anfang eines Astes. Schneide den Ast mit einer Gartenschere ab. Kürze ein Bein, dann sieht es aus, als würde das Tier tanzen.

2 Klebe mit Holzleim eine runde Holzscheibe als Kopf an das Zweigende. Wende die Figur und ergänze zwei längliche Holzscheiben als Ohren. Über Nacht trocknen lassen.

3 Bemale die Holzhalbkugel oder die kleine Holzscheibe mit Acrylfarbe und klebe sie nach dem Trocknen als Nase auf. Du kannst auch kleine Eier oder Weidenkätzchen nehmen.

4 Setze die Augen mithilfe eines Schaschlikstäbchens mit schwarzer Acrylfarbe auf. Für den Mund einen Buntstift und für die Wangen Buntstiftabrieb verwenden.

5 Den Ast bemale mit Pinsel und Bastelfarbe mit Streifen. Lass die erste Farbe immer trocknen, bevor die nächste aufgesetzt wird.

6 Die Blüten zuschneiden und mit einem Faden als Rock um den Ast binden. Du kannst auch Sisalgras oder ein Stück Stoff nehmen.

Frohe Ostern

Das brauchst du Schraubglas, ø 6 cm, 11 cm hoch • Wolle in Weiß • Mini-Pompon in Rosa, ø 1 cm • 2 Holzhalbkugeln, ø 8 mm • Acrylfarbe in Schwarz • Tonkarton in Weiß, 8 cm x 8 cm • Tonpapier in Grün mit weißen Punkten, 6 cm x 6 cm • Aludraht in Rot, ø 1 mm, 6 x 2,5 cm lang • Pompon-Schablone **Vorlagen Seite 102**

1 Die Ohren aus weißem Tonkarton und die Innenohren aus dem grün getupften Tonpapier ausschneiden. Dann die Innenohren auf die Ohren kleben.

2 Für die Augen die Holzhalbkugeln mit der schwarzen Farbe bemalen und gut trocknen lassen.

3 Bemale den Deckel des Glases mit der Acrylfarbe in Türkis. Die Farbe gut trocknen lassen.

4 Fertige einen Pompon an und klebe ihn auf den Deckel. Die Ohren, Augen, einen Mini-Pompon als Nase und die Barthaare aus Aludraht aufkleben.

April

3 Hübsche Blütenkarten

Das brauchst du Fotokarton oder Doppelkarten in Weiß • Naturpapiere, Fotokarton- und Stoffreste • gepresste Blätter • Trockenlinsen • Knöpfe, Spitzenband • Wasserfester Stift in Schwarz • Lackmalstift in Weiß **Vorlagen Seite 103**

1 Du kannst fertige Doppelkarten verwenden oder festes Papier zuschneiden und zur Karte falten. Schneide oder reiße die anderen Papiere zu und klebe sie auf.

2 Klebe danach die gepressten Blüten auf. Sei behutsam mit den zarten Pflanzenblättern, damit sie nicht brechen.

3 Für die Nase bemalst du eine Linse mit einem wasserfesten, schwarzen Stift und setzt einen weißen Lichtpunkt mit Lackmalstift auf. Die Nase aufkleben und die Augen und Schnurrhaare zeichnen. Wenn du möchtest, kannst du noch einen Streifen aus Fotokarton als Namensschild anbringen.

Henne Hilda

4

Das brauchst du fester Karton • Styropor®-Kugel, ø 7 cm • 4er-Eierschachtel • Zeitungspapier • Tapetenkleister • Acrylfarben • Schaschlikstäbchen **Vorlagen Seite 104**

1 Schneide alle Motivteile aus Karton aus. Zum Einstecken von Kamm und Schnabel schneidest du mit einem Küchenmesser Schlitze in die Styropor®-Kugel. Die Schwanzfeder klebst du an die Eierschachtel.

2 Beklebe dann Kopf und Körper mithilfe von Tapetenkleister mit Zeitungspapierschnipseln, das nennt man „kaschieren". Gut trocknen lassen.

3 Stecke nun den Kopf auf ein Schaschlikstäbchen, so kannst du ihn leichter bemalen. Bemale Kopf und Körper deckend mit weißer Farbe. Wieder trocknen lassen.

4 Nun bemale Kamm und Schnabel mit Acrylfarbe und male die Augen mit einem wasserfesten Marker auf. Der Schnabel sieht plastischer aus, wenn du in die nasse, gelbe Farbe am Rand noch etwas Orange gibst. Die Punkte auf dem Kamm mit dem stumpfen Ende, die Lichtpunkte in den Augen mit dem spitzen Ende des Schaschlikstäbchens aufsetzen.

April 89

5 Kleine Frühstücksmonster

Das brauchst du Filz in Rosa und Grün, je 1–2 mm stark, 15 cm x 20 cm • Filzreste in Violett, Orange, Gelb, Hellgrün und Weiß • Sticktwist in Rosa, Hellviolett, Gelb und Grün • Satinkordel in Hellblau, ø 3 mm, 6 x 8 cm lang • 4 Plastikhalbperlen in Schwarz, ø 3–4 mm • 6 flache Holzperlen in Gelb, ø 8 mm • Satinkordelrest in Weiß, ø 3 mm **Vorlagen Seite 105**

1 Die Teile für das rosa Monster zuschneiden. Den violetten Mund ausschneiden und auf das Vorderteil mit hellviolettem Stickfaden aufnähen. Die weißen Zähne aufkleben. Die orangefarbene Nase mit einem gestickten Kreuz fixieren und darüber die weißen Augen befestigen.

2 Die sieben Streifen aus hellgrünem und gelbem Filz zwischen die beiden Körperteile kleben. Auch die sechs Kordelstücke mit den verknoteten Holzperlen werden so fixiert. Das Monster mit Zugstich zusammennähen.

3 Die Grundform für das andere Monster doppelt aus grünem Filz ausschneiden. Die weißen Augen ausschneiden, auf ein hellgrünes, etwas größeres Filzstück kleben und mit der Schere mit ca. 2 mm Abstand rundherum zuschneiden. Dann die Augen mit Textilkleber auf dem Monster fixieren. Den gelben Mund mit der Zunge mit wenig Kleber fixieren und auf dem Körper festnähen. Zungenmitte aufsticken.

4 Ein Stück Satinkordel zuschneiden und zwischen die Körperteile kleben. Die Vorder- und Rückseite mit hellgrünem Faden zusammennähen. Auf die Kordel das fünfte zweiteilige Auge kleben.

Eier-Kuchen

6

Das brauchst du 10 weiße Eier • Ostereierkaltfarbe • 125 g Butter • 100 g Zucker • 125 g Mehl • ½ TL Backpulver

1 Bevor gebacken wird, kümmerst du dich erst mal um die Kuchenform. Färbe zehn Eier mit Ostereierkaltfarbe ein. Du musst sie dafür vorher nicht kochen, sie bleiben in rohem Zustand.

2 Wenn sie schön eingefärbt und getrocknet sind, köpfst du das obere Drittel der Eier, leerst die Eier aus und stellst sie in Keramikeierbecher. Den Inhalt von drei Eiern kannst du direkt in die Kuchen-Rührschüssel geben und dich gleich an den Teig machen.

3 Zu den drei Eiern schüttest du noch die anderen Zutaten und verrührst alles mit dem Handrührgerät zu einem gleichmäßigen Teig. Fülle den Teig in einen Gefrierbeutel und schneide eine der Ecken ab. So kannst du den Teig ganz einfach in die Eiformen hineingießen. Fülle auf diese Weise jeweils zwei Drittel deiner Eihüllen-Kuchenform mit Teig.

4 Das Ganze wandert bei 175°C für ca. 15 Minuten samt Eierbechern in den Backofen. Abgekühlt, mit kleinen Fähnchen verziert, wandern die Eier entweder als Geschenk zu Freunden oder auf den Ostertisch.

April

Lotte Lämmchen

Das brauchst du Styropor®-Ei, 8 cm hoch • 4 Holzstäbchen • feine Strukturpaste in Weiß • Acrylfarbe in Hellblau und Pink • Fotokartonreste in Hautfarbe und Rosa • Halbperle in Weiß, ø 6 mm • Metallglöckchen in Gold, ø 9 mm • Chiffonband in Türkis, 3 mm breit, ca. 20 cm lang **Vorlagen Seite 104**

1 Das Styropor®-Ei auf ein Holzstäbchen stecken. Mit einem Pinsel die Strukturpaste auftupfen. Das Ei sollte über Nacht trocknen.

2 Für die Beine kannst du die Holzstäbchen beliebig lang zuschneiden (aber alle gleichlang) und hellblau anmalen. Nach dem Trocknen der Farbe die pinkfarbenen Streifen aufmalen. Wieder trocknen lassen, dann können die Beine eingesteckt werden.

3 Das Gesicht schneidest du aus hautfarbenem Fotokarton aus und bemalst es. Die Blüte ausschneiden und mit der Halbperle als Blütenmitte aufkleben.

4 Das Gesicht auf den Körper kleben. Das Glöckchen ans Band knoten, eine Schleife binden und das Accessoire mit einem Tropfen Heißkleber fixieren. Lass dir dabei von einem Erwachsenen helfen.

7

8

Hase und Bär

Das brauchst du fester Karton, je 8 cm x 15 cm • Fotokarton in Mittelblau, 10 cm x 15 cm • Fotokarton in Hellbraun, 12 cm x 16 cm • Tonpapierrest in Hellblau • Buntstift in Schwarz • Wolle • Prickelnadel • Faden **Vorlagen Seite 105**

1 Schneide den Bär aus dem Fotokarton aus. Klebe die hellblaue Schnauze fest und male das Gesicht auf.

2 Schneide die große Pompon-Schablone aus festem Karton aus. Umwickle die Schablonen mit Wolle, bis das Loch in der Mitte halb gefüllt ist.

3 Dann beendest du den Pompon, wie in der Grundanleitung beschrieben.

4 Klebe den Pompon auf den Bauch des Bären.

5 Mit der Prickelnadel stichst du ein Loch in den oberen Rand der Figur.

6 Fädle ein Stück Faden durch das Loch und verknote die Enden miteinander.

7 Arbeite den Hasen wie den Bären. Der Hase benötigt allerdings keine Schnauze.

April

Putzige Eierkerlchen

Das brauchst du Hühnereier • Prickelnadel • farbige Fotokartonreste • wasserfeste Stifte • Weidenkätzchen • Klorollen • verschiedene Bänder, Kordeln und Bast • Wattekugeln, Knopf und Pompons • Wackelaugen **Vorlagen Seite 106**

1 Stich jedes Ei mit einer Prickelnadel oben ein und weite das Loch auf ca. 2–4 cm. Lass das Innere herausfließen und putze die Schale. Schneide Ohren aus Fotokarton aus und klebe sie nach dem Trocknen fest. Du kannst die Hasenohren auch an Zahnstocher kleben und später einstecken.

2 Das Gesicht bemalst du mit wasserfesten Stiften. Für die Nase ein Weidenkätzchen mit Alleskleber ankleben.

3 Damit die Figur aufgestellt werden kann, bastle einen Halter. Das können auf einen Papierkreis geklebte Weidenkätzchen sein oder ein Stück Klorolle, das mit Bändern, Bast oder Weidenkätzchen dekoriert ist.

4 Auch Küken, Henne, Schwein und ein Frosch machen sich gut auf der Ostertafel. Der Frosch hat Augen aus Wattekugeln. Die Henne hat einen Papierschnabel und -kamm. Das Schwein bekommt Ohren aus Papier und einen Knopf als Rüssel.

Erdnussvögelchen

Das brauchst du Erdnüsse mit Schale • Acrylfarben • Zahnstocher • dünner Filzstift in Schwarz • Tüll- oder Stoffreste • Nadel und Faden

1 Grundiere die Erdnuss mit weißer Acrylfarbe.

2 Pikse mit dem Zahnstocher oben ein Loch hinein, kürze den Zahnstocher und klebe ihn als Schnabel in das Loch.

3 Den Vogel kunterbunt anmalen und trocknen lassen.

4 Mit dem Filzstift zwei Augen aufmalen.

5 Mit einem Zahnstocher dem Vogel in den Rücken piksen. Etwas Tüll (ca. 3 cm x 5 cm) zu einer Schleife verdrehen und in das Loch kleben.

6 Mit der Nadel einen Faden als Aufhänger nah am Körper des Vogels durch die Tüll-Flügel ziehen.

April

Kressehühner

Das brauchst du leere Eierkartons • Acrylfarbe in Hellgrün, Hellblau, Rosa, Gelb und Pink • Fotokarton in Rot und Gelb • Wackelaugen, ø 6 mm • weiße, ausgepustete Eier • Kresse **Vorlagen Seite 102**

1 Als Erstes schneidest du aus einem Eierkarton ein Huhn aus. Dafür schneidest du eine äußere Ecke samt angrenzender Eierkartonspitze aus.

2 Dann pinselst du das Huhn mit bunter Acrylfarbe an. Alles gut trocken lassen. Ggf. ist ein zweiter Anstrich nötig.

3 Aus rotem Fotokarton schneidest du pro Huhn einen Hahnenkamm und zwei Kehllappen nach Vorlage aus und klebst sie mit Klebestift an der Eierkartonspitze fest. Die Wackelaugen werden ebenfalls mit Klebestift befestigt. Den Schnabel schneidest du aus gelbem Fotokarton zurecht, knickst ihn in der Mitte und klebst ihn an Ort und Stelle fest.

4 Bepflanze ein leeres, geköpftes Ei mit Kresse oder kleinen Blümchen und setze es in den Eierhalter deines Huhns.

11

Easy-Peasy-Girlande

Das brauchst du Pappteller • Bürolocher • Faden, Geschenkband o. Ä.

1 Schneide vom Rand des Papptellers aus sechs Mal bis in die Mitte, sodass du sechs einzelne Fähnchen erhältst.

2 Stanze mit dem Bürolocher in jedes der Fähnchen oben links und rechts ein Loch. Fädele den Faden hindurch.

3 Falls du mit weißen Papptellern bastelst, kannst du sie bunt anmalen: Wer hat die lustigsten Ideen?

12

April

Buntes Eierlei

Das brauchst du Plastikeier in Weiß, 6 cm hoch • Acrylfarbe in beliebigen Farben • transparente Klebefolie • deckende Filzstifte (Dekomarker) **Vorlagen Seite 107**

1 Für die Eier mit Pünktchen die Plastikeier auf Holzstäbchen spießen und mit bunten und einem flachen Pinsel von oben nach unten bemalen. Die Punkte nach dem Trocknen mit einem Holzstäbchen oder dem Pinselstiel aufsetzen.

2 Für die anderen Eier zuerst die Motive aus Klebefolie ausschneiden und fest aufdrücken. Dann wird die Farbe vorsichtig mit einem Borstenpinsel aufgetupft. Langsam und sorgfältig arbeiten, damit die Farbe nicht unter die Klebefolie gelangt. Nach dem Trocknen die Folie abziehen und die weiteren Verzierungen mit deckenden Filzstiften, Lackmal- und Permanentstiften aufmalen. Lass dir dabei von einem Erwachsenen helfen.

13

Kinderleicht gedruckt

14

Das brauchst du Fotokarton in Weiß, Hellblau und Hellgrün, A4 • 3 Plastikeier, 6 cm x 4,5 cm • 3 Schaschlikstäbchen • Acrylfarbe in Weiß, Hellbraun, Hellblau, Grün und Hellgrün • Organzaband in Hellblau, 6 mm breit, 4 x 20 cm lang • Dekomarker in Rosa, Weiß, Gelb, Hellgrün und Hellblau **Vorlagen Seite 108**

1 Zum Fingerdrucken sollte die Farbe eine sahnige Konsistenz haben. Druck immer zuerst die Tiere auf das Papier, bevor du die Verzierungen malst.

2 Für den Tierkörper den Daumen in Farbe tauchen und auf dem Papier einen Abdruck machen. Mit einem kleineren Finger macht man den Kopf. Ohren, Beine und Federn werden mit einem Pinsel gemalt. Lass die Farbe gut trocknen.

3 Andere Verzierungen, wie die Nasen und Schleifen, kannst du mit Dekomarkern aufsetzen. Augen und Münder zeichnest du mit einem schwarzen Permanentstift.

4 Die Wiese tupfst du mit einem dicken Borstenpinsel auf, die Blümchen werden mit einem Dekomarker aufgesetzt. Die Blütenmitten kannst du mit einem hellblauen Dekomarker oder weißen Lackmalstift ergänzen.

April

Hasen in Aktion

Das brauchst du Fotokarton in Apricot, A4 • Fotokartonreste in Californiablau, Meergrün, Gelb, Orange, Eosin, Weiß und Violett • 4 Holzwäscheklammern in Rot, 8 mm breit, 2,5 cm lang **Vorlagen Seite 109**

1 Übertrage alle Motivteile wie in der Grundanleitung beschrieben auf Fotokarton und schneide sie aus. Gestalte die Gesichter. Einzelne Fotokartonteile werden mit Mustern wie Punkten und Strichen verziert.

2 Die Figuren kannst du aus den Einzelteilen zusammenfügen und die kleinen Holzklammern ankleben. Das lustige Hasen-Quartett kann nun an eine Kordel oder einen anderen Gegenstand geklammert werden.

15

16

Kunterbunter Eierkranz

Das brauchst du Styropor®-Halbring, ø 30 cm • Vichykaro-Stoff in Hellblau, 50 cm x 50 cm • ca. 50 Plastik-Eier, ø 6 cm • Masking Tape nach Wunsch • Heißklebepistole • Vichykaro-Webband, 45 mm breit, 120 cm lang • Satinbänder, 20 mm breit und 50 cm lang

1 Umwickle den Styropor®kranz mit Stoff. Dafür reißt du aus Vichykarostoff 50 cm lange und ca. 7 cm breite Stoffstreifen zurecht. Klebe ein Stoffende mit Klebestift an der Rückseite des Kranzes fest und umwickle dann den Kranz mit dem Streifen. Das andere Ende klebst du wieder fest. Du brauchst ca. 3–4 Streifen.

2 Verziere die Plastik-Eier mit Masking Tape, indem du die Eier längs und quer mit dem Klebeband beklebst. Die Klebestreifen gut festdrücken. Je unterschiedlicher das Masking Tape ist, desto bunter wird der Kranz.

3 Damit die Eier am Styropor®kranz halten, klebst du sie mit der Heißklebepistole fest. Dafür arbeitest du dich von außen nach innen vor, dein Kranz liegt dabei mit der Rückseite stabil auf einem Tisch.

Einen kleinen Tropfen Heißkleber auf ein Ei geben und dann am Kranz festdrücken. Fixiere die Eier auch miteinander mit einem Klecks Kleber, dann wird dein Kranz in sich stabiler. Lass dir beim heißkleben von einem Erwachsenen helfen.

4 Jetzt bindest du aus einem 45 mm breiten und 120 cm langen Streifen Vichykaroband eine schöne Schleife. Um den Mittelknoten deiner Schleife knotest du mehrere einfarbige ca. 30 cm lange Streifen Satinband. Diese schmucke Schleife klebst du wieder mit Heißkleber am Kranz fest. Als Aufhängung dient ein Streifen Vichykaroband, den du auf der Kranz-Rückseite festklebst.

April 95

Happy Monsters

Das brauchst du Eier • Acrylfarbe nach Wunsch • Folienstift in Schwarz • Lackmalstift in Weiß • Scrapbookpapierreste • Mini-Pompons in Rosa und Grün, ø 8 mm • Seidenpapierreste • feste Cupcake-Förmchen **Vorlagen Seite 102**

1 Zuerst die Eier mit Acrylfarbe farbig grundieren – je bunter, desto besser!

2 Nach dem Trocknen kannst du die fröhlichen Monstergesichter mit einem Folienstift aufmalen. Die Zähne und die Augen mit einem weißen Lackmalstift ausmalen, das zaubert den putzigen Freunden noch einmal eine zusätzliche Portion Ausdruck ins Gesicht.

3 Schneide die Partyhüte aus buntem Scrapbookpapier aus. Das Papier zu einer Spitztüte formen und zusammenkleben. Als Bommel einen Mini-Pompon an die Hutspitze kleben. Setze die Monster in Cupcake-Förmchen mit Seidenpapierresten. Schon sind die Monstereier partybereit!

17

Spring mit deinem Seil

18

Das brauchst du Paracord, ø 5 mm, 3x 2,5 m lang • Klebeband

1 Verknote die Schnüre miteinander.

2 Klebe die Schnüre mit Klebeband auf deiner Arbeitsplatte fest.

3 Die Schnüre flechten. Das Springseil hat die richtige Länge, wenn du dich darauf stellst und die Enden jeweils bis zu deinen Achseln reichen.

4 Verknote die Schnurenden miteinander und tupfe etwas Bastelkleber auf die Enden, damit sie nicht ausfransen.

April 96

Drunter und drüber

Das brauchst du Plastikflasche mit Deckel • Bürolocher • Faden oder Schnur • Perlen zum Verzieren

1 Trenne den Flaschenkopf an der breitesten Stelle vom Flaschenboden ab. Schneide erst mit dem Cutter einen Schlitz hinein und anschließend mit der Schere weiter. Lass dir dabei von einem Erwachsenen helfen. Schneide die Ränder sauber zu.

2 Stanze mit dem Bürolocher drei Löcher in den Rand – gleichmäßig verteilt – und befestige jeweils drei gleich lange Schnüre daran. Wenn du Lust hast, fädle noch Perlen als Verzierung auf. Halte alle drei Schnüre an den Enden zusammen: Hängt die Flasche gerade? Dann verknote die drei Schnüre miteinander!

3 Nun kannst du deine Hänge-Flasche übers Bett hängen und deine Leselampe, Zeitschriften oder Taschentücher darin verstauen. Mit Wasser und Blumen gefüllt wird die Flasche zur hängenden Vase.

19

Königliches Pferd

20

Das brauchst du Klopapierrolle • Tonpapier in Grau • Filzrest in Grau und Rot • Pomponband in Weiß, 6 cm lang • Kordel in Weiß, 26 cm lang • Wackelaugen, ø 0,7 cm • Chenilledraht in Schwarz • 4 Schaschlikstäbe, 3,5 cm lang • Fellrest in Schwarz **Vorlagen Seite 104**

1 Schneide ein Drittel von deiner Klorolle ab. Das wird der Pferdekopf. Die übrigen zwei Drittel der Rolle brauchst du für den Pferdekörper.

2 Stelle die Rolle auf das Tonpapier und zeichne mit einem Bleistift vier Kreise auf. Schneide die Kreise etwas größer als aufgezeichnet aus und schneide das Tonpapier in Zacken bis zur Linie ein. Dann biegst du die Zacken nach oben und klebst die Kreise auf die Öffnungen von Pferdekopf und Körper. Umklebe nun Kopf und Körper des Pferdes mit grauem Tonpapier.

3 Schneide die Filzohren und die Filzdecke der Vorlage nach aus. Die Filzohren klebst du hinten am Kopf fest. An den schmalen Enden der Filzdecke befestigst du ein Stückchen Pomponband und klebst sie dann auf den Pferdekörper.

4 Nun kannst du dem Pferd sein Gesicht aufmalen und die Wackelaugen aufkleben. Binde dem Pferd ein Stückchen Kordel als Zügel um den Kopf.

5 Wickle den Chenilledraht um die Schaschlikstäbe und drücke mit einer Schere vier Löcher in die Unterseite des Pferdekörpers, lass dir dabei am besten von einem Erwachsenen helfen. Dann kannst du die Beine in die Öffnungen einkleben. Befestige den Kopf auf dem Pferdekörper und schneide einen Fellrest für die Mähne und für den Pferdeschweif zu, klebe beides hinten am Körper an.

April 97

Leuchtende Lichter

Das brauchst du Windowcolor-Malfolie • Windowcolor • Motivlocher • Teelichter aus Glas • Klarlack, matt oder glänzend

1 Schneide die Folie in ca. 10 cm x 10 cm große Stücke und bemale sie mit Windowcolor in verschiedenen Farben. Gut trocknen lassen.

2 Inzwischen bemalst du die Teelichter mit einem Borstenpinsel mit heller Windowcolor-Farbe. Das wirkt besonders gut, wenn du die Farbe auftupfst. Wieder trocknen lassen.

3 Schneide nun die Folienstücke in kleine Quadrate oder Rechtecke. Oder du stanzt Formen mit einem Motivlocher aus.

4 Als Nächstes trägst du transparente Windowcolor auf und klebst damit die Motive fest. Streiche sie danach noch einmal mit der Transparentfarbe ein, damit sie gut haften bleiben. Arbeite so stückchenweise rund ums Windlicht.

5 Danach kannst du noch Punkte und Linien aufmalen. Besonders langlebig sind die Tischlichter, wenn du sie mit Klarlack lackierst.

Samenbomben

Das brauchst du 5 Becher Blumenerde • 1 Becher Samen • 5 Becher Tonpulver • 1-2 Becher Wasser • Seidenpapier • Satinband

1 Jetzt wird ordentlich gematscht! Denn um diese Samenbomben herzustellen, musst du dir die Finger richtig dreckig machen! Deshalb ist es in jeden Fall eine gute Idee, die Samenbomben im Freien zu mixen.

2 Such dir eine ausreichend große Schüssel und schütte fünf Becher Blumenerde und einen Becher Blumensamen hinein. Welche du nimmst, bleibt dir überlassen. Im Gartencenter sind auch fertige Samenmischungen erhältlich.

3 Verrühre alles miteinander und gib noch fünf Becher Tonpulver hinzu. Durch das Tonpulver lassen sich die Samenbomben später gut formen, werden schön fest und bleiben in Form.

4 Gib gerade so viel Wasser hinzu, dass eine gebundene Masse entsteht und verknete alles schön miteinander, eventuell musst du mit der Menge des Wassers ein wenig experimentieren.

5 Aus der Masse formst du jetzt Kugeln, die in etwa so groß sein sollten wie Walnüsse. Lass sie ein bis zwei Tage lang trocknen. Dann kannst du sie hübsch in Seidenpapier oder Servietten einschlagen, ein Schleifchen darum wickeln und verschenken. Oder du wirfst die Bomben auf Grünflächen, denen ein paar bunte Blumen gut stehen würden.

April

Superheldensnack

Das brauchst du 250 g Butter • 300 g Honig • Prise Salz • 250 g kernige Haferflocken • 250 g zarte Haferflocken • 100 g Sesam • 100 g Sonnenblumenkerne • 75 g gehackte Mandeln

1 Gib Butter, Honig und eine Prise Salz in einen Topf und lass sie bei schwacher Hitze schmelzen. Dann schüttest du die restlichen Zutaten dazu und rührst das Ganze gut mit einem Kochlöffel um.

2 Jetzt legst du ein Backblech mit Backpapier aus, schüttest deinen Müsli-Mix drauf und drückst die Masse mit einem Löffel zu einer dichten ca. 1 cm hohen Platte. Schieb das Blech in den auf 150°C vorgeheizten Ofen und lass die Müsli-Masse 15 Minuten backen.

3 Dann nimmst du das Blech vorsichtig mit Backhandschuhen heraus und lässt die Masse gut abkühlen. Zuletzt schnappst du dir ein scharfes Messer und schneidest ca. 3 cm x 15 cm lange Müsliriegel daraus zurecht. Lass dir beim Backen und Schneiden von einem Erwachsenen helfen.

4 Mit einer Lage Seidenpapier sind deine Riegel nicht nur schick verpackt, sondern eignen sich auch prima zum Mitnehmen oder Verschenken.

23

Wollkugel-Schafe

Das brauchst du Wolle in Weiß, Natur oder Hellblau • Tapetenkleister • Wasserballon • Nylonstrumpf • Fotokartonreste in Weiß und Hautfarbe • Märchenwolle in Hellblau oder Weiß • 4 gebohrte Rohholzkugeln, ø 1,2 cm • Paketkordel, ø 2 mm, 4 x 10 cm lang **Vorlagen Seite 111**

1 Bereite zuerst die Wolle vor, sie muss sich ordentlich mit Kleister vollgesogen haben, bevor die Wickelarbeit beginnt. Lege sie für mehrere Stunden in ein Gefäß mit Tapetenkleister.

2 Blase den Wasserballon auf ca. 10 cm Durchmesser auf. Er wird nun mit der eingekleisterten Wolle umwickelt. Nimm einen neuen Faden, wenn deiner zu kurz ist.

3 Wenn die Kugel eng umwickelt ist, streichst du sie noch einmal mit Kleister ein. Die Kugel danach auf einem Nylonstrumpf liegend über Nacht trocknen lassen.

4 Hat die Kugel nach dem Trocknen die gewünschte Festigkeit, kann der Ballon zerstochen und vorsichtig herausgezogen werden.

5 Nun das Gesicht aus Fotokarton gestalten und auf die Kugel kleben. Die Haare sind aus Märchenwolle.

6 Zuletzt werden die Beine angebracht: Die Holzkugeln auf Kordelstücke fädeln und diese an einer Seite verknoten. Die anderen Kordelenden in der Kugel festkleben.

24

April 99

25

Verrückte Vögel

Das brauchst du je 2 Wattekugeln, ø 10 mm • flache Steine, ca. 5-7 cm groß • Permanentmarker in Weiß, Rot, Gelb und Orange • Tannenzapfen • Bastelfedern • Chenilledraht in Weiß, 50 cm lang • kleiner Ast

1 Als Erstes malst du zwei Pupillen auf die Wattekugeln und klebst sie dann mit Alleskleber vorne auf die flache Steinseite. Mit den Permanentmarkern malst du bunte Punkte auf den Vogel und umrandest sie dann mit dem weißen Permanentmarker.

2 Brich je drei Schuppen von einem Tannenzapfen ab und klebe sie als Mund und Füße auf. Kürze die Bastelfedern und klebe sie dann mit Alleskleber auf die Stein-Rückseite.

3 Biege die Enden vom Chenilledraht einmal um je ein Astende. Dann nimmst du die Mitte des Drahtes und verdrehst sie so, dass ein kleiner Kringel als Halterung entsteht.

4 Klebe die verrückten Vögel mit Alleskleber auf die Ast-Stange und lass den Kleber gut trocknen. Dann kannst du sie aufhängen.

Kleines Frosch-konzert

26

Das brauchst du Pappteller, ø 20,5 cm • Acrylfarbe in Grün, Gelb und Rot • Fotokartonrest in Grün • Chenilledraht in Grün, ø 0,7 cm, 32 cm lang • 2 Wattekugeln, ø 4 cm • Filzstift in Schwarz • Lackmalstift in Weiß • Tröte in Rot **Vorlagen Seite 104**

1 Male den Pappteller auf der gewölbten Außenseite grün an und tupfe einige gelbe Punkte als Sommersprossen auf. Die Innenseite malst du rot mit einem grünen Rand. Lass die Farbe gut trocknen, dann knickst du den Teller in der Mitte.

2 Schneide die Froschfüße der Vorlage nach viermal aus grünem Fotokarton aus. Den Chenilledraht teilst du in vier 8 cm lange Stücke. Knicke die Drahtstücke in der Mitte und klebe sie als Beine unter den Pappteller. An die Enden des Chenilledrahts klebst du die Füße. Die Wattekugeln für die Augen gelb anmalen, die Pupillen mit Filzstift, die weißen Punkte in den Augen mit Lackmalstift aufsetzen.

3 Miss mit einem Lineal die Tellermitte aus und zeichne sie auf der Knicklinie ein. Stelle die Tröte mit der Pfeifenseite darauf und umfahre den Umriss mit Bleistift. Schneide den Kreis mit einer kleinen, spitzen Schere aus. Klebe die Augen auf und stecke die Tröte durch die Öffnung.

100 April

Der reiche Hai

Das brauchst du alte Shampooflasche • Acrylfarbe in Blau, Rot, Weiß und Schwarz • wasserfeste Stifte • Wackelaugen • Fotokarton in Grau

1 Bemale eine alte Shampooflasche mit blauer Acrylfarbe. Mit wasserfestem Stift zeichnest du ein fieses Haimaul mit spitzen Zähnen auf. Dann malst du es mit Acrylfarbe entsprechend aus.

2 Als Augen klebst du Wackelaugen auf beide Seiten der Flasche. Zeichne eine Haifischflosse auf grauen Fotokarton und schneide sie zweimal zurecht. Jetzt unten jeweils ein Stück umknicken, beide Pappstücke zusammenkleben und mit der abgeknickten Fläche auf den Hai pappen.

3 Nun fehlt nur noch die Öffnung fürs Geld. Die kommt hinter die Flosse und wird mit einem Cuttermesser hineingeschnitten. Lass dir von einem Erwachsenen helfen, damit du dir nicht in die Finger schneidest.

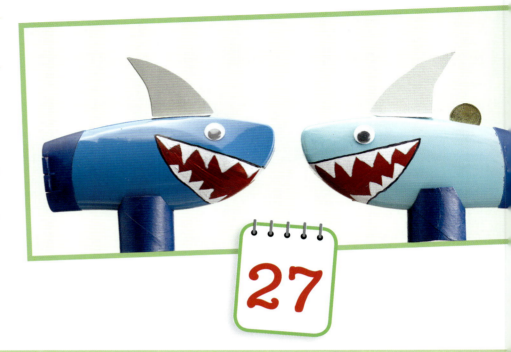

27

Farbenprächtige Pflanzen

Das brauchst du 3 Klopapierrollen • Acrylfarbe in Hellbraun und Reseda • Chenilledraht in Grün gestreift, 35 cm lang • Fotokartonreste in Grün • Zackenlitze in Weiß, 0,7 cm breit, 75 cm lang • Tonpapierreste in Gelb, Orange, Rosa und Pink • Buntstifte • Blumenstanzer, ø 1,5 cm **Vorlagen Seite 107**

1 Schneide für die Blumentöpfe der Kakteen aus einer Klopapierrolle zwei Ringe von je 3 cm Höhe aus. Die zwei restlichen Klorollen drückst du flach auf die Unterlage, schneidest dir drei Stücke von je 4 cm Höhe zu, die du anschließend zur Mitte hin spitz einschneidest.

2 Male die Blätter für die Tulpen in Hellgrün und die Blumentöpfchen für die Kakteen in Hellbraun an. Alles gut trocknen lassen.

3 Dann schneidest du den Chenilledraht in fünf Teile von je 7 cm und klebst die Stücke auf der Innenseite der Blätter und Blumentöpfe am unteren Rand fest.

4 Teile die Zackenlitze in fünf Teile von je 15 cm und umklebe die Blätter damit. Schneide sechs Tulpenblätter aus und knicke sie mittig in der Länge. Male die Ränder mit Buntstiften an. Klebe je zwei Tulpenteile gegeneinander um den Chenilledraht.

5 Klebe die Zackenlitze auch um die braunen Töpfchen und schneide die Kakteen nach Vorlage aus. Dann malst du die Ränder der Kakteen mit dunkelgrünem und die Stacheln mit weißem Buntstift auf. Klebe die Kakteen an die Chenilledrähte und stecke den runden Kaktus zusammen.

6 Stanze mit dem Blumenstanzer fünf Blumen aus und klebe sie auf die Kakteen.

28

April

Der kleine Delfin

Das brauchst du Fotokarton in Mittelblau, 50 cm x 70 cm • Fotokarton in Hellblau, A3 • starke Transparentpapierreste in Rosa und Weiß • Buntstifte • Filzstift in Schwarz • Lackmalstift in Weiß
Vorlagen Seite 110

1 Übertrage alle Motivteile auf den Karton und schneide sie aus.

2 Alle mittelblauen Teile kannst du mit Buntstiften in Türkis und Blau kräftig schattieren. Besonders die Schnauze des kleinen Delfins und alle Körperlinien solltest du gut hervorheben. Die Augen auf die jeweiligen Körper übertragen und mit schwarzem Filzstift ausmalen. Die Lichtpunkte mit einem weißen Lackmalstift aufsetzen. Die Wangen mit korallenrosafarbenen Buntstiftbröseln aufreiben.

3 Die hellen Bäuche nach Vorlage jeweils unter die mittelblauen Körper kleben und die Schwanz- und Rückenflossen von unten ergänzen. Auf und unter den Bäuchen jeweils noch die beiden unteren Flossen anbringen. Zuletzt den kleinen Tümmler auf dem großen Delfin festkleben.

29

Dekorative Vogelhäuschen

30

Das brauchst du Fotokarton in Gelb und Orange, A2 • Fotokarton in Rosa, A3 • Fotokartonreste in Hellgrün, Hellblau, Pink, Lila und Dunkelorange • Prickelnadel • Motivlocher: Blume und Herz, ø 1 cm • Strasssteine in Pink, 7 x ø 5 mm und 2 x ø 1 cm • Motivpapierreste in Rosa gekringelt, Gelb kariert und Hellblau gestreift • Papierborte, 1,5 cm breit, 30 cm lang • Strasssteinketten in Pink und 2 x Hellblau, 10 cm lang • Perlonfaden • Nähnadel • 10 Wachsperlen in Weiß oder Lila, ø 8 mm (pro Haus) • 3 Glasstifte in Silber, ø 2 mm, 2 cm lang (pro Haus) **Vorlagen Seite 111–113**

1 Übertrage alle Vogelhäuschen auf Fotokarton und schneide sie aus. Die Kreise und das Herz mit einer Prickelnadel heraustrennen. Hierbei kann dir ein Erwachsener helfen. Die auf der Vorlage gestrichelten Linien kannst du jetzt falzen und umknicken.

2 Nun das Vogelhäuschen zusammenfalten und an den Klebeflächen zusammenkleben.

3 Die Balken für die Dächer klebst du oben schräg auf die Häuser. Dann mittig ein Herz oder eine Blume mit Strasssteinen aufkleben.

4 Klebe die bedruckten Papiere auf die Häuser und danach den Bodenbalken und die Borte dazu.

5 Die Strasssteinketten beim rosafarbenen Haus mittig, beim gelben Haus um den Kreis und beim orangefarbenen Haus auf die Dachbalken kleben. Das orangefarbene Haus erhält noch ausgestanzte Blumen, die mit Strasssteinen geschmückt sind.

6 An das Ende eines 30 cm langen Perlonfadens eine Perle knoten. Dann den Faden von unten durch das Dach stechen. Auf diesen Faden abwechselnd die Perlen und Glasstifte aufreihen und oben eine Schlaufe zum Aufhängen knoten.

7 Die Vögel ausschneiden, bemalen und mit Perlonfäden unten an den Häusern anbringen.

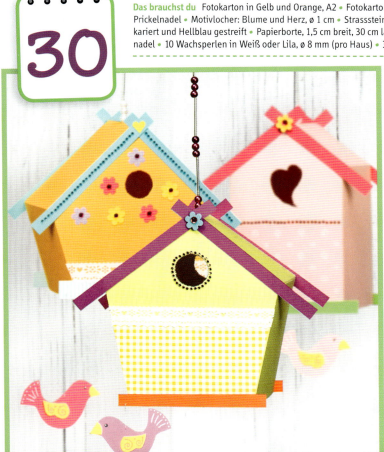

102 April

Vorlagen

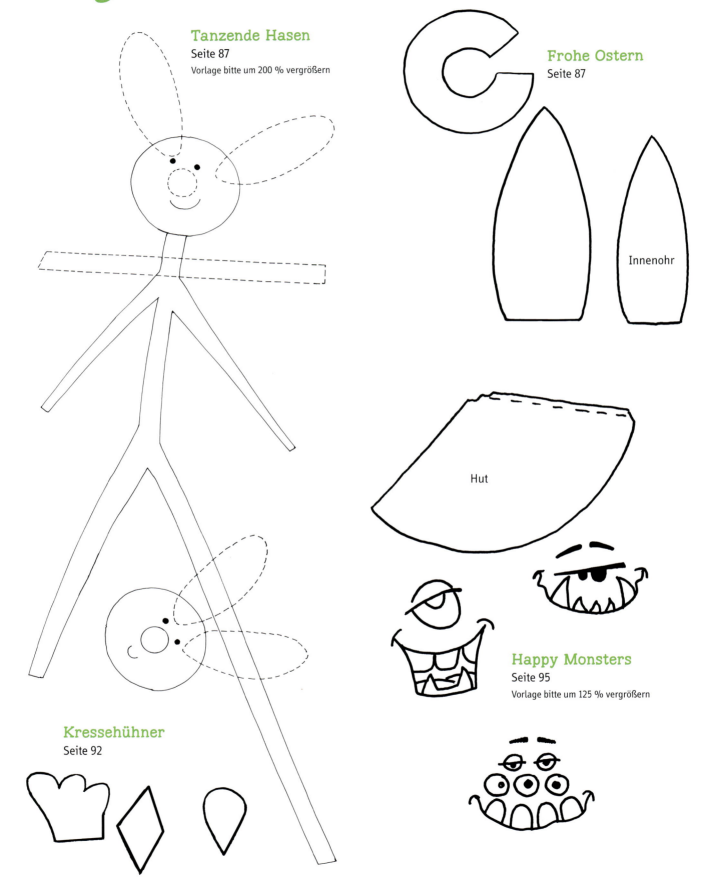

Tanzende Hasen
Seite 87
Vorlage bitte um 200 % vergrößern

Frohe Ostern
Seite 87

Innenohr

Hut

Happy Monsters
Seite 95
Vorlage bitte um 125 % vergrößern

Kressehühner
Seite 92

Hübsche Blütenkarten
Seite 88
Vorlage bitte um 120 % vergrößern

April 103

104 April

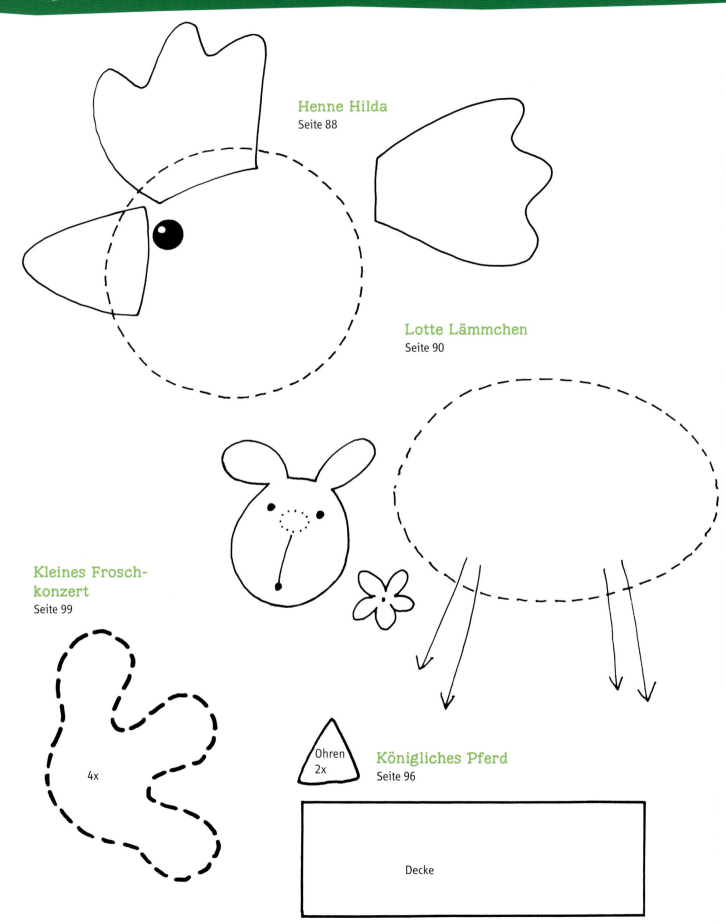

April 105

Kleine Frühstücksmonster
Seite 89
Vorlage bitte um 125 % vergrößern

2x

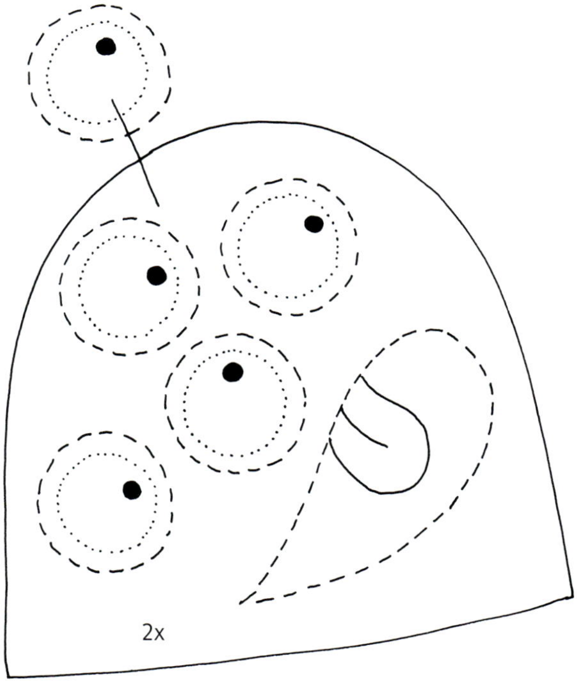

2x

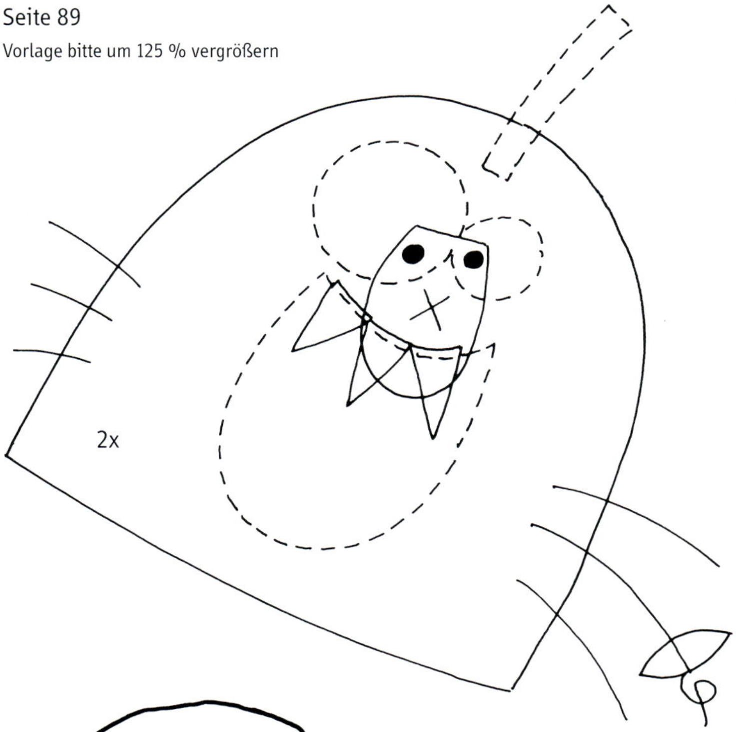

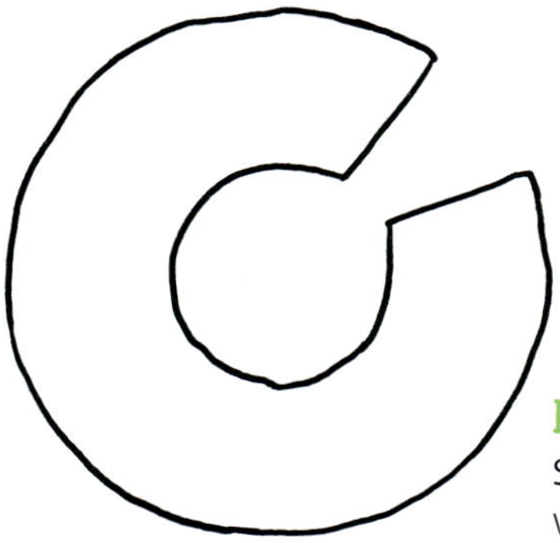

Hase und Bär
Seite 90
Vorlage bitte um 125 % vergrößern

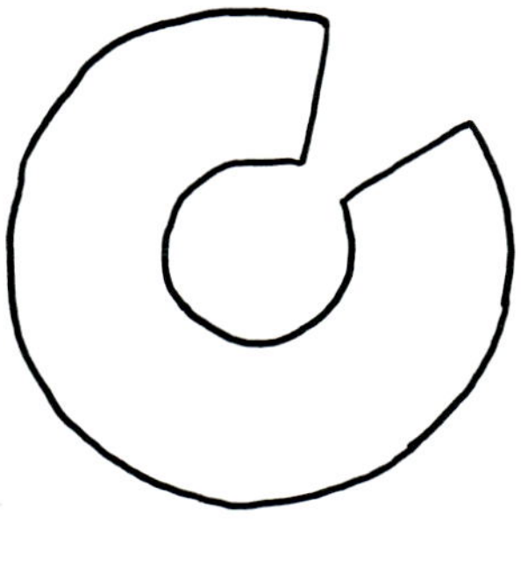

April

Putzige Eierkerlchen
Seite 91

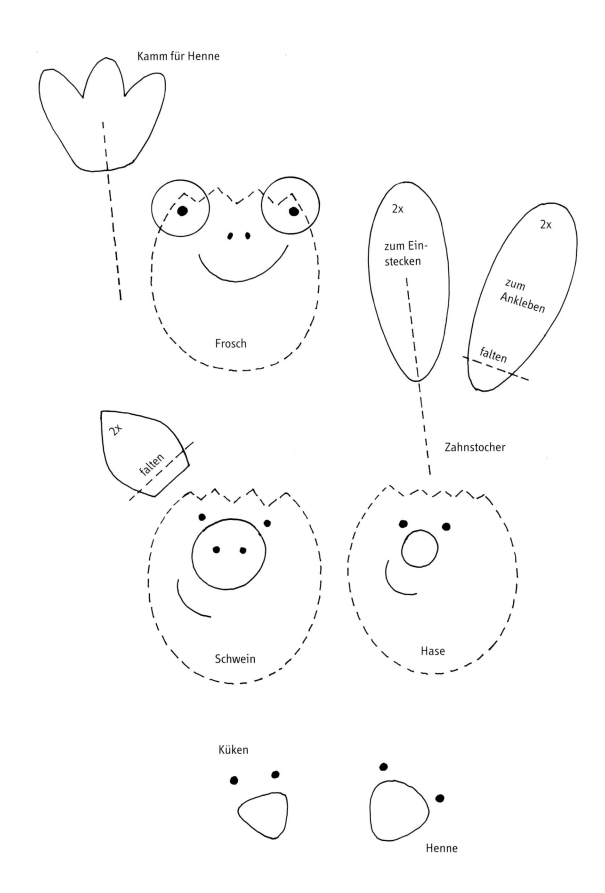

April 107

Buntes Eierlei
Seite 93

Farbenprächtige Pflanzen
Seite 100

108 April

Kinderleicht gedruckt
Seite 93
Vorlage bitte um 125 % vergrößern

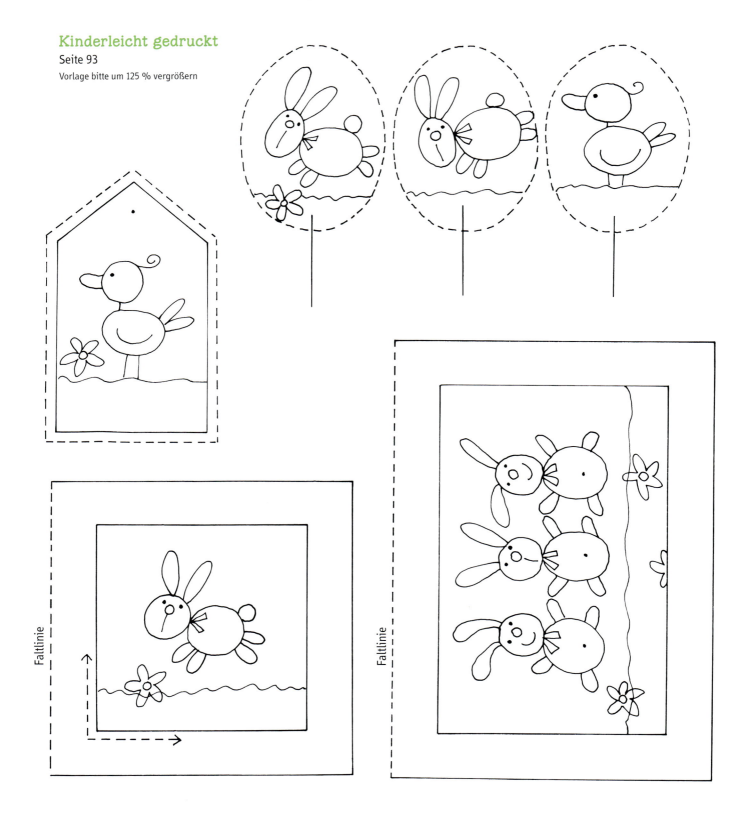

April 109

Hasen in Aktion
Seite 94
Vorlage bitte um 125 % vergrößern

110 April

Der kleine Delfin
Seite 101

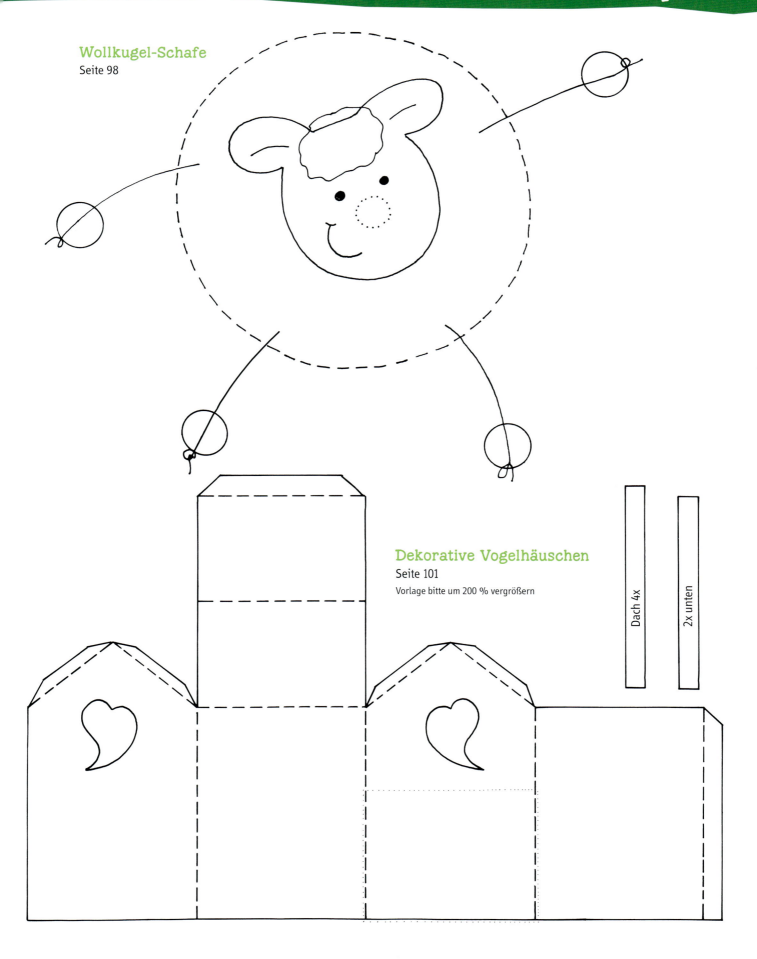

112 April

Dekorative Vogelhäuschen
Seite 101
Vorlage bitte um 200 % vergrößern

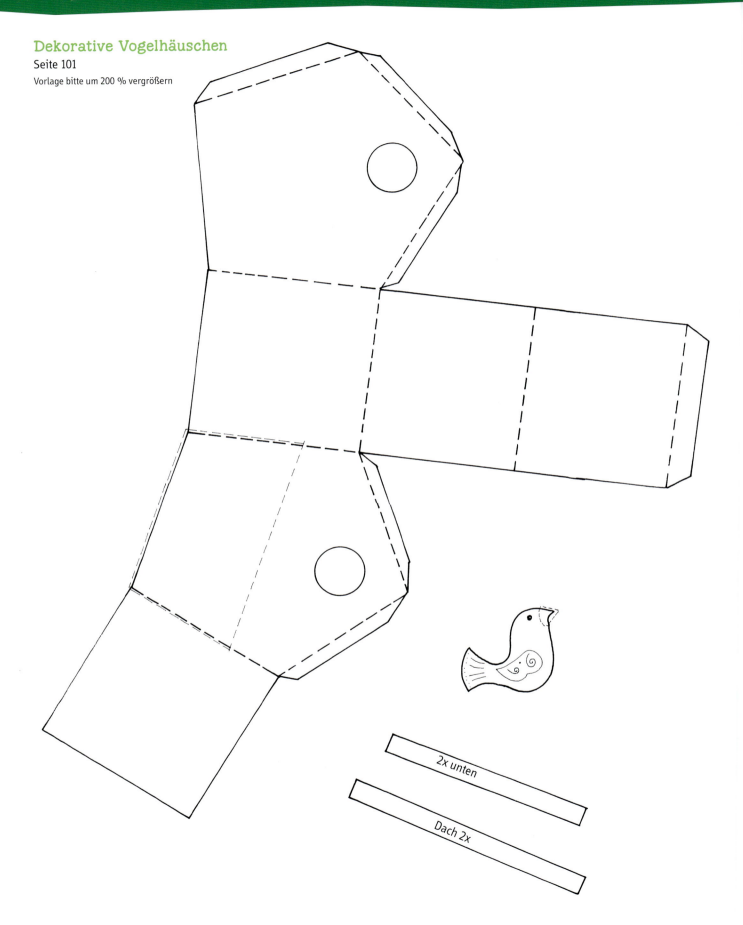

Dekorative Vogelhäuschen
Seite 101
Vorlage bitte um 200 % vergrößern

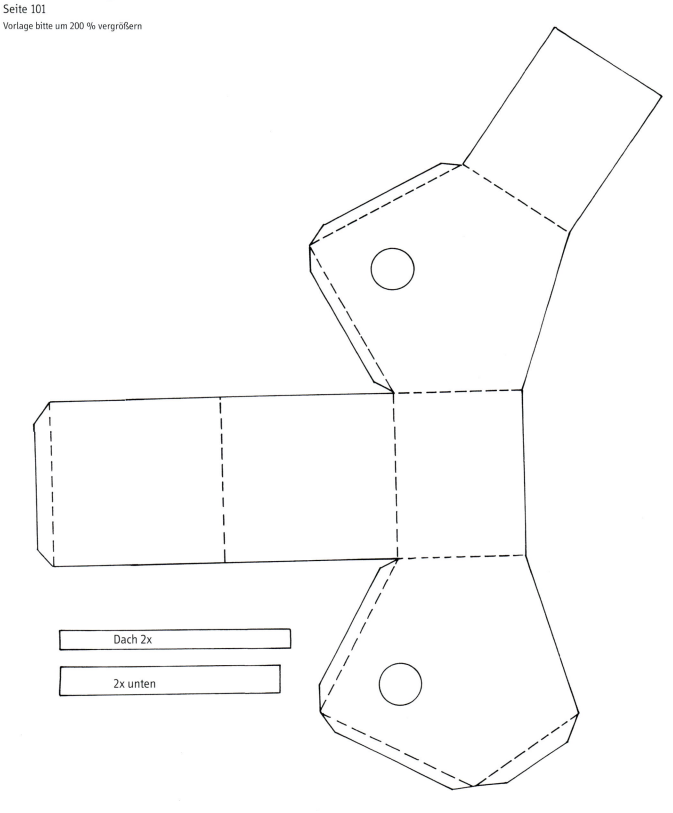

Dach 2x

2x unten

Mai

Mai

1 Quallenstrippe

Das brauchst du 3 hohe Zapfen (Eierschachtel), 5,5 cm hoch • 3 Schälchen (Eierschachtel), 2,5 cm hoch • Acrylfarbe in Weiß, Hellblau, Blau-Grün und Rosa • irisierender Glitter • Tonkartonrest in Weiß • Nadel und Faden in Weiß • Perlgarn in Weiß • Kordel in Blau und Weiß, pro Qualle ca. 40 cm lang • Sisalgraß in Hellblau • Canna-Stab in Blau, ø 6 mm, 27 cm lang **Vorlagen Seite 131**

1 Schneide Zapfen- und Schälchenränder leicht wellig zu. Kopf und Körper grundierst du farbig. In die nasse Farbe kannst du am Körper Glitter einstreuen.

2 Schneide die Augen aus Tonkarton aus und bemale sie.

3 Mit der Nadel durch beide Teile den Aufhängefaden (2 x 11 cm, 1 x 19 cm lang) ziehen, dann erst zusammenkleben.

4 Nun kannst du die Kordel in unterschiedlich lange Stücke schneiden, in einzelne Stränge teilen und an der Körperinnenseite befestigen.

5 Befestige die Quallen an dem mit Sisalgras umwickelten Canna-Stab und knote den Aufhängefaden aus Perlgarn an.

2 Schuhu-Eulen

Das brauchst du alte Socke, z. B. in Rot oder Grün-Grau gestreift • Knopf in Türkis, ø 1,5 cm • Sticktwist • spitze Sticknadel • Füllwatte • Bastelfilzreste in Schwarz, Weiß und Gelb • Bastelfilz in Orange und Türkis, 5 cm x 8 cm **Vorlagen Seite 131**

1 Schneide das Fußteil deiner Socke kurz vor der Ferse ab. Ca. 2 cm entfernt von dem oberen Rand nähst du einen Knopf an. Dafür stichst du eine Nadel mit Sticktwistfaden von unten durch den Stoff und den Knopf. Führe die Nadel anschließend durch ein zweites Knopfloch zurück. Bei einem Knopf mit vier Löchern wiederholst du das an den anderen beiden Knopflöchern.

2 Nun verknotest du die Fadenenden miteinander, damit der Knopf auch sicher hält.

3 Anschließend befüllst du die Eule mit etwas Watte. Stecke die offenen Kanten mit Stecknadeln aufeinander und nähe sie zusammen. Fädle dafür einen Faden, der etwa so lange wie dein Arm ist, in eine Nähnadel und verknote das längere Fadenende. Stich die Nadel immer von einer Seite durch beide Stoffe. Am Ende nähst du mehrere Stiche auf einer Stelle, damit die Naht nicht mehr aufgeht.

4 Flügel, Schnabel und Augenkreuz schneidest du jetzt aus Filz aus und klebst die Filzteile anschließend auf die Eule.

116 Mai

Rasselbande

3

Das brauchst du Überraschungsei • etwas Reis • 2 Plastiklöffel • Malerkreppband • Acrylfarben • evtl. Masking Tape • Konfetti (z. B. selbstgemacht mit einem Locher) oder Glitter • Chenilledraht

1 In die leere, gelbe Verpackung aus dem Überraschungsei einen Esslöffel Reis füllen. Gut verschließen. Das Reis-Ei zwischen die Plastiklöffel klemmen und komplett mit Malerkreppband umwickeln.

2 Grundiere die Rassel mit weißer Acrylfarbe. Lass sie trocknen und streiche sie nochmal weiß an.

3 Bemale den Löffelstiel mit bunten Acrylfarben oder umwickle ihn mit Masking Tape.

4 Bestreiche den Rasselkopf gleichmäßig mit Klebestift und wälze ihn in Konfetti oder Glitter.

5 Verschönere die Rassel zum Schluss mit glitzerndem Chenilledraht.

Roboter Geburtstag

4

Das brauchst du mittelgroße Kartoffel • Taschen- oder Obstmesser • Natronpapier in Hellblau oder Dunkelblau, mindestens A3 • Acrylfarbe in Silber • Filzstift in Schwarz **Vorlagen Seite 131**

1 Fertige dir, wie in der Grundanleitung beschrieben, Schablonen von der Vorlage an. Nun schneidest du die Kartoffel der Länge nach in der Mitte durch und legst dann die Schablonen auf die Schnittflächen der beiden Kartoffelhälften. Schneide einfach mit dem Messer die Umrisse der Schablonen nach und schon sind deine Stempel fertig. Lass dir dabei von einem Erwachsenen helfen.

2 Gib etwas Farbe in einen Konservenglasdeckel und bestreiche deinen Stempel mit einem Pinsel mit Farbe. Mache auf einem Papierrest einen Probedruck. Dann druckst du mit allen Stempeln einen Roboter. Die Arme und Beine werden bei jedem Roboter etwas anders angeordnet.

3 Mit einem feinen und einem dicken schwarzen Filzstift werden die Gesichter, Hände, Füße, Antennen und Armaturen aufgezeichnet.

4 Jetzt kannst du dich an ein großes Papierformat wagen. Beginne zuerst mit dem Aufstempeln der Rümpfe. Sie sollten nicht zu dicht aneinander liegen, damit die Köpfe, Arme und Beine noch genügend Platz haben ohne sich zu berühren.

5 Anschließend werden die Köpfe und dann Beine und Arme aufgestempelt. Lass die Acrylfarbe gründlich trocknen!

6 Jetzt fehlen noch die Gesichter, Antennen, Hände und Füße, die noch mit den Filzstiften ergänzt werden.

Mai 117

Lustige Lesezeichen

Das brauchst du Moosgummirest in Weiß, Beige, Braun und Blau, 2 mm stark • 2 Minipompons in Schwarz, ø 8 mm • 4 Wackelaugen, ø 7 mm • 2 Wackelaugen mit Lid, ø 1 cm • Filzstift in Schwarz **Vorlagen Seite 131/132**

1 Schneide die Leseratte aus und male die Innenlinien auf. Danach die Pompon-Nase und die Wackelaugen aufkleben.

2 Für den Löwen werden alle Teile je einmal benötigt. Klebe die Löwenmähne hinten, die Schnauze vorn am Kopf an. Male die Innenlinien und den Mund auf. Zum Schluss die Wackelaugen und den Pompon ankleben.

3 Den Wurm vorsichtig ausschneiden und danach die Innenlinien und den Mund aufmalen. Zuletzt die Wackelaugen aufkleben.

5

Schnelle Schnecke

Das brauchst du Kreidestifte **Vorlagen Seite 133**

1 Zu Beginn zeichnest du eine „Schnecke" auf den Gehweg – also eine Linie, die einen immer größer werdenden Kreis beschreibt. Dann teilst du die Schnecke mit Querstrichen in 10 oder mehr Felder, die du durchnummerierst.

2 Der erste Spieler hüpft auf einem Bein von Feld 1 bis in die Mitte der Schnecke, dort darf er sich kurz ausruhen. Auf dem anderen Bein hüpft er dann von der Mitte wieder nach außen.

3 Wenn ein Spieler die ganze Schnecke geschafft hat, darf er auf irgendein Feld mit Kreide seinen Namen schreiben, dort darf er dann in seiner nächsten Runde eine zusätzliche Pause machen, während alle anderen Mitspieler über dieses Feld drüber hüpfen müssen.

6

Mai

Windlichter

Das brauchst du Einweckgläser • Masking Tape Draht, ca. 25 m bis 50 cm lang • Perlen zum Verzieren

1 Du kannst das Glas ganz schnell und einfach mit verschiedenen Masking-Tape-Streifen bekleben. Ein bunter Mustermix sieht besonders schön aus!

2 Wenn du einen dünnen Draht verwendest, nimm ihn doppelt und verzwirble ihn, so wird er stabiler. Du brauchst zwei Drahtstücke.

3 Umwickle das Glas unterhalb des Gewindes mit dem Draht und verzwirble die Enden. Wenn du magst, kannst du auf den Griff des Windlichts bunte Perlen auffädeln. Dann befestigst du die Enden des Griffs an dem Drahtstück, das bereits um dein Glas geschlungen hast. Am besten geht das mit einer Zange.

7

Regenmacher

8

Das brauchst du Tapetenkleister • Papprolle • 60 Nägel, 2,5 cm lang • Prospekthülle, A4 • Klebefilm • 15 Erbsen, getrocknet • Tonpapier in Violett, A4 • Doppelseite aus Comicheft

1 Rühre etwas Kleister an und lass ihn quellen, während du den Regenmacher gestaltest.

2 Spicke die Papprolle gleichmäßig mit 60 Nägeln. Lass dir dabei von einem Erwachsenen helfen. Am Schluss sollen nur noch die Köpfe zu sehen sein.

3 Verschließe eine Seite der Rolle mit einem 10 cm x 10 cm großen Stück Prospekthülle. Dazu das Hüllenstück über die Öffnung legen und mit Klebefilm rundherum festkleben.

4 Fülle die 15 getrockneten Erbsen in die Rolle.

5 Verschließe auch die andere Seite der Papprolle mit Prospekthüllenfolie und Klebefilm.

6 Schneide zwei Kreise von 15 cm Durchmesser aus und fixiere sie mit Klebefilm an den Enden der Papprolle.

7 Reiße die Comicseiten in kleine Schnipsel. Dann streichst du den Regenmacher satt mit Kleister ein und setzt dann die Papierfetzen auf, bis nichts mehr von der ursprünglichen Papprolle zu sehen ist. Lass alles gut trocknen.

Mai

Haselnusseis

Das brauchst du 2 Eier • 50 g Puderzucker • 60 g Haselnussmus • 50 g weiße Schokolade, gehackt • 200 g Sahne • 24 Haselnusskugeln

1 Beginne mit den Eiern und schlage diese mit dem Zucker in einem heißen Wasserbad mit den Schneebesen des Rührgeräts schaumig auf und gib das Haselnussmus und die gehackte Schokolade dazu. Alles soll sich zu einer homogenen Masse verbinden. Anschließend die Schüssel aus dem warmen Wasserbad in ein kaltes geben und die Creme kalt rühren. Jetzt die steifgeschlagene Sahne unter die Creme heben.

2 Gib im nächsten Schritt das Eis in den Tiefkühlschrank. Damit es schön cremig wird, solltest du die ersten 2 bis 3 Stunden das Eis alle 30 Minuten gut durchrühren. Nach 2 Stunden rührst du die Hälfte der Haselnusskugeln unter.

3 Beim Servieren kannst du das Eis nach Lust und Laune mit den restlichen Haselnusskugeln verzieren.

9

10

Hoch hinaus

Das brauchst du 2 Konservendosen, ø 10 cm • Hammer und Nagel • Acryllack in Weiß und Türkis • Baumwollgarn in Türkis, 1 m lang • Sticknadel • 40 Holzperlen in Weiß, Gelb, Grün, Rosa, Lila, Rot, Natur, Blau und Schwarz, ø 8 mm • 10 Muscheln mit Loch • 2 Textilbänder in Türkis, 1,5 cm breit, 1,50 m lang

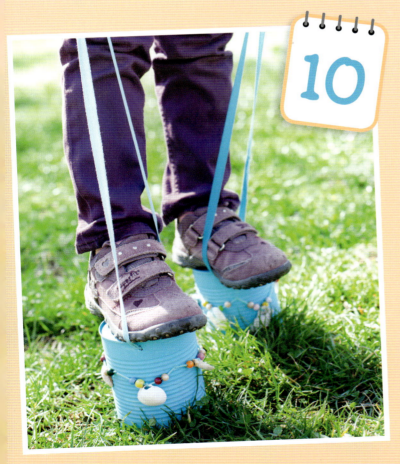

1 Stelle die Dosen mit der Öffnung nach unten vor dich hin. Schlage mit Hammer und Nagel rundherum fünf Löcher in das obere Drittel jeder Dose und zwei gegenüberliegende Löcher knapp unter dem oberen Dosenrand. Je größer die Löcher sind, desto leichter kommst du später mit der Sticknadel hindurch. Weite sie etwas, indem du mit dem Nagel im Loch wackelst. Lass dir dabei von einem Erwachsenen helfen.

2 Grundiere die Dosen zunächst mit weißem Acryllack. Trocknen lassen.

3 Überstreiche deine Dosen dick mit Acryllack in Türkis.

4 Fädle das Baumwollgarn auf die Sticknadel und mache einen Knoten an das Fadenende.

5 Beginne im Doseninneren, sodass der Knoten innen versteckt ist. Stich mit der Nadel in eines der fünf Löcher im oberen Drittel der Dose ein und ziehe die Nadel nach außen durch. Fädle zwei Holzperlen und eine Muschel auf, knote die Muschel fest und fädle erneut zwei Holzperlen auf. Stich mit der Nadel wieder in das nächste Loch ein.

6 Wiederhole diesen Vorgang, und fädle so nach und nach alle Perlen und Muscheln auf. Stich abschließend wieder durch ein Loch in die Dose ein und mache einen Knoten im Doseninneren.

7 Stecke die Enden eines Textilbands von außen durch die zwei gegenüberliegenden Löcher in der Dose und mache an jedes Ende einen dicken Knoten im Doseninneren.

Mai

Flieg, Zauberband

Das brauchst du Bunte Plastiktüte • Stock, ca. 30 cm

1 Öffne eine Tüte der Länge nach mit einer Schere.

2 Schneide mehrere ca. 1 cm breite Streifen von der Tüte ab und knote einen Streifen an die Spitze des Stockes.

3 Die anderen Streifen knotest du einzeln darunter.

4 Lass das Zauberband fliegen.

11

Grünes Chamäleon

12

Das brauchst du 2 Pfeifenputzer in Hellgrün, je 50 cm lang • Pfeifenputzer in Rot, 50 cm lang • 2 Wackelaugen, ø 0,7 cm • 3 Pompons in Gelb, ø 0,5 cm

1 Trenne von einem hellgrünen Pfeifenputzer je 15 cm für die Beine und 10 cm für den Schwanz ab. Von dem roten Pfeifenputzer brauchst du 7 cm für die Zunge.

2 Für Kopf und Körper wickelst du den zweiten grünen Pfeifenputzer ca. 5 cm breit um einen Stift. Achte darauf, dass du den Pfeifenputzer schön dick wickelst. Dann streifst du den Körper vom Stift ab.

3 Die Pfeifenputzerstücke für die Beine formst du zu einem U und biegst die Drahtenden etwas nach innen. Nun kannst du alle Teile – Schwanz, Zunge und Beine – ankleben. Ist der Kleber getrocknet, biegst du Schwanz und Zunge noch etwas nach außen.

4 Zum Schluss klebst du deinem Chamäleon noch die Wackelaugen und die gelben Pompons auf.

5 Sicher weißt du, dass Chamäleons ihre Farbe wechseln können. Vielleicht hast du ja Lust, dir eine kunterbunte Chamäleon-Schar zu basteln?

Mai 121

13

Meerjungfrau und König

Das brauchst du 2 Klopapierrrollen • Acrylfarbe in Hautfarbe • Tonpapierreste in Flieder, Türkis, Weiß, Orange, Silber und Schwarz • Glitterliner in Silber • 4 Wackelaugen, ø 0,8 cm • Pompon in Rot, ø 0,7 cm • Buntstift in Rot und Lila • 2 kleine, weiße Muscheln, 1 cm x 1 cm • Filzrest in Gelb **Vorlagen Seite 134/135**

1 Male ungefähr die Hälfte jeder Klorolle mit hautfarbener Acrylfarbe an und lass alles gut trocknen. Schneide die Körper und die Schwanzflossen nach der Vorlage aus türkisem bzw. fliederfarbenem Tonpapier aus. Dann malst du auf die fliederfarbenen Teile mit Glitterliner Schuppen und Linien auf.

2 Schneide auch die übrigen Tonpapierteile zu. Für die Haare des Königs benötigst du ein Rechteck von 10 cm x 4,5 cm, für den Bart ein Rechteck von 7 cm x 5 cm. Schneide beides in 0,5 cm breite Zacken und rolle die Enden etwas zusammen. Für die Meerjungfrau schneidest du aus dem orangefarbenen Tonpapier die Haare nach der Vorlage aus und schneidest sie seitlich ein. Auch hier biegst du die Enden etwas um. Schneide nun den Dreizack aus und klebe ihn zusammen.

3 Klebe die Haare und den Bart des Königs und die Haare der Meerjungfrau an. Dann schneidest du die Krone des Königs aus.

4 Jetzt kannst du die Wackelaugen aufkleben und Mund und Wangen mit rotem Buntstift aufmalen. Klebe bei dem König den Pompon als Nase an und den Dreizack und die Krone auf. Bei der Meerjungfrau ziehst du ungefähr 0,5 cm über dem Schuppenkleid eine lilafarbene Linie und klebst die Muscheln auf. Schneide den Stern aus Filz aus und klebe ihn der Meerjungfrau ins Haar.

Zum Muttertag

14

Das brauchst du Holzplatte, 1,8 cm x 15 cm x 15 cm (alternativ Baumscheibe) • evtl. Acrylfarbe oder Tafellack • 40 Nägel, 2,5 cm lang • Hammer • Garn in Rot **Vorlagen Seite 134**

1 Übertrage die Vorlagenzeichnung auf sehr dünnes Papier.

2 Wenn du möchtest, kannst du deine Holzplatte vor dem Nageln mit einem breiten Pinsel und Acrylfarbe bunt lasieren oder mit Tafelfarbe schwarz bemalen.

3 Befestige deine Vorlagenzeichnung mit Klebeband auf dem Brett. Zuerst die Nägel in alle Ecken hämmern. Danach die restlichen Nägel im Abstand von 1 cm möglichst gerade und gleich tief einschlagen. Lass dir hierbei von einem Erwachsenen helfen

4 Entferne vorsichtig das Papier.

5 Wähle einen Nagel als Startnagel aus. Lege eine Schlaufe aus deinem Garn um diesen und ziehe das Garn fest an.

6 Die Schnur beim Wickeln immer straff halten und bei jedem sechsten Nagel einmal um den Nagelkopf wickeln.

122 Mai

Fingerdruck

Das brauchst du Farben, wie Acryl-, Finger- oder Temperafarben • Fotokarton und Karten • Dekomarker oder Lackmalstifte • Lochzange und Satinbänder, 3 mm breit

1 Die Farbe sollte zum Fingerdrucken eine cremige Konsistenz haben. Gib sie am besten auf einen Plastikteller.

2 Dann tauchst du die Fingerspitze in die Farbe und drückst den Finger auf den Fotokarton. Für größere Abdrucke nimmst du den Daumen, für kleinere die anderen Finger.

3 Die weißen Augenpunkte werden mit dem Pinselstiel gemacht. Für noch größere Punkte, wie beim Frosch, kannst du auch ein Wattestäbchen nehmen. Lass die Farbflächen immer trocknen, bevor du eine andere Farbe aufsetzt.

4 Die Details, wie Gesichter, Accessoires und Kleidung, malst du mit Bunt- oder Filzstiften auf. Lackmalstifte und Dekomarker sind auch auf bunten Farbflächen hochdeckend, das heißt, die Untergrundfarbe scheint nicht durch.

5 Mit Fingerdrucken kannst du nach Herzenslust alles Mögliche verzieren. Hübsch sehen Papierteile wie die Anhänger aus, wenn du sie rahmst. Dazu klebe den Anhänger einfach auf ein etwas größeres Stück Papier und schneide ihn mit einem Rand von ca. 3 mm aus. Mit einer Lochzange und Satinband kommt ein schöner Aufhänger dazu.

Blütenrausch

Das brauchst du Papier in Weiß, A4 • Papier in Orange, A4 • Papierreste in Rosa, Pink, Rot, Dunkelrot, Flieder und Violett • Motivstanzer Blume, ø 2,5 cm • Tapetenkleister • 3 leere Trinkjoghurtflaschen, gespült • 7 verschieden große Papierblumen in Orange- und Gelbtönen, ø ca. 1 cm – 3 cm • Stempelkissen in Blautönen • Stempel mit Blumenmotiv, ø 3 cm

1 Das weiße und orangefarbene Papier reißt du in kleine Stücke. Aus den anderen Papierfarben stanzt du ca. 30 Blumen aus.

2 Alle Papierstücke klebst du mit Pinsel und Tapetenkleister überlappend auf die Joghurtflaschen auf und lässt sie trocknen. Die erste Vase ist dann schon fertig.

3 Auf die orangefarbene Vase klebst du nach dem Trocknen die gelben Papierblumen und schon ist auch die zweite Vase fertig!

4 Für die letzte Vase braucht man das blaue Stempelkissen und den Stempel mit dem Blumenmuster. Mit diesem wird die Vase sorgfältig bestempelt.

Mai 123

Lieblingsbrownies

Das brauchst du 250 g Butter • 600 g Schokolade • 350 g Zucker • 6 Eier • 1 Päckchen Vanillezucker • 300 g Mehl • ½ Päckchen Backpulver • ½ TL Salz

1 Lass den Backofen auf 180 °C vorheizen. Dann lässt du die Butter in einem Topf bei niedriger Hitze schmelzen und gibst 400 g Schokolade dazu. Gut umrühren, bis alles schön flüssig geworden ist, dann ein wenig abkühlen lassen. Die restliche Schokolade zerhackst du mit einem Messer in kleine Stücke. Lass dir dabei von einem Erwachsenen helfen.

2 In einer Rührschüssel vermischst du Zucker, Eier und Vanillezucker und rührst dann die abgekühlte Schokoladen-Butter-Masse unter. Jetzt kommen noch Mehl, Backpulver, Salz und die Schokoladenstücke dazu. Fertig ist dein Brownieteig!

3 Als Nächstes legst du ein tiefes Backblech mit Backpapier aus und verteilst den Teig darin schön gleichmäßig. Ab damit in den Backofen, und zwar auf die mittlere Schiene für 20–25 Minuten. Wenn die Brownies abgekühlt sind, schneidest du sie zusammen mit einem Erwachsenen mit einem scharfen Messer in kleine leckere Quadrate.

17

18

Drachen im Anmarsch

Das brauchst du Äste in verschiedenen Längen, 20–30 cm lang • Schmirgelpapier • Acrylfarbe in verschiedenen Grüntönen • Filzrest in Rot • Fotokartonrest in Weiß • je 1 Wattekugel, ø 1 cm • Permanentmarker in Schwarz **Vorlagen Seite 136**

1 Befreie die Äste zunächst von Rinde. Schleife sie dafür mit grobem Schmirgelpapier ab und wische die Staubreste ab.

2 Bemale den Ast komplett mit grüner Acrylfarbe und lass die Farbe gründlich trocknen.

3 In der Zwischenzeit schneidest du nach Vorlage aus rotem Filz den Drachenkamm zu, aus weißem Fotokarton, ebenfalls nach Vorlage, die Zähne.

4 Wenn die Farbe getrocknet ist, klebst du beide Teile mit Alleskleber an die gewünschten Stellen. Zum Schluss zeichnest du der Wattekugel mit Permanentmarker eine Pupille auf und klebst sie dann als Auge an den Drachen.

Mai

19 Hingucker

Das brauchst du Je 2 Styropor®kugeln in verschiedenen Größen (ø 30 mm–80 mm) • Acrylfarbe in Blau, Grün, Rot, Gelb und Schwarz • Farbige Plastikschraubdeckel • Uhu Patafix

1 Mülltonnen, Altpapiercontainer oder Briefkästen erweckst du zum Leben mit einem einfachen Trick. Dafür halbierst du zunächst einmal unterschiedliche Styropor®kugeln mit einem Cutter. Lass dir dabei von einem Erwachsenen helfen

2 Zück den Pinsel und verwandle die Styropor®kugelhälften in anständige Augen. Erst einen Kreis in Rot, Grün, Blau oder Gelb für die Iris, dann ein kleiner schwarzer für die Pupillen. Jetzt klebst du die Augenhälften mit Alleskleber in die leeren Plastikdeckel.

3 Es kann losgehen! Stopf die Augen in deine Tasche und spaziere durch die Stadt. Bestimmt findest du an allen Ecken Alltagsgegenstände, die sich dank deiner Augen in ein Gesicht verwandeln lassen. Hier kannst du dich schön kreativ austoben. Mit einem kleinen Eckchen UHU Patafix lassen sie sich überall befestigen, ohne irgendeinen Schaden zu hinterlassen. Im Nu gibt es ein großes Geglotze in deiner Stadt!

Hosentaschen-Flitzebogen

20

Das brauchst du Eisstiele aus Holz • Taschenmesser • Zahnseide • Acrylfarbe nach Wunsch • Ohrenstäbchen • buntes Klebeband, 1,5 cm breit • alte Papierreste

1 Säubere den Holzstiel und lege ihn über Nacht in ein Glas Wasser. Mit dem Taschenmesser ritzt du in das nasse Holz oben und unten jeweils auf beiden Seiten eine kleine Kerbe. Lass dir dabei von einem Erwachsenen helfen.

2 Jetzt kann der Stiel gebogen werden. Knote ein Stück 15 cm lange Zahnseide an die eine Seite des Flitzebogens. Die Kerben sorgen dafür, dass sie nicht verrutscht. Jetzt biegst du den Holzstiel vorsichtig, sodass er Flitzebogengestalt annimmt. Schlinge die Zahnseide durch die Kerben auf der anderen Seite des Stiels und verknote sie gut. So sollte der Bogen halten und kann angemalt werden.

3 Fehlen nur noch die Pfeile: Dafür befreist du ein oder mehrere Ohrenstäbchen von der Watte und umwickelst sie mit buntem Klebeband. An einem Ende schneidest du mit dem Taschenmesser noch mal eine Kerbe oben rein. Da hinein kannst du Federn aus Papierresten stecken, die du vorher nach Lust und Laune ausgeschnitten hast.

Mai

Hochhauskulisse

Das brauchst du Pappkarton, 64 cm x 57 cm x 27 cm • Pappkarton, 37 cm x 26 cm x 19 cm • Pappkarton, 21 cm x 21 cm x 15 cm • 2 Pappkartons, 60 cm x 29 cm x 29 cm • 2 Pappkartons, 54 cm x 13 cm x 13 cm • 3 Flaschen Sprühlack in Schwarz • Tonkarton in Neongelb, 100 cm x 50 cm

1 Bau dir die Großstadtkulisse für deinen eigenen Superheldenfilm, in dem du die Hauptrolle spielst! Dazu brauchst du nur ein wenig Farbe und alte Pappkartons, die du im Altpapier finden kannst. Nimm dir eine große Sprühunterlage und breite alle Kartons darauf aus. Besprühe die Pappkartons nacheinander mit schwarzem Sprühlack und lasse sie gut durchtrocknen.

2 In der Zwischenzeit schneidest du zusammen mit einem erwachsenen Superhelden-Assistenten mithilfe des Cutters sechzehn gleich große Streifen (48 cm x 4 cm) aus dem gelben Tonkarton aus und klebst sie in Reihen mit UHU Alleskleber auf die Pappkartons auf. Lass zwischen den Streifen immer gleich viel Abstand, so sehen sie aus wie die Fensterfronten von Hochhäusern. Schneide nun dreißig gleich große Rechtecke (4 cm x 6 cm) zu und beklebe damit die restlichen Pappkartons.

3 Verteile die Kisten vor dir, wie es dir gefällt. Wenn du dich hinter sie stellst, sieht es so aus, als ob du wie ein Riese in einer echten Großstadt stehst. Superheldenhaft stark!

Liebevolle Verpackung

Das brauchst du Wolle in Lila • Geschenkband in Weiß mit schwarzen Punkten, 1 m lang • Packpapier **Vorlagen Seite 136**

1 Einen Pompon, wie in der Grundanleitung beschrieben, in Lila anfertigen und die Abbindefäden lang lassen.

2 Packe dein Geschenk in das Packpapier ein. Das Geschenkband darum binden und die Enden miteinander verknoten.

3 Den Pompon mit den Abbindefäden an dem Geschenkband festknoten und die Fäden kurz abschneiden.

126 Mai

Feuerschleuder

Das brauchst du Tennisbälle • alte Nylonstrumpfhose • Acrylfarbe in Rot, Orange und Gelb • Krepppapier in Rot, Gelb und Orange • Satinband

1 Nimm einen Tennisball in die Hand und stecke ihn dann in die Fußspitze der Nylonstrumpfhose.

2 Ganz nah an den Ball machst du einen Knoten mit dem Strumpfhosenbein. Der Ball ist jetzt schön umhüllt von der Strumpfhose und kann nicht mehr abhauen.

3 Den Teil der Strumpfhose, an dem normalerweise der Po sitzt, kannst du abschneiden. Den restlichen Teil vom Bein lässt du einfach dran.

4 Nimm Farbe und Pinsel und male den Ball an. Wie, bleibt dir überlassen – einfarbig, mehrfarbig, mit Feuerstreifen – ganz egal. Dann muss das Ganze trocknen.

5 In der Wartezeit schneidest du dir die Feuerschweif-Streifen aus Krepppapier zurecht und verknotest sie mit einem Satinband mit dem Strumpfhosenbein.

23

Wonder Wash und Mega Miez

24

Das brauchst du Tonkarton in Hell- und Dunkelgrau, A3 • Fotokartonreste in Hellgelb, Weiß, Schwarz, Hell- und Dunkelblau, Rosa und Pink • Steckdraht, ø 0,8 mm, 2 x 10 cm lang • 4 Holzperlen, ø 1,2 cm • Motivlocher: Stern, ø 1,2 cm **Vorlagen Seite 137**

1 Beide Superhelden werden bis auf die Köpfe identisch gearbeitet. Je vier gleiche Körperteile aus gefaltetem Karton nach der Grundanleitung zuschneiden. Je zwei Teile an den Falzkanten zusammenkleben. Beide Körperhälften nach dem Trocknen zusammensetzen, dabei den Draht zur Hälfte mit einkleben. Je Figur zwei Perlen mit Kraftkleber auf Körper und Draht fixieren. Das Brustschild sowie die Buchstaben ebenso aus einmal mittig gefalteten Kartonstücken ausschneiden.

2 Die weiteren Motivteile aus Karton ausschneiden. Die Arme und Umhänge zweimal, einmal seitenverkehrt, anfertigen. Ergänze das Gesicht. Die Augenbinden anbringen und die Krägen befestigen. Dahinter jeweils die Mantelaufschläge fixieren.

3 Die Köpfe auf der oberen Perle und der Drahtspitze festkleben. Die Brustschilde auf den Falzkanten mit Klebstoff versehen und in die vorderen Körpervertiefungen kleben. Darüber in gleicher Art den jeweiligen Buchstaben befestigen.

4 Die Arme mit den Armbändern versehen, rund biegen und jeweils rechts und links des Kopfes vor den Perlen auf dem Körper fixieren. Auf den Armbändern je einen Stern befestigen. Die beiden Umhanghälften im unteren Bereich mit Filzstiftstrichen bemalen. Jeweils die langen senkrechten Kanten der Umhanghälften mit Klebstoff versehen und beide symmetrisch zueinander hinter den Armen in zwei gegenüberliegenden Innenfächern des Körpers festkleben.

Mai 127

Monstertöpfe

Das brauchst du Wattekugeln, ø 30 und 40 mm • Permanentmarker in Weiß und Schwarz • Schaschlikspieße • Wackelaugen, ø 40 mm, 30 mm und 10 mm • Schraubverschlüsse in Weiß, ø 25 mm • Übertöpfe in verschiedenen Größen und Farben • frische Kräuter im Topf (z. B. Petersilie, Schnittlauch, Basilikum, Rosmarin oder Kresse)

1 Nimm Wattekugeln und male ihnen mit schwarzem Permanentmarker runde Pupillen auf. Dann steckst du die Kugelaugen auf Schaschlikspieße und diese in deinen Kräutertopf oder du klebst große Wackelaugen direkt auf die Schaschlikspieße.

2 Klebe Wackelaugen auch auf Schraubverschlüsse, z. B. von Milchtüten, und diese wiederum auf den Übertopf. Jetzt hast du schonmal eine ganze Menge Augen.

3 Für den letzten Schliff bekommen deine Monstertöpfe Münder aufgemalt. Schnapp dir den Permanentmarker und zeichne lustige oder gruselige Münder, mit oder ohne Zähne, ganz nach deinem Geschmack auf.

4 Jetzt ist es Zeit für anständige Frisuren – die Kräuter ziehen ein! Petersilie, Schnittlauch, Basilikum, Rosmarin und auch Kresse ergeben lustige Frisuren. Diese kannst du frisch im Supermarkt kaufen.

5 Vergiss nicht, deine Kräuter regelmäßig zu gießen. Ab und zu spielst du den Monsterfriseur, greifst zur Schere und verpasst ihnen einen neuen Haarschnitt und dir frische Kräuter für dein Essen.

25

Bunte Steine

Das brauchst du Kieselsteine in verschiedenen Formen und Größen • Acrylfarbe in Weiß, Gelb, Orange, Rot und Schwarz • Permanentmarker in Grün und Schwarz • Pinsel und Wattestäbchen • 2 Federn in Gelb • Schnurrest in Rot

1 Suche dir verschiedene Kieselsteine. Wasche sie ab und lass sie trocknen.

2 Bemale deine Steine bunt. Augen tupfst du mit weißer Acrylfarbe und einem Wattestäbchen auf. Nach dem Trocknen kannst du mit dem schwarzen Permanentmarker noch einen Punkt in das Weiß setzen.

3 Gestalte Schlangen, Igel, Marienkäfer oder Enten nach deinem Geschmack.

26

128 Mai

Schmetterlings-
geflatter

Das brauchst du Pappkarton, 60 cm x 100 cm • Pappkartonstreifen • Acryllack in Pink, Rosa, Gelb und Hellblau • bunte Geschenkpapierreste • Gummiband, 1cm breit und 1,20 m lang **Vorlagen Seite 138/139**

1 Knicke den Pappkarton in der Mitte und lege die beiden Kartonhälften aufeinander. Dann zeichnest du eine Schmetterlingshälfte darauf. Du kannst dazu auch die Vorlage benutzen. Schneide den Schmetterlingsumriss mit einer guten Schere aus und klappe die Kartonhälften wieder auseinander.

2 Jetzt kannst du die Flügel nach Herzenslust auf der Vorder- und Rückseite in deinen Lieblingsfarben bemalen. Lass sie gut trocknen. Dann malst du auf die Vorderseite noch einen ca. 2 cm breiten Rand in einer weiteren Farbe deiner Wahl.

3 Aus Oppresten schneidest du verschieden große Punkte für den Schmetterling zurecht. Beklebe die Papppunkte mit buntem Geschenkpapier und klebe dann jeweils einen großen und einen kleinen Kreis aufeinander. Lass die Kreise gut trocknen und klebe sie auf die Flügel.

4 Nun fehlen nur noch die Träger, damit du die Flügel auch anziehen kannst. Dafür schneidest du aus breitem Gummiband zwei ca. 60 cm lange Stücke zurecht. Diese klebst du auf der Rückseite rechts und links unter einem Streifen Pappe fest. Jetzt musst du sie nur noch anprobieren und für dich passend verknoten.

27

Selbstgemachte
Murmeln

Das brauchst du FIMO® soft in verschiedenen Farben

1 Forme für deine Murmeln gepunktete und marmorierte Kugeln, wie es in der Grundanleitung beschrieben ist.

2 Murmeln mit Gesicht werden wie die Murmel mit Punkten gemacht. Nur brauchst du hier auch eine kleine dünne Rolle für den Mund, kurze Stückchen für die Augen und eine große und kleine (weißer Lichtpunkt) Kugel für die Nase.

3 Aus einem leeren Schuhkarton kannst du dir ganz leicht ein Murmelspiel basteln. Schneide dafür in den Rand des Kartons einige Tore, durch die du später deine Murmeln rollen musst. Anschließend beklebst du den Karton mit schönem Geschenkpapier oder bemalst ihn, wie es dir gefällt.

28

Mai

Bunte Borke

Das brauchst du 3 große Buchenrindenstücke, 20 cm breit, 50 cm lang • Acrylfarbe in Weiß, Hellgrün, Türkis und Rot

1 Sammle drei große Rindenstücke. Jeder Rindentyp ist anders! Buche ist recht glatt, Nadelbäume hingegen haben oft starke Rillen. Sollte die Rinde noch feucht sein, legst du sie zum Trocknen auf die Heizung.

2 Entferne Krümel, Erde und Stöckchen von der Innenfläche der Rindenstücke mithilfe eines Borstenpinsels.

3 Bemale die Innenflächen der Rindenstücke mit Acrylfarbe.

4 Die raue Oberfläche der Rinde fordert eine ungewohnte Malweise: Kleine Details und andere Feinheiten solltest du weglassen. Es bietet sich an, die Rinde mit einem einfachen Muster zu bemalen: Die Streifen sind 0,2 cm, 0,5 cm, 1 cm, 4 cm, 5 cm und 8 cm breit. Die Zacken sind 3 cm, 6,5 cm 7,5 cm und 9 cm lang. Passe dein Muster den Unebenheiten der Rinde an.

30 Lustige Geschenkbänder

Das brauchst du Wollfaden für die Kordel, ca. 4 m lang • fester Karton, 6 cm x 12 cm • Wolle für die Pompons **Vorlagen Seite 136**

1 Fertige aus dem Wollfaden für das Geschenkband eine Kordel an.

2 Die Vorlage für den Pompon aus festem Karton ausschneiden.

3 Arbeite zwei Pompons, so wie es in der Grundanleitung beschrieben wird, die Abbindefäden lässt du lang daran hängen.

4 Ziehe einen Abbindefaden eines Pompons durch die Endschlaufe der Kordel.

5 Verknote die beiden Abbindefäden miteinander, um den Pompon an der Kordel zu befestigen. Dann schneidest du die Abbindefäden auf die Länge der Pomponfäden zurück.

6 Nun wiederholst du die Schritte 4–5 für das andere Ende der Kordel.

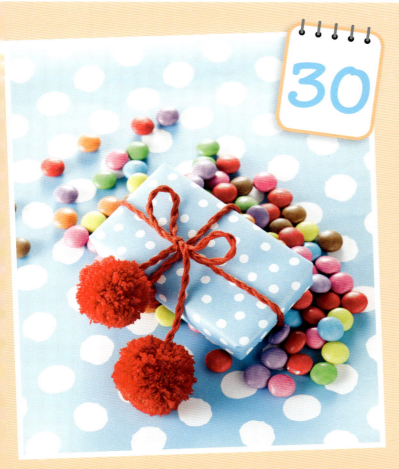

130 Mai

31 Schönes Windspiel

Das brauchst du 6 Pappteller, ø 17,5 cm • Acrylfarbe in Gelb, Orange, Pink, Reseda, Lavendel und Karibik • Stickytape, 0,5 cm breit • Satinband in Gelb, 0,5 cm breit, 70 cm lang • Satinband in Grün, Türkis, Lavendel und Orange, 0,5 cm breit, je 50 cm lang

1 Male die sechs Teller auf beiden Seiten mit den Acrylfarben an und lass die Farbe gut trocknen.

2 Knicke die Pappteller zur Hälfte. Dann bringst du auf fünf Papptellern jeweils außen an einer Knickseite einen Streifen Stickytape an. Einen Pappteller beklebst du von beiden Seiten der Knicklinie mit Stickytape. Dieser Teller wird zuletzt eingeklebt. Ziehe die Schutzstreifen vom Klebeband ab und klebe die Pappteller aneinander. Den Teller mit den zwei Klebestreifen legst du erstmal zur Seite.

3 Binde an einem Ende des gelben Bandes eine Schlaufe und klebe das Band zwischen die Teller. Auch die anderen Bänder klebst du an dieser Stelle ein.

4 Nun klebst du den letzten Teller in den Ball und bindest in die herunterhängenden Enden der Satinbänder einige Knoten.

Mai 131

Vorlagen

Quallenstrippe
Seite 115

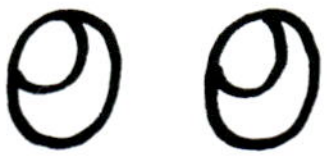

Schuhu-Eulen
Seite 115

Schnabel

Pupille
2x

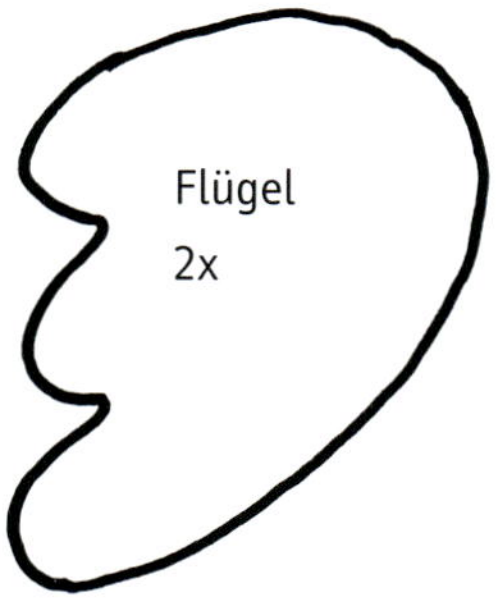

Flügel
2x

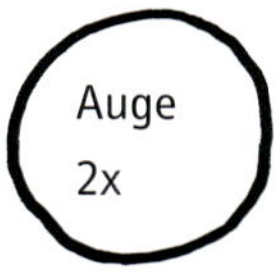

Auge
2x

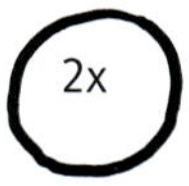

Roboter Geburtstag
Seite 116

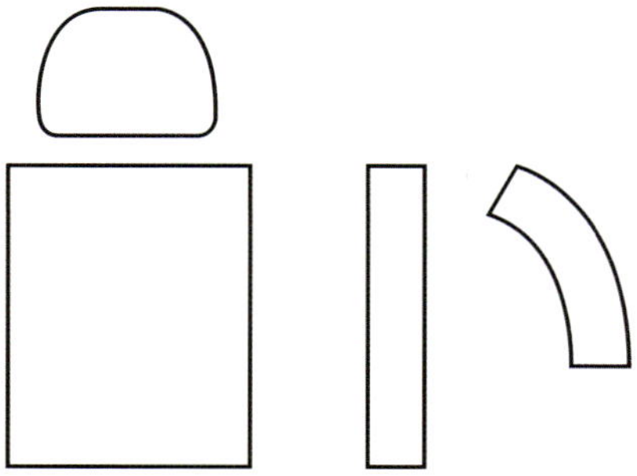

Lustige Lesezeichen
Seite 117

132 Mai

Lustige Lesezeichen
Seite 117

Mai 133

Schnelle Schnecke
Seite 117

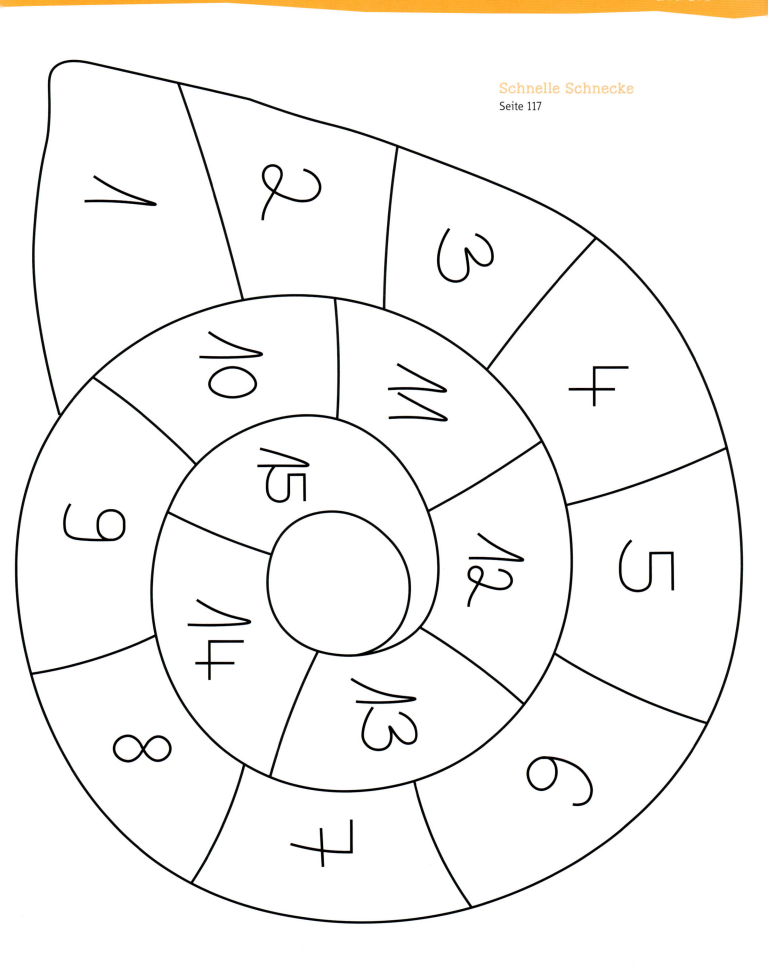

134 Mai

Zum Muttertag
Seite 121

Meerjungfrau und König
Seite 121

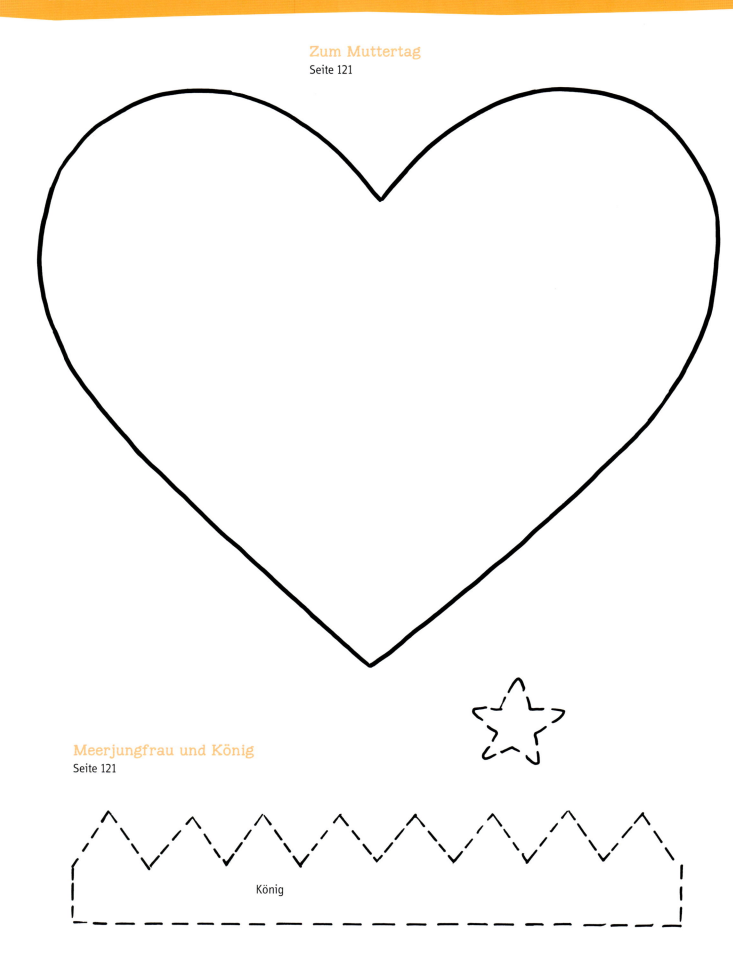

König

Mai 135

Meerjungfrau und König
Seite 121

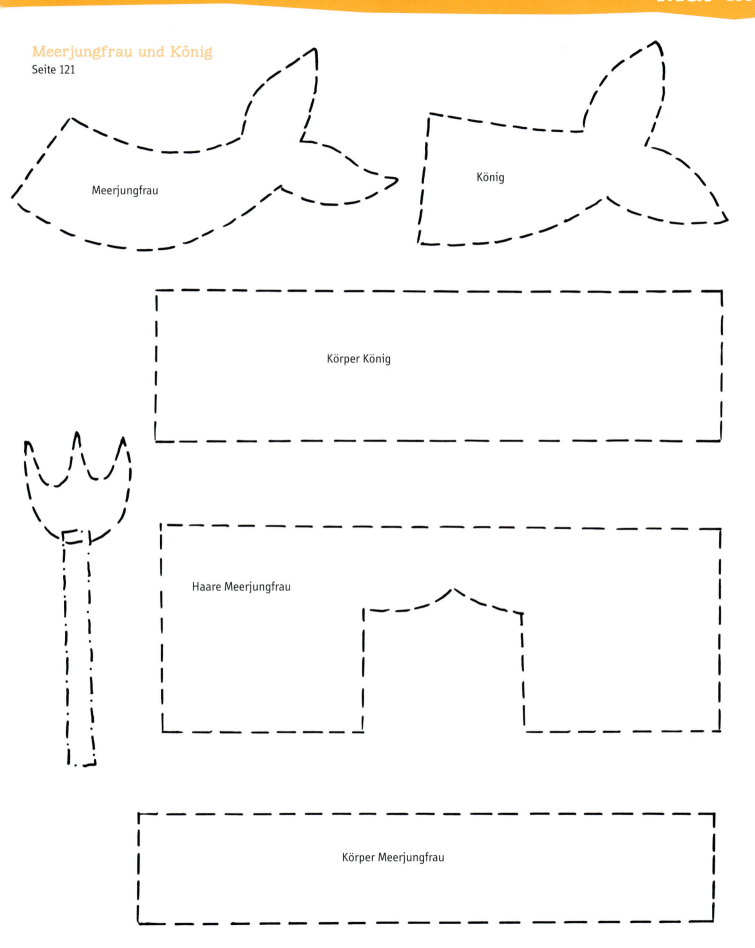

136 Mai

Drachen im Anmarsch
Seite 123

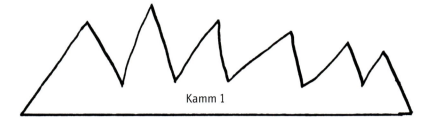
Kamm 1

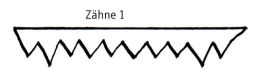
Zähne 1

Kamm 2

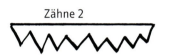
Zähne 2

Lustige Geschenkbänder
Seite 129

Liebevolle Verpackung
Seite 125

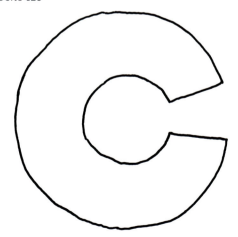

Mai

Wonder Wash und Mega Miez
Seite 126

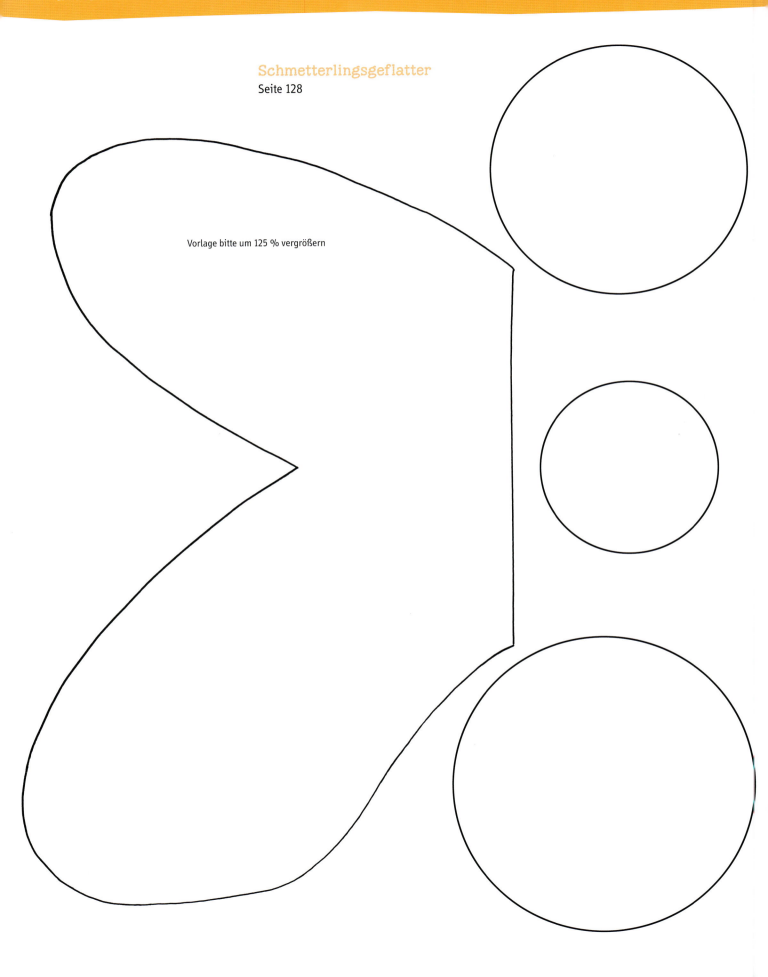

Mai 139

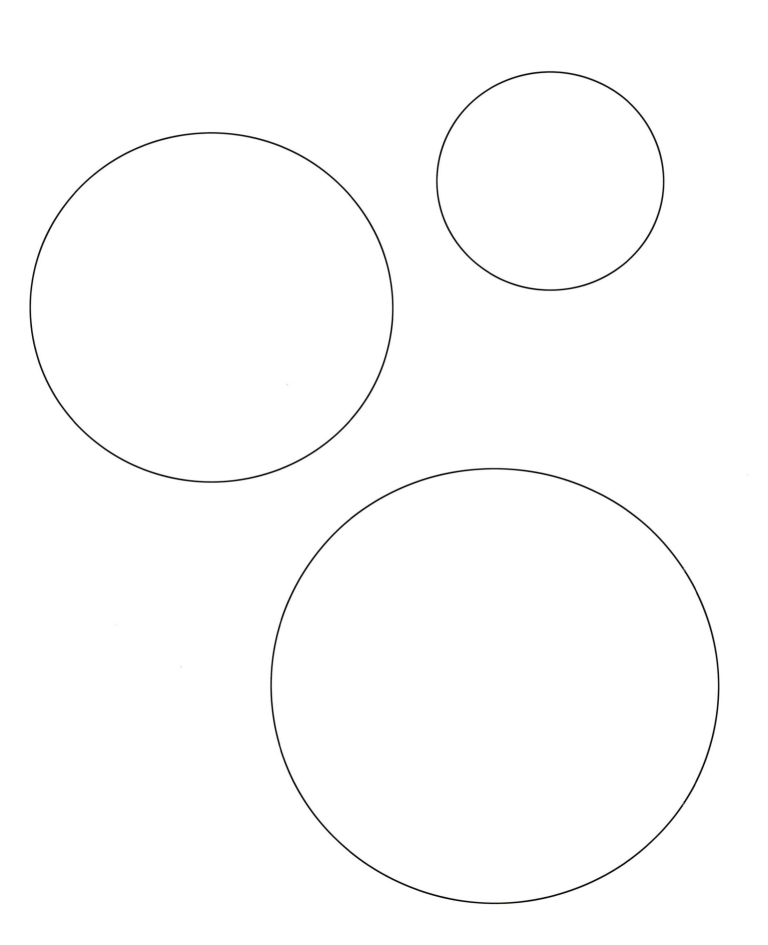

Juni

1

Täschchen für unterwegs

Das brauchst du je 2 Wollfäden in zwei unterschiedlichen Farben, 4 m lang • Filz in Petrol, 10 cm x 25 cm • Filzreste in verschiedenen Farben • Nähfaden • Nähnadel mit Spitze

1 Lege die Wollfäden doppelt und verknote die Enden.

2 Nun drehst du eine Kordel. Die Fadenenden neben dem Knoten abschneiden.

3 Lege das Filz-Rechteck auf den Tisch. Streiche zwei lange Kanten jeweils von rechts bis zur Mitte mit Bastelkleber ein. Dann klappst du das linke Filzteil darüber und drückst es fest.

4 Fädle nun einen Faden in eine Nähnadel ein und ziehe sie durch eine obere Ecke der Filztasche.

5 Knote mit dem Faden ein Ende der Tragekordel an der Tasche fest. An der zweiten oberen Taschenecke machst du das mit dem anderen Kordelende genauso.

6 Schneide von den farbigen Filzresten kleine Stückchen ab und klebe sie locker verteilt auf die Tasche.

Eisschmuck

Das brauchst du Bügelperlen in verschiedenen Farben • Bügelperlenplatten mit geraden und versetzten Stiften • Backpapier • Bügeleisen • Spaltringe, ø 6 mm • Zange • Kugelketten, 50 cm lang

1 Zuerst legst du dir Bügelperlen in deinen Wunschfarben zurecht. Schau dir die Motive auf dem Foto an und zähle genau nach, wenn du deine Perlen auf die Bügelperlenplatte steckst. Für die Eistörtchen brauchst du eine Bügelplatte mit geraden, für Eisbecher und Eishörnchen eine mit versetzten Stiften.

2 Wenn du dein Schmuckstück fertig gesteckt hast, wird gebügelt. Lege ein Stück Backpapier zwischen Steckplatte und Bügeleisen und bügle dein Eis ca. zehn Sekunden. Lass dir dabei evtl. von einem Erwachsenen helfen. Dann lässt du deinen Schmuck etwas abkühlen und nimmst ihn von der Platte herunter.

3 Durch eines der obersten Löcher fädelst du einen Spaltring und verschließt ihn mit Hilfe einer kleinen Zange wieder. Dann kannst du dein Eis auf die Kugelkette auffädeln und fertig ist dein Schmuckstück!

Juni

Lustiger Stachelfisch

Das brauchst du Pappteller, ø 20,5 cm • 2 tiefe Pappteller, ø 19 cm • Acrylfarbe in Rosa, Magenta und Reseda • Schaschlikstäbchen • 2 Wattekugeln, ø 3 cm • Buntstift in Rot • Filzstift in Schwarz • Lackmalstift in Weiß • 3 Chenilledrähte in Hellgrün-Rosa gestreift, ø 0,7 cm, je 50 cm lang **Vorlagen Seite 156**

1 Schneide die Flosse der Vorlage nach zweimal aus dem Pappteller aus. Knicke die unteren Enden 0,5 cm um. Male die tiefen Pappteller außen und die Flossen beidseitig rosa an. Lass die Farbe gut trocknen. Tupfe mit dem Schaschlikstäbchen einige Punkte in Magenta auf einen tiefen Pappteller und die Flossen. Die Wattekugeln bemalst du in Reseda.

2 Male den Mund auf den gepunkteten Pappteller, röte die Wangen und klebe die Flossen seitlich darauf. Male die Pupillen in den Augen mit schwarzem Filzstift und dann die Lichtpunkte mit weißem Lackmalstift. Klebe die Augen auf.

3 Teile die Chenilledrähte in 22 je 5 cm lange Stücke. Stich mit dem Schaschlikstäbchen oben und unten Löcher in die Teller, stecke die Drahtstücke hindurch und streiche innen etwas Kleber darum. Lass alles gut trocknen, dann klebst du beide Tellerhälften zusammen.

Bienchen

Das brauchst du Konservenglas mit Schraubverschluss • Malerkrepp, 3 cm breit • Wattekugeln, ø 1,5 cm • Styropor®kugeln, ø 7 cm • Leichtstrukturpaste • Acrylfarben • Filzstift in Schwarz • Buntstift in Rot • Lackmalstift in Weiß • Chenilledraht • Pompons, ø 1,5 cm • Schleifenbänder **Vorlagen Seite 156**

1 Beklebe die Flächen, die unbemalt bleiben sollen, mit Malerkrepp. Dann schneide ein Stück von der Wattekugel ab und klebe sie als Nase auf die Kugel. Trage nun die Strukturpaste mit den Fingern auf Glas, Deckel und Kopf auf.

2 Nach dem Trocknen ziehst du das Malerkreppband ab und bemalst die mit Strukturpaste grundierten Flächen.

3 Danach gestaltest du das Gesicht mit einem schwarzen Filzstift und rötest die Wangen mit Buntstiftabrieb. Weiße Lichtpunkte (Lackmalstift) lassen das Gesicht lebendiger wirken. Klebe dann den Kopf auf den Deckel.

4 Nun die Fühler anbringen: Dazu stichst du zwei Löcher mit einem Schaschlikstäbchen vor und steckst den Chenilledraht ein. Die Pompons klebst du an die Drahtenden. Zuletzt noch ein Schleifchen binden und festkleben.

Juni

5 Briefhopse hüpfen

Das brauchst du Kreidestifte • kleiner, flacher Stein
Vorlagen Seite 157

1 Male die Hüpfvorlage wie in der Zeichnung auf den Asphalt auf. Dies ist ein lustiges Hüpfspiel, bei dem man auch ein bisschen nachdenken muss.

2 Als erstes hüpft der erste Spieler mit beiden Beinen von Kästchen 1 bis Kästchen 9 und wieder zurück. Doch damit ist die Runde noch nicht vorbei.

3 In der nächsten Runde wird mit dem rechten Bein gehüpft, nur die Kästchen 5 und 6 sowie 8 und 9 werden mit einem Grätschsprung behüpft. Mit einem Drehsprung die Richtung wechseln und auf die gleiche Art zurück hüpfen. Die dritte Runde wird ebenso, aber mit dem linken Bein gehüpft.

6 Frösche auf Angeltour

Das brauchst du Fotokarton in Hellblau, Braun und Blau, A4 • Fotokartonreste in Weiß, Hellgrün, Grün, Lila, Hellviolett, Gelb, Rot und Grau • Buntstifte • 6 Blütenstempel in Gelb • Filzstift in Schwarz • Schaschlikstäbchen • Papierkordel in Natur, ø 1 mm, 2 x 6 cm lang • Nadel und dünner Faden in Weiß **Vorlagen Seite 158**

1 Schneide zuerst alle Motivteile aus und schattiere sie an den Rändern leicht mit einem etwas dunkleren Buntstift. Die Wellenbordüre kannst du an deine Fenstergröße anpassen.

2 Klebe die Wellen zusammen und füge dabei das Seerosenblatt mit ein. Danach die Seerose aus zwei gleichen, versetzt aufeinandergeklebten Formen ergänzen. Hinter der dunkleren Blüte werden vorher die Blütenstempel angebracht.

3 Als Nächstes das Boot mit den Fröschen anfertigen: Die Augen der Tiere auf die Köpfe kleben und Pupillen und Iris mit Filzstiften aufmalen. Das Gesicht aufmalen. Die Tiere von hinten ans Boot kleben, beim Positionieren die Vorlage zu Hilfe nehmen.

4 Das Segel mit den Flicken bekleben. Die Nähstiche mit Filzstift aufmalen. Dann Löcher ins Segel stechen und es mit Papierkordelstücken am Mast befestigen. Den Mast zwischen die Frösche hinter das Boot kleben.

5 Danach die Angel ergänzen. Der Fisch hängt an einer Leine aus Nähgarn.

6 Zuletzt das Schilfrohr hinter die Wellenbordüre setzen.

144 Juni

7

Nasse Geschosse

Das brauchst du • Schwammtücher • Wischtücher • Kordel, 1 m lang • Astgabel • Acryllack in Weiß • Masking Tape in Orange, Gelb, Grün, Pink und Hellpink • Ösenzange • Ösen, ø 4 mm • Gummibänder in Grün, ø 6,5 cm

1 Die Schwamm- und Wischtücher schneidest du mit einer Schere in der Mitte durch und versuchst dann daraus ähnlich breite Streifen zu schneiden (ca. 1,5 cm breit und 10 cm lang). Orientiere dich dabei am Muster der Tücher, dann geht es leichter mit der Schneiderei.

2 Die fertigen Streifen stapelst du übereinander und umwickelst sie mit einem ca. 30 cm langen Stück Kordel. Zieh die Kordel an den Enden fest zusammen und mach einen Knoten hinein. Überreste schneidest du ab. Jetzt lassen sich die Schwamm-Streifen auffächern, sodass eine Art Ball entsteht. Fertig ist deine Schwammbombe.

3 Zum Abfeuern brauchst du eine Fletsche. Schnapp dir eine passende Astgabel und pinsle sie mit weißem Acryllack ein. Nach dem Trocknen beklebst du sie ganz nach deinem Geschmack mit Masking Tape.

4 In ein Stück Wischtuch (1,5 cm breit und 10 cm lang) wird mit einer Ösenzange in jedes Ende eine Öse hineingedrückt. Zieh je ein Gummiband durch jede Öse und verknote es. Dann ziehst du beide Gummibänder um die Astgabelspitzen. Und jetzt, laden nicht vergessen! Bombe in Wasser tunken, bis sie sich schön vollgesaugt hat, Ziel aussuchen, Schwammbombe einspannen und Attacke!

Fruchtkugeln

Das brauchst du 125 ml Fruchtsaft deiner Wahl, z. B. Orangen-, Heidelbeer-, Ananassaft • 125 ml Buttermilch oder Joghurt • Zucker nach Wunsch

1 Mische den Saft deiner Wahl mit der Buttermilch oder dem Joghurt. Die Mischung kannst du noch süßen, aber meist ist der Saft süß genug.

2 Fülle nun den Saft in die einzelnen Förmchen. Wenn du möchtest, kannst du nun noch einen runden Kaugummi oder ein Kaubonbon in der Kugel platzieren. Schließe die Form anschließend mit den Stielen. Das Eis mindestens 4 Stunden tiefkühlen.

8

Juni 145

Gefährliche Haie

Das brauchst du Fotokarton in Hell- oder Mittelblau, A4 • Filzstift • Buntstifte **Vorlagen Seite 159**

1 Von den Haien Schablonen anfertigen, die Umrisse auf Fotokarton übertragen und ausschneiden.

2 Die Brustflossen trennst du zuerst mit einer leichten Bleistiftlinie und ziehst sie dann mit einem feinen Filzstift nach. Das Auge malst du in der Kopfmitte über dem Maulende auf. Dahinter werden noch vier Kiemenspalten eingezeichnet.

3 Mit weißem Buntstift die Fischunterseite bemalen. Den restlichen Umriss ggf. mit einem blauen Buntstift nachziehen und blaue Schattierungen malen.

Flamingo-Ballett

Das brauchst du 3 Pfeifenputzer in Pink, je 50 cm lang • 2 Federn in Rosa, je 6 cm lang • wasserfester Stift in Schwarz • 2 Wackelaugen, ø 0,5 cm

1 Knicke einen Pfeifenputzer in der Mitte und verdrehe ihn an der Knickstelle zweimal, so entsteht der Schnabel. Für den Kopf rollst du ein kleines Schneckenhaus. Die übrig gebliebenen Stränge verdrehst du (bis auf ca. 6 cm) miteinander.

2 Für den Bauch wickelst du einen weiteren Pfeifenputzer etwa 6 cm breit um einen Stift. Achte darauf, dass du den Draht in der Mitte etwas dicker wickelst. Dann streifst du den Bauch vom Stift und schiebst ihn über die in Schritt 1 geformten Körper.

3 Die Drahtenden, die du in Schritt 1 nicht verdreht hast, knickst du nun in der Mitte und biegst sie als Schwanzfedern etwas nach oben. Biege auch den Hals des Flamingos nach oben. Der Schnabel wird nach unten gebogen.

4 Für Beine und Füße teilst du den letzten Pfeifenputzer in zwei 6 cm lange Stücke und ein 22 cm langes Stück. Forme das lange Stück zu einem U und biege beide Drahtenden ca. 2,5 cm in die gleiche Richtung um, so entstehen die mittleren Zehen deines Flamingos. Knicke die beiden kurzen Pfeifenputzer in der Mitte und schlinge sie jeweils um die mittleren Zehen.

5 Schiebe das oben geformte U zwischen die Windungen der Bauchmitte und klebe den Draht fest. Für die Flügel klebst du zwei Federn an. Zum Schluss malst du den Schnabel schwarz an und klebst an jeder Kopfseite ein Wackelauge an.

146 Juni

Sonne, liebe Sonne

Das brauchst du Fotokarton in Gelb, 15 cm x 15 cm • Krepppapier in Orange, 15 cm x 50 cm • Buntstifte in Rot und Schwarz **Vorlagen Seite 160**

1 Schneide den Sonnenkreis aus Fotokarton aus.

2 Schneide den Krepppapier-Streifen in gleichmäßigen Abständen bis kurz vor die Kante ein.

3 Rund um den Sonnenkreis trägst du Bastelkleber auf.

4 Klebe das Krepppapier kreisförmig auf den Rand der Sonne, die aufgeschnittene Kante liegt dabei außen.

5 Nun drehst du die Sonne um und malst mit den Buntstiften ein Gesicht nach Vorlage auf.

6 Flechte immer drei Streifen zu einem Strahl zusammen. Sollte die Zahl am Ende nicht aufgehen, kannst du noch einzelne Streifen aufkleben.

11

Becherkraken

12

Das brauchst du Pappbecher • Papier nach Wunsch • dicke Wollnadel • Wolle ggf. Wackelaugen • Kordel als Aufhänger

1 Schneide einen Pappbecher als Schablone auseinander und entferne den Rand und den Boden.

2 Zeichne die Schablone auf Papier nach. An einer der kurzen Seiten 1 cm Überstand lassen. Die Kontur ausschneiden.

3 Das Papier kannst du auf den zweiten Pappbecher kleben. Fest andrücken und trocknen lassen.

4 Stich mit der Nadel im Abstand von ca. 1,5 cm rundherum Löcher in den Rand.

5 Für jedes Loch zwei ca. 40 cm lange Wollfäden in der Mitte knicken. Den Knick durch ein Loch fädeln und die Fadenenden durch die Schlinge ziehen.

6 Male oder Klebe ein Gesicht auf. Ziehe ein Stück Kordel als Aufhänger durch zwei Löcher im Becherboden und verknote sie.

Juni 147

Kleine Fähnchen

Das brauchst du Masking Tape in verschiedenen Farben und Mustern • Zahnstocher

1 Schneide zunächst eine Spitze des Zahnstochers gerade ab. Lege einen Zahnstocher mit der stumpfen Spitze mittig auf einen ca. 5 cm langen Klebestreifen.

2 Klebe das Fähnchen zu. Du kannst es gerade abschneiden oder einfach mit einer Schere mittig ein kleines Dreieck ausschneiden.

3 Verziere Muffins oder Käsewürfel auf einem Buffet mit deinen Fähnchen. Du kannst auch eine kleine Wimpelkette gestalten, indem du die Fähnchen über eine Kordel klebst.

Schlangen-Beschwörer

Das brauchst du Stoffturnschuhe in Weiß • Stoffmal-Stifte in Schwarz, Rot, Grün und Gelb **Vorlagen Seite 156**

1 Fertige dir nach den Vorlagen Schablonen an.

2 Die Schablonen legst du auf den Turnschuh und ziehst den Umriss mit Bleistift nach. Du kannst noch an manchen leeren Stellen einen Buckel nach oben malen, damit es so aussieht, als ob noch ein weiterer Teil der Schlange zu sehen sei.

3 Zuerst die Bleistiftlinien mit dem schwarzen Stoffmalstift nachfahren und trocknen lassen.

4 Dann mit dem grünen Stift ausmalen. Wieder trocknen lassen. Dann noch die Zickzacklinie, die Augen und das Maul aufmalen.

5 Fixiere die Farbe nach Herstellerangaben. Baumwolle kann man bügeln, Schuhe lassen sich aber auch bei 150°C für acht Minuten in den Backofen stellen. Fertig ist das Super-Schuhwerk!

Juni

Seepferdchen Siegfried

15

Das brauchst du Filz in Türkis und Hellblau, A4 • Stoffrest in Creme mit Sternchen • Stoffkleber • Stickgarn in Weiß, 1 m • Stickgarn in Türkis, 2 m • Webbandstücke in verschiedenen Farben, je ca. 1–1,2 cm breit, 5 cm lang • Füllwatte • Glitterliner in Blau und Rot • Lackmalstift in Weiß • Buntstift in Rot **Vorlagen Seite 160**

1 Übertrage die Vorlage des Seepferdchens auf weißes Papier und schneide es sorgfältig aus.

2 Lege die Schablone auf den hellblauen Filz und zeichne das Seepferdchen einmal richtig herum und einmal verkehrt herum auf. Schneide beide Teile aus. Fertige die Ohren und die Flossen an. Aus dem Sternchenstoff schneidest du die Bäuche aus.

3 Klebe auf jedes Seepferdchen ein Bauchteil und lass den Kleber trocknen. Nähe den inneren Rand dann zusätzlich mit weißem Stickgarn fest. Stich dafür von hinten durch alle Stofflagen. Führe die Nadel dann etwa 3 mm weiter wieder von vorne nach hinten durch den Stoff. Wiederhole das solange, bis der ganze Bauch festgenäht ist. Nähe danach je ein Ohr und eine Flosse mit türkisfarbenem Stickgarn auf.

4 Nun nähst du das Tierchen zusammen. Beginne damit am Rücken. Falte jedoch zuvor die Webbandstücke in der Mitte, lege die offenen Seiten zwischen die Filzschichten und nähe sie mit ein.

5 Nähe einmal fast rund um das Seepferdchen und stopfe es mit der Füllwatte aus. Ist es dick genug, nähst du auch noch das letzte Stückchen zu. Vernähe das Ende des Fadens.

6 Male mit den Glitzerfarben Augen und Mund auf. Nach dem Trocknen kannst du noch Lichtpunkte ergänzen und die Wangen mit einem Buntstift röten.

Falsche Fährte

16

Das brauchst du Holzblöcke aus Fichtenleimholz (20 x 12 cm, ca. 3 cm hoch) • Bohrmaschine • 3 Moosgummiplatten in Grün • Wäscheleine (ca. 4 m lang)
Vorlagen Seite 161

1 Die Holzklötze müssen an der Längsseite einmal komplett durchbohrt werden. Dafür bittest du am besten jemanden um Hilfe, der sich damit auskennt.

2 In der Zwischenzeit kannst du schon für die Abdrücke sorgen. Klebe drei gleichfarbige Moosgummiplatten übereinander und zeichne jeweils zwei fette Abdrücke ein. Wenn du magst, kannst du dafür die Vorlagen im Buch verwenden.

3 Jetzt musst du die Abdrücke ausschneiden. Klebe sie auf den Holzklotz und lass den Kleber gut trocknen.

4 Fädele ein langes Stück Wäscheleine durch das Loch im Holzklotz und verknote beide Enden so, dass du die Leine wie bei Dosenstelzen halten kannst.

5 Wenn du Lust hast, kannst du die Holzklötze noch bemalen, musst du aber nicht, denn eigentlich kann es schon losgehen: Flitz in den Sand oder Schnee, steig auf die Holzklotz-Stelzen und lege eine falsche Fährte. Dann geh in Deckung und sieh zu, wer darauf hereinfällt!

Juni

Konfettibombe

Das brauchst du Zeitschrift • 2 Toilettenpapierrollen • Masking Tape oder Klebeband

1 Verwandle eine Zeitschriftenseite in Konfetti.

2 Schneide eine der Rollen der Länge nach auf.

3 Klebe die zweite Rolle unten mit Klebeband vollständig zu und schiebe sie mit diesem Boden voran in die erste.

4 Umwickle die äußere Rolle oben und unten mit Klebeband – aber nur so eng, dass du die innere Rolle noch gut bewegen kannst.

5 Ziehe die innere Rolle zu zwei Dritteln heraus und fülle die Bombe mit Konfetti. Halte die Rolle locker, aber fest in einer Hand. Mit der anderen schlägst du von unten dagegen. Party!

17

Tolles Tüll-Tütü

18

Das brauchst du Tüll in Rosa, Pink und Orange • Gummiband, 2 cm breit

1 Zuerst schneidest du aus rosafarbenem Tüll 70 cm lange und 10 cm breite Streifen zurecht. Davon brauchst du ungefähr 20 Stück.

2 Als Nächstes schneidest du den orangefarbenen Tüll ebenfalls in 70 cm lange Streifen (15 Stück), den pinkfarbenen Tüll schneidest du in 50 cm lange Streifen (15 Stück).

3 Miss mit einem Maßband deinen Bauchumfang und schneide ein Stück Gummiband zurecht, das ca. 10 cm länger ist als dein gemessener Bauchumfang. Verknote die Enden.

4 Um die Tüllstreifen zu befestigen, legst du jetzt deinen Gummibandring um dein Knie. Beginne mit dem rosafarbenen Tüll: Lege einen Streifen so um das Gummiband, dass du zwei gleich lange Enden hast. Knote jetzt den Tüll am Gummiband fest. Nun hängen schon zwei Tüllstreifen an deinem Gummiband herunter.

5 Die pinken und orangefarbenen Streifen befestigst du auf die gleiche Weise am Gummiband und schon hast du ein schickes Tütü, das sich sehen lassen kann. Deine Tanzveranstaltung kann beginnen!

Juni

Heimathafen

Das brauchst du 77 Bügelperlen in Blau • 7 Bügelperlen in Rot • kleines quadratisches Legebrett • Bügeleisen • Bügel- oder Backpapier • Schlüsselanhänger • Zange **Vorlagen Seite 157**

1 Lege den Anker mit den blauen und roten Bügelperlen aufs Steckraster.

2 Bügle deinen Bügelperlenanker mithilfe von Bügelpapier zehn Sekunden lang auf höchster Stufe. Lass dir dabei von einem Erwachsenen helfen.

3 Wenn dein Anker abgekühlt ist, öffnest du die Öse deines Schlüsselanhängers und stichst sie durch die mittlere obere Bügelperle. Die Öse wieder mit der Zange schließen und fertig ist dein Schlüsselanhänger!

19

Kunterbuntes Steindomino

Das brauchst du flache Steine • Masking Tape, schmal, 7 mm breit • Acrylfarbe in verschiedenen Farben

1 Für das Steindomino brauchst du ähnlich große, flache Steine. Zunächst umklebst du die Steine mittig mit einem Streifen Masking Tape. Drücke den Streifen fest auf den Stein, damit beim Anmalen keine Farbe darunter gelangen kann.

2 Jetzt kannst du die Steine mit Acrylfarbe bemalen. Du brauchst immer zwei Farben pro Stein und solltest darauf achten, dass jede Farbe auch noch bei einem anderen Stein vorkommt, sodass du sie später beim Domino spielen aneinanderlegen kannst. Am einfachsten ist es, die Steine in eine Reihe zu legen und dann immer zwei aneinanderliegende Steinhälften in der gleichen Farbe zu bemalen.

3 Lass die Acrylfarbe gut trocknen. Dann ziehst du den Streifen Masking Tape vorsichtig ab und fertig ist dein Dominospiel.

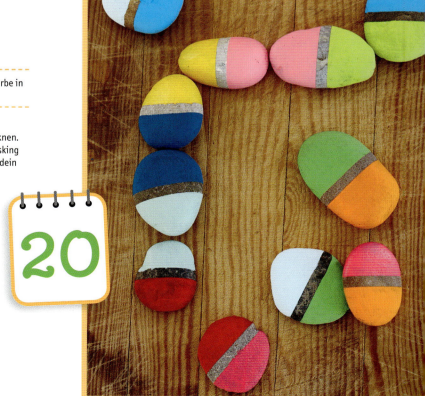

20

Juni 151

Sommernudeln

Das brauchst du 1 große unbehandelte Zitrone • 200 g Schlagsahne • 500 g Spaghetti • 2 Eigelb • 1 Bund Basilikum • 4 EL Parmesan • Prise Salz • etwas Pfeffer

1 Die Zitrone schneidest du in der Hälfte durch und presst sie aus. Dann lässt du die Sahne bei kleiner Hitze langsam aufkochen. Gib nach und nach unter Rühren den Zitronensaft dazu. Jetzt stellst du die Soße beiseite.

2 In einem anderen Topf bereitest du die Spaghetti in reichlich Salzwasser zu, bis sie bissfest sind. Schütte sie in einen Sieb ab.

3 Trenne die Eier, denn für dieses Rezept brauchst du nur das Eigelb. Rühr es unter die etwas abgekühlte Zitronensahne und erhitze die Soße nochmal, bis sie schön cremig ist. Rühren nicht vergessen. Dann zupfst du die Basilikumblätter ab und rührst sie ebenfalls unter.

4 Zum Schluss reibst du den Parmesan auf einer feinen Reibe und streust ihn beim Servieren über dein sommerlichfrisches Nudelgericht!

Mini-Haarschmuck

Das brauchst du Wolle in Pink und Orange • Pompon-Schablone Größe 1 • Haargummi in Hellgrün **Vorlagen Seite 157**

1 Wickle je einen Pompon in Pink und Orange und lass die Abbindefäden lang hängen.

2 Knote die Pompons mit den Abbindefäden an dem Haargummi fest. Fertig!

152 Juni

Galaktische Monster

Das brauchst du 3 Klopapierrollen • Acrylfarbe in Lila, Gelb, Hellgrün und Mittelblau • 5 Wattekugeln, ø 1,5 cm • Wattekugel, ø 2 cm • Wattekugel, ø 2,5 cm • Filzreste in Weiß und Rot • Zackenschere • Fotokartonreste in Gelb, Blau und Lila • 3D Liner in Rot • evtl. Klebekissen • 3 Pompons in Rot, ø 2 cm • Chenilledraht-Rest in Orange • 6 Wackelaugen, ø 0,7 cm • 6 Wackelaugen, ø 0,5 cm • Fellrest in Orange **Vorlagen Seite 157**

23

1 Schneide einen kleinen Bogen in ein Ende der Klopapierrollen, sodass der offene Mund der Monster etwas tiefer sitzt. Bei allen drei Rollen bleibt auf der Rückseite ein kleines Stück stehen, darauf kannst du später die Augen befestigen.

2 Male die Klorollen innen und außen in deinen Wunschfarben an. Bemale auch die Wattekugeln für die Augen und lass alles gut trocknen.

3 Die Monsterzähne und die Zunge schneidest du aus weißem und rotem Filz zu. Für die kleinen Zähne nimmst du am besten eine Zackenschere. Die Monsterfüße schneidest du der Vorlage nach aus Fotokarton aus. Mit dem roten 3D Liner malst du die Zehen auf. Dann kannst du alle Teile ankleben. Die Füße kleben am besten, wenn du sie am Fersenende umbiegst und mit einem Klebekissen in die Rolle klebst.

4 Befestige die Wattekugeln und die Pompons als Nasen an kleinen Stücken Chenilledraht und klebe sie innen an die höhere Rückseite an. Klebe die Wackelaugen auf und jedem Monster noch ein Stückchen Fell hinter die Augen. Galaktisch!

24

Alle meine Fische

Das brauchst du Wolle in Hellblau, Lila oder Grün • Filzreste in Hellblau, Weiß, Schwarz, Gelb, Rot und Orange **Vorlagen Seite 161**

1 Schneide die Pompon-Schablone zweimal aus Karton aus. Dann legst du die Scheiben aufeinander und umwickelst sie mit Wolle, bis das Loch in der Mitte gefüllt ist.

2 Schiebe die Scherenspitze vorsichtig zwischen die Pappringe und schneide die Wollfäden auf.

3 Ziehe die Pappringe etwas auseinander und lege einen Wollfaden rundherum in den Spalt. Ziehe den Faden fest an und verknote ihn. Zuletzt entfernst du die Pappringe.

4 Damit der Pompon schön rund wird, schneidest du überstehende Wollfäden ab.

5 Anschließend schneidest du Flossen, Augenteile und Mund aus Filz aus und klebst die Teile auf den Pompon.

Verrückte Brillen

Das brauchst du 6er-Eierkarton mit achteckigen Schälchen • Acrylfarbe in Pink, Hellgrün und Blau • Chenilledraht in Grün und Blau gestreift, ø 0,7 cm, je 30 cm lang

1 Schneide aus deinem Eierkarton vier Schälchen, je 2,5 cm hoch, aus. Mit einer spitzen Schere schneidest du aus den Schälchenböden je einen Kreis aus (ø ca. 2 cm).

2 Male die Schälchen bunt an und lass die Farbe trocknen. Dann kannst du die Brillen nach Lust und Laune verzieren. Farbe wieder trocknen lassen.

3 Für Brillenbügel und Brillensteg teilst du den Chenilledraht in zwei 12 cm lange Teile und ein 6 cm langes Stück. Knicke alle Drähte ca. 0,5 cm um, damit du keine scharfen Kanten hast. Dann knickst du den Steg zu einem U und klebst ihn zwischen die Brillengläser. Die Brillenbügel biegst du an einem Ende rund und klebst sie seitlich an der Brille an der Innenseite fest.

25

26

Verfolgungsjagd

Das brauchst du Pinnwand • 2 Wellpappestreifen in Rot, 4 cm x 3 cm • 5 Wellpappestreifen in Hellbraun, 4 cm x 1 cm • Wellpappestreifen in Hellbraun 15 cm x 2 cm • 3 Wellpappestreifen in Schwarz, 3 cm x 1 cm und • 2 Wellpappestreifen in Schwarz, 20 cm x 1 cm • Wellpappestreifen in Schwarz, 20 cm x 2 cm, 7 cm x 1 cm, 4 cm x 3 cm und 5 cm x 2,5 cm • 2 Wellpappestreifen in Gold, 5 cm x 2,5 cm • Wellpappestreifen in Gold, 20 cm x 1 cm • Wellpappestreifen in Rot, 20 cm x 2 cm und 20 cm x 1 cm • Wellpappestreifen in Hellbraun, 15 cm x 2 cm und 4 cm x 1 cm • Papierreste in Schwarz, Weiß, Braun, Neongrün und Gelb • Filzrest in Schwarz • Stoffrest in Hellbraun • Filzstifte in Schwarz und Rot • 3 Magnete, ø 1 cm **Vorlagen Seite 159**

1 Wickle zwei schwarze Streifen von 3 cm x 1 cm zu Rollen und schneide sie als Schuhe an einer Seite spitz zu. Für die Beine wickelst du zwei Rollen aus 5 cm x 2,5 cm großen schwarzen Streifen und eine Rolle aus einem 20 cm x 1 cm großen Streifen für die Hüfte. Klebe alle Teile aneinander. Wickle dann eine Rolle aus einem 20 cm x 2 cm großen roten Streifen, eine Rolle für die Schultern aus einem 20 cm x 1 cm großen Streifen und eine kleine 4 cm x 1 cm hellbraune Rolle für den Hals.

2 Beim Kopf wird die Rolle mit der gewellten Seite nach innen gewickelt.

3 Fertige eine Kappe oder Superheldenhaare an und klebe sie ebenso wie die Masken aus Filz fest. Falte ein Säckchen aus dem Stoffrest und binde es oben zusammen.

4 Male das Gesicht mit Filzstiften auf. Die Registriernummer und das Dollarzeichen malst du auf Papier, schneidest beide aus und klebst sie den Ganoven auf die Brust und den Geldsack. Der Held bekommt ein Heldenabzeichen und ein Cape. Auf den Rücken der Figur klebst du den Magnet.

154 Juni

27 Witzige Klemmentinis

Das brauchst du Fotokarton • Holzwäscheklammern, 7 cm lang • Rohholzperlen, ø 1 cm • Bunt- und Filzstifte • Papierkordeldraht • Lackmalstift in Weiß • Transparentpapier • Karobänder, 6 mm breit • Zwirn **Vorlagen Seite 162**

1 Schneide zuerst alle Motivteile aus Fotokarton aus. Die Wäscheklammer wird mit einem passend zugeschnittenen Kartonstreifen beklebt. Klebe auch gleich die Holzkugeln an die Enden des Papierkordeldrahtes.

2 Den Streifen bemalst du nun mit einem Bunt- oder Filzstift mit dem gewünschten Muster. Auch andere Motivteile werden zum Teil bemalt. Weiße Linien zeichnest du mit einem Lackmalstift. Gestalte dann noch die Gesichter mit Stiften und Buntstiftabrieb.

3 Zuletzt klebst du alles zusammen. Die Kordel (Arme) befestigst du mit Alleskleber auf der Klammerrückseite. Für die Zöpfe flichtst du drei Papierdrahtstücke und bindest sie auf einer Seite mit Karoband zusammen, bevor du sie hinten auf den Kopf klebst.

Tropische Atmosphäre

Das brauchst du Regenbogentransparentpapier in Grünverläufen, A3 • Tonpapier in Rot, Pink, Lila und Orange, A4 • Zirkel • Blütenstempel in Lila und Rosa, ø 2 mm • Glasperlen in Grün • Nylonfaden oder Nähseide • Fotokartonrest in Californiablau • Tonpapierreste in Pink, Lila, Eosin und Altrosa • Regenbogentransparentpapierreste in Blau-Violett- und Grünverläufen • Transparentpapierreste in Rosa und Flieder • Transparentpapierrest mit Blumen in Violett • Lackmalstift in Weiß • Filzstift in Schwarz • Glitter in Türkis und Grün • Strasssteine in Weiß, ø 6 mm • Glasperlen in Grün, ø 6mm, und Türkis, ø 8 mm • Glasperle in Grün, ø 1,5 cm **Vorlagen Seite 163**

1 Schneide für die Hibiskuskette die Blütenteile zu, klebe sie übereinander und stich mit der Zirkelspitze ein Loch in die Mitte. Fixiere den Blütenstempel darin.

2 Die Blätter aus Regenbogentransparentpapier zuschneiden und jeweils zwei von hinten an die Blüte kleben. Fädle die Blüten auf. Nach jeder Blüte kommen zwei Perlen, die mit einem Knoten fixiert werden.

3 Schneide für die Kolibrikette die einzelnen Teile des Vogels aus und male das Auge des Kolibris mit weißem Lackmalstift und schwarzem Filzstift auf – vergiss den kleinen Lichtreflex nicht! Flügel und Schwanz werden aus Regenbogentransparentpapier gefaltet. Alle Teile am Körper fixieren und anschließend mit Glitter verzieren.

4 Blüten ausschneiden und einen Strassstein als Blütenmitte aufsetzen. Gruppiere immer drei Blüten und klebe sie zu einem Dreieck zusammen. Fädle nun die Einzelteile auf, dabei unter jeder Perlengruppe einen Knoten machen. Den Abschluss bildet die große grüne Glasperle.

Juni 155

Platz da!

Das brauchst du Origamipapier in Rot, Pink, Ocker, Hell- und Sonnengelb, Hell- und Dunkelblau, Mai- und Tannengrün und Braun • großes Handtuch • Backpapier • PVC Schlauchfolie, 1 m breit, 5 m lang • Bügeleisen **Vorlagen Seite 162**

1 Schneide 60 Kreise in unterschiedlichen Größen und 20 Sterne aus. Verwende dazu Origamipapier in den unterschiedlichsten Farben.

2 Nun breitest du das Handtuch doppelt aus und legst eine Schicht Backpapier darauf.

3 Lege einige Papierkreise und Sterne in die Folie. Arbeite dich etappenweise vor! Dann legst du das zweite Backpapier über das präparierte Folienstück und bügelst mehrfach darüber. Das Bügeleisen dabei maximal auf Stufe 2 stellen.

4 Auf diese Weise arbeitest du dich durch die ganze Folie, bis sie überall voller Sterne und Kreise ist. Fertig ist deine Wasserrutsche! Lege sie über eine Düne und befeuchte sie mit ein paar Eimern Wasser – ab geht's in Richtung Meer!

29

Tier-Stecker

Das brauchst du Plastiktiere, ca. 10–12 cm lang • Acryllack in Blau, Türkis, Rosa, Hellgrün, Gelb und Orange • Permanentmarker in Pink • Kastanienbohrer • Schaschlikspieße

1 Du brauchst ein paar Plastiktiere aus deiner Spielzeugkiste. Diese wäschst du mit Spülmittel gut ab und tupfst sie danach schön trocken, damit auch ja keine Rückstände von Fett und Dreck an ihnen haften, sonst hält die Farbe nicht.

2 Jetzt malst du sie mit Acryllack in knalligen Farben an und lässt sie trocknen. Wahrscheinlich brauchen sie noch einen zweiten Anstrich. Als nächstes bohrt ein Erwachsener für dich mit dem Kastanienbohrer ein Loch auf der Unterseite in den Bauch der Tiere. Hier hinein steckst du einen Schaschlikspieß.

3 Jetzt geht es ans Beschriften. Schreib mit einem Permanentmarker auf die Tiere drauf, welchen Kräutertopf sie bewachen und steck den Spieß samt Tier in die Erde. So weißt du immer, welches Kraut wo zu finden ist und bist ein richtiger Kräuterexperte!

30

156 Juni

Vorlagen

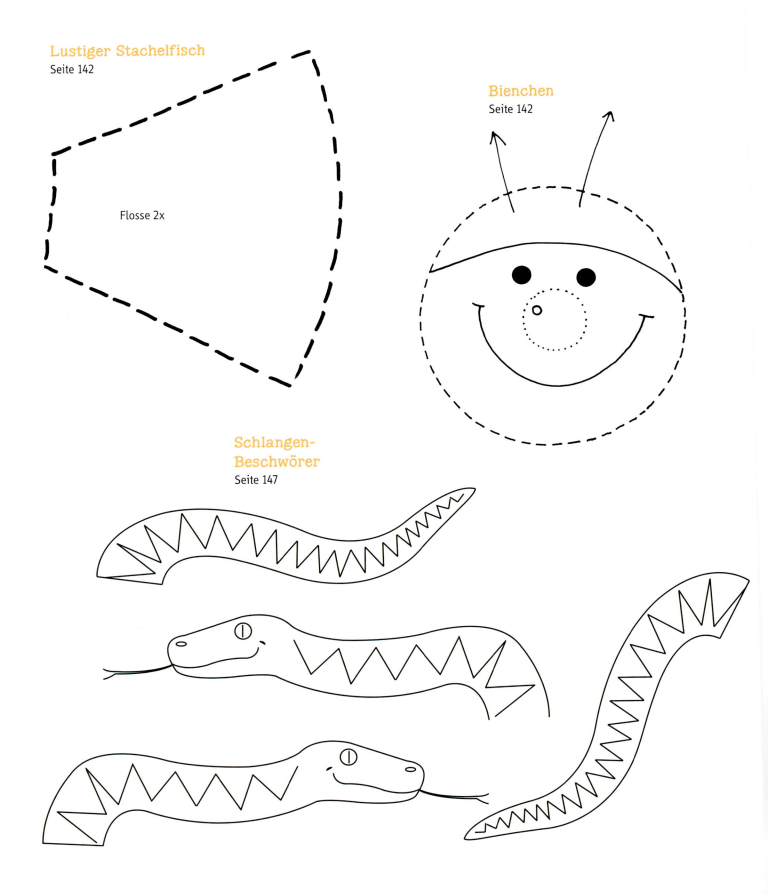

Lustiger Stachelfisch
Seite 142

Flosse 2x

Bienchen
Seite 142

Schlangen-Beschwörer
Seite 147

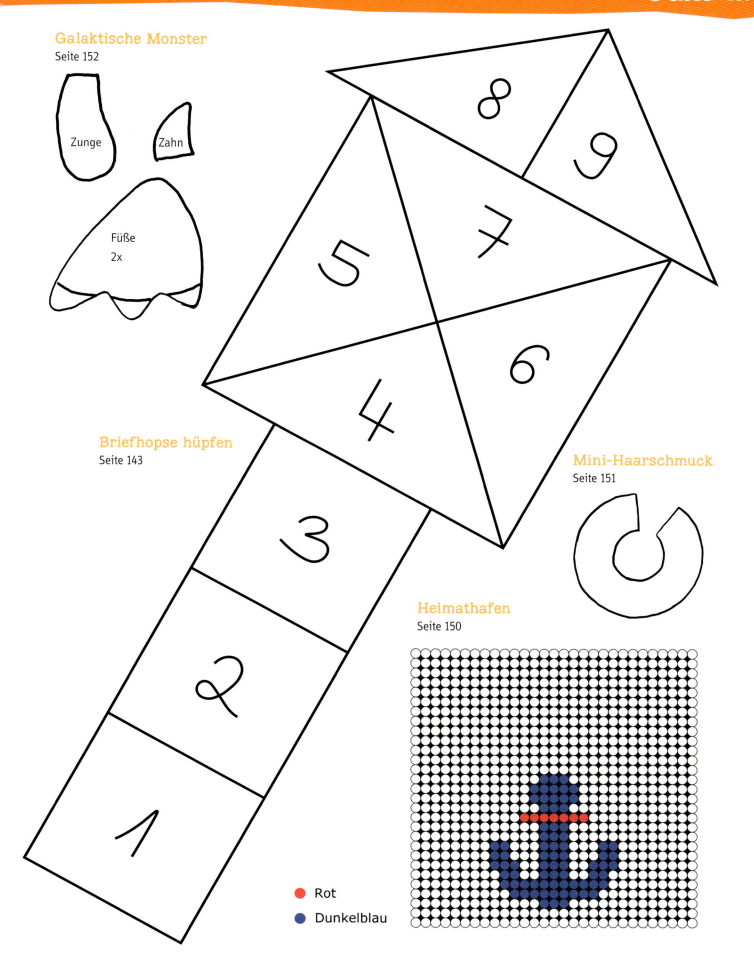

158 Juni

Frösche auf Angeltour
Seite 143
Vorlage bitte um 155 % vergrößern

160 Juni

Sonne, liebe Sonne
Seite 146
Vorlage bitte um 125 % vergrößern

Seepferdchen Siegfried
Seite 148

162 Juni

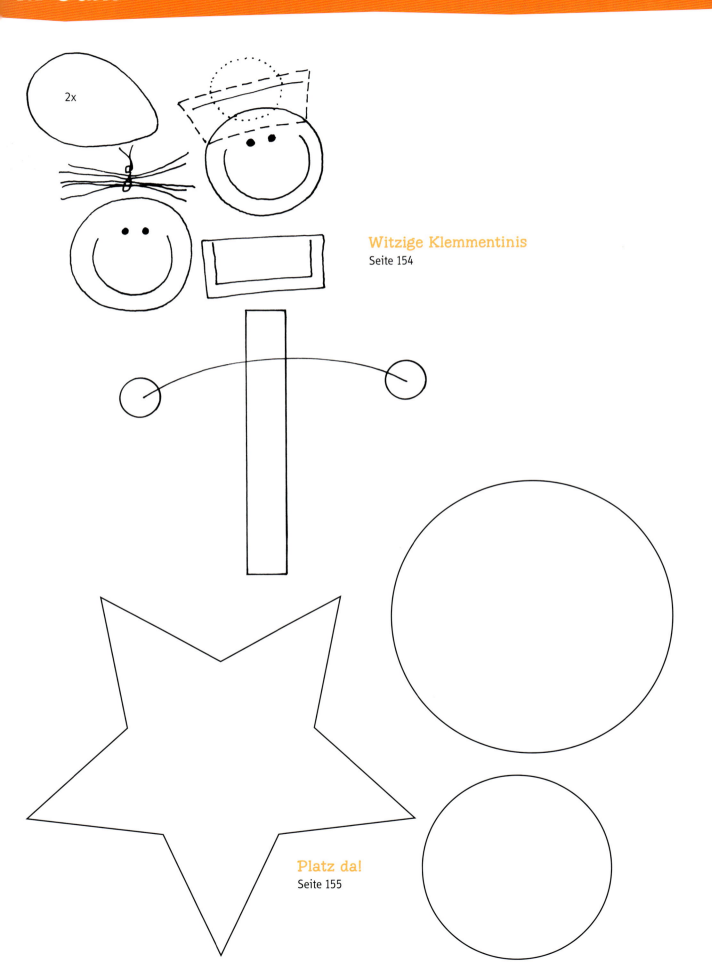

Witzige Klemmentinis
Seite 154

Platz da!
Seite 155

Juli

Juli

Obstsalat am Stiel

Das brauchst du Erdbeeren • Himbeeren • Johannisbeeren • 1 Kiwi • 4 Kumquat (ersatzweise Bio-Orange) • ½ Limette • 1–2 EL Zucker • 200 ml abgekochtes Wasser

1 Wasche die Erdbeeren, Himbeeren und Johannisbeeren. Schäle die Kiwi und schneide sie wie die Kumquats und Erdbeeren in Scheiben und Stücke und fülle sie in die Eisförmchen.

2 Mische den Limettensaft mit dem Zucker und dem abgekochten Wasser (wird das Wasser nicht abgekocht, wird es weiß beim Einfrieren und man sieht das Obst nicht). Gieße nun die Limettenmischung in die Eisförmchen, steck die Stiele hinein und friere das Eis mindestens 4 Stunden ein.

Krimskrams-Körbchen

Das brauchst du Physalis-Körbchen • Filz, 2 mm stark, 15 cm x 15 cm • Filzstift • Baumwollstoffe in verschiedenen Farben, je 5 cm x 50 cm

1 Stelle das Körbchen auf den Filz und umfahre es mit einem Filzstift, um die Form für die Bodenplatte zu erhalten. Dann schneidest du die Platte aus.

2 Miss die Höhe eines Rechteckes im Körbchen-Muster aus. Zeichne 3 Streifen in der ausgemessenen Höhe auf den Stoff. Dann schneidest du die Stoffstreifen aus.

3 Webe einen Streifen rundherum in das Körbchen, indem du ihn abwechselnd über und unter einer Strebe hindurchschiebst.

4 Hast du das Körbchen einmal umwebt, klebst du die überlappenden Streifenenden aufeinander fest.

5 Wiederhole den Vorgang mit den anderen beiden Streifen.

6 Zuletzt legst du die Bodenplatte in das Körbchen.

Juli

Tolles Kroko-Becherspiel

Das brauchst du 2 Klopapierrollen • Fotokartonrest in Gelb • 4 Wattekugeln, ø 2 cm • Acrylfarbe in Gelb und Weiß • Filz in Grün und Weiß • Zackenschere • 4 Pompons in Schwarz, ø 1 cm • Filzstift in Schwarz • Baumwollkordel in Schwarz, ca. 15 cm lang • 2 Würfelperlen in Rot

1 Kürze die Klopapierrollen auf 6 cm Länge. Stelle sie auf den gelben Fotokartonrest und umfahre sie mit einem Bleistift.

2 Schneide die Kreise etwas größer als die aufgezeichnete Linie aus und bis zur Bleistiftlinie in Zacken ein. Biege die Zacken nach oben und verschließe je ein Ende der Klopapierrollen mit den Kreisen.

3 Male das Innere der Klorollen und die Wattekugeln gelb an. Lass alles gut trocknen.

4 Für die Zähne schneidest du je einen Streifen aus weißem Filz (1 cm x 16 cm) mit der Zackenschere zu und klebst ihn sorgfältig innen an den Rand der Klorolle. Schneide auch den grünen Filz zu (je 6 cm x 16 cm) und umklebe die Rollen damit.

5 Klebe die Wattekugeln als Augen und die Pompons als Nase auf und male mit einem schwarzen Stift Pupillen auf die Wattekugeln.

6 Lass dir von einem Erwachsenen mit einer spitzen Schere am oberen Rand ein kleines Loch in die Rolle stechen. Schneide dir ein Stück Baumwollkordel zu (ca. 15 cm lang). An das eine Ende der Kordel knotest du eine Perle, das andere Ende ziehst du durch das kleine Loch und verknotest es auf der Innenseite der Rolle. Und jetzt musst du versuchen, die Kugel nur durch Bewegen des Krokodils in sein Maul zu befördern.

Knuspriges Fladenbrot

Das brauchst du Flacher Stein & Lagerfeuer (alternativ Backblech, Backpapier & Ofen) • 500 g Vollkornmehl • 200 ml Wasser

1 Lege den Stein, auf dem du dein Brot backen möchtest in die Lagerfeuerglut. Alternativ heizt du den Backofen auf 180° C vor.

2 Kippe das Mehl und Wasser in eine Schüssel.

3 Verrühre die Zutaten zuerst mit einem Löffel. Danach knetest du mit deinen Händen weiter. Die Zubereitung sollte maximal 18 Minuten dauern, damit der Teig nicht anfängt, sauer zu werden.

4 Schneide den Teig in faustgroße Stücke.

5 Drücke die Teigstücke flach und stich sie mit einer Gabel einige Male ein.

6 Lege die Brote auf deinen heißen Stein (alternativ auf ein Backblech). Es dauert etwa 15 Minuten, bis sie fertig sind (Das erkennst du daran, dass die Brote knusprig und leicht gebräunt sind). Fertig ist das Hirtenbrot!

Juli

Summ, summ, summ …

Das brauchst du Fotokartonreste in Gelb, Grün, Rosa und Hellblau • Buntstifte in Rot und Schwarz • altes Handtuch • Prickelnadel • Sticktwist in Hellbau und Pink **Vorlagen Seite 181**

1 Schneide beide Flügel, das Kopfteil und den Körper aus Fotokarton aus. Klebe das Kopfteil auf den Körper.

2 Das Stickmuster mit einem Buntstift vorzeichnen.

3 Die Biene auf ein altes Handtuch legen und mit der Prickelnadel jeweils an beiden Strichenden Löcher in den Fotokarton stechen.

4 Sticke das Stickmuster nach, indem du die Nadel durch die vorgeprickelten Löcher führst.

5 Einen langen Faden Sticktwist durch ein Loch am oberen Rand der Biene führen und verknoten. Damit kannst du die Biene aufhängen.

6 Zuletzt malst du Augen und Mund auf und klebst die Flügel an.

Sammele Farben

Das brauchst du Kreidestifte • Küchenwecker

1 Spiele dieses Spiel mit drei Freunden. Male vier große Vierecke in den vier Grundfarben Blau, Gelb, Rot und Grün auf den Boden. Die Vierecke sollten etwa ein Meter lang und breit sein. Jedes Kind sucht sich ein Viereck aus.

2 Stelle den Wecker auf zwei Minuten ein. Nun muss jedes Kind so schnell wie möglich alles im Garten sammeln, was dieselbe Farbe wie das Viereck hat. Gewonnen hat das Kind, das bis zum Klingeln die meisten Sachen in seinen Kasten gelegt hat. Aber hinterher aufräumen nicht vergessen!

168 Juli

Sonnengruß

Das brauchst du 16 Holz-Wäscheklammern • Korkuntersetzer, ø ca. 18 cm • Acrylfarbe in Gelb • Kordel, ca. 25 cm lang • 2 Reißzwecken

1 Klebe die Griffe der 16 Holz-Wäscheklammern gleichmäßig verteilt auf den Rand des Korkuntersetzers.

2 Male Klammern und Untersetzer mit Acrylfarbe an. Ggf. mehrmals anmalen, bis alles satt gelb ist.

3 An jedem Ende der Kordel eine Reißzwecke festknoten.

4 Pikse die Kordel als Aufhänger auf der Rückseite des Untersetzers fest.

5 Nach Lust und Laune kannst du jetzt Postkarten, Fotos oder Zeichnungen an die Sonne klemmen.

7

Hai-Alarm

Das brauchst du Pappteller, ø 17,5 cm • Acrylfarbe in Grau, Rot und Gelb • 2 Wattekugeln, ø 3 cm • Fotokartonreste in Weiß und Grau • Filzstift in Schwarz • Lackmalstift in Weiß **Vorlagen Seite 181**

1 Bemale den Pappteller außen in Grau und innen in Rot mit grauem Rand. Die Wattekugeln für die Augen malst du gelb an. Lass die Farben gut trocknen.

2 Fertige gemäß der Vorlage fünf weiße Zähne und eine graue Flosse an. Knicke die Zähne und die Flosse, wie auf der Vorlage eingezeichnet, am hinteren Rand jeweils ungefähr 0,5 cm um.

3 Male mit einem schwarzen Filzstift die Pupillen auf die Wattekugeln und mit weißem Lackmalstift die Lichtpunkte darauf. Jetzt knickst du den Teller in der Mitte. Klebe drei Zähne oben und zwei Zähne versetzt unten in das Haimaul und die Augen sowie die Schwanzflosse an.

8

Juli

Essbare Blüten

Das brauchst du Veilchen (mild) • Gänseblümchen (nussig) • Schlüsselblumen (mild) • Ringelblumen (pfeffrig) • Rosenblüten (mild) • Kapuzinerkresse (leicht scharf) • Lavendel (mild) • Taglilien (mild) • Borretsch (schmeckt wie Gurke) • Zucchiniblüten (mild)

1 Du solltest nur Blüten von ungespritzten Blumen verwenden. Damit du deine Pflanzen nicht verwechselst und keine giftigen Pflanzen isst, muss dich beim Pflücken jemand beraten, der sich damit auskennt. Bei Pflanzen aus deinem eigenen Garten kannst du sicher sein, dass sie frei von Chemikalien sind. Pflück sie erst kurz bevor du sie brauchst, denn sie welken schnell und verlieren an Aroma. Wähle nur die Blüten aus, die ganz geöffnet und frisch sind.

2 Spaß macht es, Blüten in Eiswürfeln einzufrieren. Ernte schöne essbare Blütenblätter aus deinem Gärtchen und leg sie in einen Eiswürfelbehälter. Gib etwas Wasser und vielleicht noch ein paar rote Johannisbeeren hinzu, dann ab damit ins Gefrierfach. Überrasche deine Freunde mit einem bunten, kühlen Sommergetränk!

9

Flaschen im schicken Gewand

Das brauchst du Masking Tape mit Labelmotiv • Filzstift in Schwarz • Glasflaschen (z. B. Milchflaschen) • Masking Tape in verschiedenen Farben und Mustern

1 Beschrifte die Labels und klebe sie mittig auf die Flasche.

2 Klebe zunächst Streifen rund um die Flaschen und dann einige Streifen senkrecht auf. Für den Deckel klebst du die Tapes immer über Kreuz auf und schlägst die Enden etwas in den Deckel ein. Nun kannst du die Flaschen füllen.

10

Juli

Fürs Gartenfest

Das brauchst du kleiner Apfel oder Erdbeere • Butterbrottüten oder Luminaria • Küchenpapier • Acrylfarbe in Gelb und Rot • Buntstift in Grün • Motivschere z. B. Zickzack- oder Wellenlinie • Masking Tape • Teelichtglas und Teelicht

1 Schneide eine Erdbeere der Länge nach durch und drücke sie gleich auf die Brottüte. Das ergibt einen ganz zarten rosa Abdruck. Mit der Frucht kannst du auch noch Linien oder Punkte aufmalen. Drück die Beere aber nicht zu fest auf.

2 Schneide den Apfel mit einem ganz geraden Schnitt in der Mitte von oben nach unten durch. Tupfe die Schnittstelle mit Küchenrolle trocken.

3 Für besonders farbige Abdrücke streichst du den Apfel oder die Erdbeere mit den Acrylfarben an. Du kannst gelbe oder rote Äpfel drucken oder auch zweifarbige.

4 Drücke die bemalte Fläche mittig auf die Brottüte und ziehe das Obst wieder ab. Lass die Farbe gut trocknen!

5 Ergänze mit deinen Buntstiften noch einen Stiel, eine Blüte und ein grünes Blatt, dann ist dein Motiv schon fertig.

6 Verziere deine Lichttüte mithilfe der Zackenschere und Masking Tape. Stelle ein Teelichtglas hinein – das Gartenfest kann beginnen.

11

12

Quallen-Freunde

Das brauchst du Nähnadel mit Spitze • Garn oder Sticktwist • Zackenlitze, 1 cm breit, 3x 25 cm lang • 6 Knöpfe, ø ca. 1,5 cm • Papierförmchen für Muffins • 2 Wackelaugen, ø 1,2 cm

1 Nähe an jedes Ende der drei Zackenlitzen einen Knopf. Dafür stichst du eine Nadel mit Faden von unten durch den Stoff und den Knopf. Führe die Nadel anschließend durch ein zweites Knopfloch zurück. Bei einem Knopf mit vier Löchern wiederholst du das an den anderen beiden Knopflöchern. Die Fadenenden verknotest du miteinander.

2 Dann legst du die drei Litzen nebeneinander und bindest sie in der Mitte mit einem Stück Faden zusammen.

3 Fädle ein Stück Faden in die Nähnadel und stich sie von oben durch das Papierförmchen. Nun drehst du das Förmchen um und legst die Litzen hinein. Führe nun die Nadel durch die Bänder und zurück durch das Papierförmchen. Verknote die Fadenenden miteinander.

4 Jetzt klebst du noch die Wackelaugen auf. Und schon können die Quallen im Meer schwimmen gehen.

Juli

Giraffe

Das brauchst du FIMO® soft in Gelb und Braun • Zahnstocher • 2 Glasperlen in Schwarz, ø 3 mm

1 Forme eine Kugel und rolle sie zu einer langen birnenförmigen Rolle. Biege dann den Hals etwas nach oben.

2 Rolle eine lange Rolle, teile sie in vier Teile und setze jeweils zwei Teile aneinander – das werden die Beine.

3 Für die Tupfen formst du kleine Kugeln, drückst sie platt und bringst sie auf Körper und Beinen an. Setze nun die Beine unter den Körper. Das Zahnstocherstück oben in den Körper stecken.

4 Forme eine Kugel und rolle sie zu einer Eiform. Für die Ohren drückst du zwei kleine Kugeln platt und drückst sie mit deinen Fingern in eine Tropfenform. Für die Augen drückst du die Glasperlen ein. Die Nasenlöcher entstehen mithilfe eines Zahnstochers, die Hörner aus einer dünnen Rolle. Setze den Kopf nun auf den Körper.

5 Als Schwanz formst du eine Rolle mit einem dünneren Ende und bringst es hinten am Körper an. Nun kommt die Giraffe zum Aushärten in den Ofen.

13

Schatz-Abdruck-Taler

Das brauchst du lufttrocknende Modelliermasse, 250 g • Nudelholz • Kreisausstecher, ø 5 cm • Muschel • Blatt • Eichel • Lärchenzapfen • Lavendelblüte • Acrylfarbe in Hellgrün, Gelb, Blau, Rosa und Lila • Satinband in Hellgrün, Gelb, Blau, Rosa und Pink

1 Für diese kunstvollen kleinen Anhänger brauchst du zuerst eine gute Handvoll Modelliermasse. Rolle sie mit dem Nudelholz ca. 1 cm dick aus. Dann stichst du mit einem Kreisausstecher kleine Kreise wie Plätzchen daraus aus.

2 Drücke Schätze aus der Natur in die Masse. Besonders gut eignen sich Muscheln, kleine Blätter, Eicheln, Lärchenzapfen oder Lavendelblüten. Aber sicher findest du noch viele andere schöne Fundstücke aus der Natur. Lass deine kleinen Taler über Nacht gut durchtrocknen.

3 Am nächsten Tag kannst du sie mit Acrylfarbe anmalen. Dabei malst du nur den Rand bunt und sparst den eigentlichen Abdruck beim Malen aus. Das ergibt einen noch stärkeren Kontrast.

4 Damit du die kleinen Taler aufhängen kannst, schneidest du aus Satinband kleine, ca. 10 cm lange, farblich passende Stücke zurecht. Lege die Enden zu einer Schlaufe zusammen und klebe sie dann mit Alleskleber auf die Rückseite der Taler.

14

172 **Juli**

15

Super Spielespaß

Das brauchst du Sticktwist in Gelb und Türkis • Filz in Gelb, 1 mm stark, 14 cm x 14 cm • Trickmarker • 2 x 5 gleiche Motiv-Knöpfe, je ø 2 cm

1 Für eine hübsche Umrandung umstickst du deine Spielunterlage aus Filz, indem du immer von einer Seite durch den Filz stichst.

2 Zeichne mit dem Trickmarker das Spielfeld auf, indem du zwei Linien von oben nach unten und zwei Linien von links nach rechts ziehst und das Spielfeld so in neun gleich große Felder unterteilst.

3 Sticke die Linien in Türkis mit Vorstichen nach. Dann kannst du mit den Knöpfen als Spielsteinen gleich loslegen.

Paradiesvögel

Das brauchst du je 1 Pfeifenputzer in Grün, Gelb, Rosa, Orange und Lila, je 50 cm lang • 10 ovale Wackelaugen 0,7 cm x 1 cm • je 1 Feder in Pink, Rosa, Hautfarbe, Blau und Lila

1 Zuerst teilst du einen Pfeifenputzer in ein 30 cm langes Stück für den Körper und ein 20 cm langes Stück für die Füße. Wickle den Pfeifenputzer für den Körper um einen Stift und ziehe die so entstandene Spirale wieder ab.

2 Knicke den Pfeifenputzer für die Füße in der Mitte und rolle die Drahtenden an jeder Seite ca. 8 cm wie eine Schnecke auf. Drücke die Schnecken mit Daumen und Zeigefinger noch etwas in Form.

3 Schiebe die Spirale für den Körper über die Füße. Für den Schnabel ziehst du den „versteckten" Pfeifenputzer aus der Spirale heraus. Biege den Schnabel etwas nach unten. Jetzt kannst du die Wackelaugen und Federn aufkleben.

16

17

Ofenwunder

Das brauchst du 200 g Crème fraîche • 500 g Cocktailtomaten • ½ Bund Basilikum • 5 EL geriebener Parmesan • 1 TL Kräuter der Provence • Prise Salz • etwas Pfeffer • 300 g Blätterteig aus dem Kühlregal

1 Zuerst lässt du den Backofen auf 200 °C vorheizen. Dann verrührst du die Crème fraîche mit den Kräutern der Provence, etwas Pfeffer und Salz. Die Tomaten halbierst du mit einem Messer.

2 Jetzt legst du die kleinen Tarteförmchen mit Teig aus und schneidest die überstehenden Ränder einfach mit einem Messer ab. Am einfachsten geht das, wenn du eine Schüssel findest, die ein wenig größer ist als deine Förmchen. Stülpe sie auf den Blätterteig und stich so einen Kreis aus. Den legst du dann in die Form.

3 Füll den Crème-fraîche-Mix hinein und gib jeweils eine Handvoll Tomaten dazu. Jetzt streust du Parmesan darüber und backst die Quiche ca. 15 Minuten im Ofen, bis der Rand goldgelb und knusprig aufgegangen ist. Anschließend bestreust du deine Quiche mit frischem Basilikum.

Spielzeuglaster-Kräuterbeet

Das brauchst du Spielzeuglaster oder Trecker aus Holz mit Anhänger • Vorstreichfarbe in Weiß • Acryllack in Pink, Türkis und Gelb • Teichfolie • Holzbohrer • kleine Kieselsteine • Blumenerde • Handschaufel • Kräuterpflanzen (Rosmarin, Salbei, Thymian und Majoran)

1 Pinsel den ganzen Laster mit Vorstreichfarbe ein und lass sie gut trocknen. Dann bemalst du deinen Holzlaster mit Acrylfarbe. Acrylfarbe braucht längere Zeit zum Trocknen – am besten du wartest einen Tag lang, bevor du weitermachst.

2 Leg den Anhänger mit etwas Teichfolie oder Plastikplane aus. Dann bohrt ein Erwachsener für dich Löcher in die Plane und den Boden des Anhängers, durch die später das Gießwasser abfließen kann.

3 Leg den Boden deines Anhängers mit einer dünnen Schicht Kieselsteine aus. Dann füllst du den Rest mit Blumenerde auf. Mit einer Handschaufel kannst du kleine Pflanzlöcher für deine Kräuter ausheben. Nimm die Kräuter vorsichtig aus dem Pflanztopf, zupf die Wurzelballen ein wenig auseinander und pflanz sie dann in die Löcher. Jetzt noch die Erde andrücken und angießen!

18

174 Juli

19 Rasantes Murmelspiel

Das brauchst du 6 Küchenrollen • Acrylfarbe in Vanille, Hautfarbe, Rosa, Reseda, Türkis und Flieder • Fotokarton in Hellblau, A3 • Tonpapierreste in Reseda, Gelb, Türkis, Rosa, Hautfarbe und Flieder • Buntstift in Dunkelblau • Glitterliner in Silber • Blumenstanzer, ø 2,5 cm • 7 bunte Pompons, ø 0,7 cm • Chenilledraht in Hellblau, je 4 x 10 cm lang **Vorlagen Seite 182/183**

1 Zuerst malst du die Küchenrollen außen und innen mit den verschiedenen Acrylfarben an. Lass die Farben gut trocknen. Dann klebst du die Rollen seitlich zusammen. Achte darauf, dass sie am vorderen Rand gleich abschließen.

2 Schneide nun gemäß Vorlage aus Fotokarton das Vorderteil des Murmelspiels und 6 Kreise (ø 6,5 cm) aus Tonpapier aus. Den Rand des Vorderteils bemalst du mit dunkelblauem Buntstift. Dann klebst du, am linken Rand beginnend, die Kreise gleichmäßig nebeneinander auf. Sie überschneiden sich etwas. Beschrifte anschließend die Kreise mit dem silbernen Glitterliner und lass die Farbe gut trocknen.

3 Stanze einige Blumen aus und klebe die Pompons in der Mitte auf. Befestige sie auf der Vorderseite des Murmelspiels.

4 Zum Schluss knickst du die Chenilledrahtstücke 2 cm um. Befestige je zwei Chenilledrahtstücke seitlich und zwei Stücke in der Mitte als Verbindung zwischen Küchenrollen und Vorderwand, so ist das Spiel stabiler.

Glitzerglas 20

Das brauchst du Einweckglas oder Marmeladenglas • 2 Plastik-Schraubverschlüsse • Schmirgelpapier • Plastik-Spielfigur • Heißklebepistole • Alufolienreste • Wasser • 2 Tropfen Geschirrspülmittel

1 Raue die Innenseiten des Marmeladendeckels sowie Oberseite und Ränder der Schraubverschlüsse mit Schmirgelpapier auf, damit die Plastikteile besser aneinander haften. Klebe sie aufeinander.

2 Nun kannst du die Plastik-Spielfigur an der Unterseite etwas aufschmirgeln und anschließend aufkleben.

3 Schneide einige dünne Streifen Alufolie zurecht und schnipsle daraus viele kleine Glitzerflocken direkt in dein Glas. Du hast noch Glitzerstaub? Der kann auch mit rein!

4 Fülle Wasser in dein Glas und gib nun ein bis zwei Tropfen Spülmittel ins Glas, damit das Wasser schön klar bleibt. Warte, bis sich die Aluschnipsel gesenkt haben. Ist der Kleber im Deckel trocken? Dann schraube den Deckel fest auf. Jetzt noch schütteln … und es glitzert!

Juli

Sommersprossen

Das brauchst du Locher • Moosgummi • Bleistift mit flachem Ende • dicke Pappe, DIN A4 • vorgewaschenes T-Shirt in Weiß • dünne Pappe • Textilfarben • Backpapier **Vorlagen Seite 181**

1 Stich mit dem Locher einen Kreis aus dem Moosgummi aus.

2 Klebe den Moosgummikreis als Stempel auf das flache Ende des Stifts.

3 Die dicke Pappe kannst du in das T-Shirt legen. Das T-Shirt glatt ziehen.

4 Auf die dünne Pappe überträgst du die Stern-Vorlage, schneidest sie aus und legst sie mittig auf das Shirt.

5 Mit dem Stempel verschiedene Farben dicht um den Stern herum stempeln. Den Stern abnehmen und die Farbe 24 Stunden trocknen lassen.

6 Lege das Backpapier auf das Motiv. Mit der Hilfe eines Erwachsenen bügelst du darüber, um die Farbe zu fixieren.

21

Stifte-Hai

Das brauchst du Moosgummi in Grau und Weiß, A4 • leere, gut gereinigte Stapelchipsdose • wasserfeste Filzstifte in Schwarz und Rot • Wackelaugen oval, 1,2 cm x 1 cm **Vorlagen Seite 184/185**

1 Übertrage alle Teile auf den Moosgummi und schneide sie sorgfältig aus. Dann kürzt du die Dose auf die gewünschte Länge. Klebe die Haizähne von hinten an die Ober- und Unterseite des Hais. Male den Rand mit dem roten Filzstift nach.

2 Befestige die Wackelaugen an der grauen Oberseite und male Augenbrauen sowie Kiemen auf. Jetzt klebst du die Rückenflosse an. Achte darauf, dass die mittlere der drei Klebelaschen in eine andere Richtung zeigt als die linke und rechte Lasche.

3 Wenn alles gut angetrocknet ist, kannst du den Hai zusammenbauen. Dafür klebst du zuerst die weiße Unterseite und danach die graue Oberseite an die Chipsdose. Am besten lässt du dir dabei von einem Erwachsenen helfen. Nun kannst du deinen gefährlichen Hai mit Buntstiften füttern.

22

176 Juli

Krabbel-Schlüsselanhänger

Das brauchst du Wolle in Gelb • Karabiner mit Kette • Pfeifenputzer in Gelb, 3 x 6 cm lang • 2 Wackelaugen, ø 1 cm

1 Fertige, wie es in der Grundanleitung erklärt wird, drei Gabelpompons an und lass bei einem davon die Abbindefäden lang hängen. Binde den Pompon mit den Abbindefäden an den Karabiner mit Kette.

2 Klebe die anderen beiden Pompons an den ersten, sodass ein Ameisenkörper entsteht.

3 Für die Beine die Pfeifenputzerstücke mittig etwas biegen und unten am Körper ankleben.

4 Zuletzt klebst du die Wackelaugen fest.

23

24

Frozen-Jogurt

Das brauchst du 75 g Kirschen, tiefgekühlt oder frisch und entkernt • 75 g Joghurt, fettarm • 25 ml Kondensmilch (7,5 %) oder Sahne • 1 EL Kirschmarmelade mit ganzen Kirschen

1 Zuerst mischst du die Kirschen mit dem Joghurt und der Kondensmilch. Püriere anschließend alles und rühre die Kirschmarmelade unter. Fülle die Masse gleichmäßig mit einem Löffel in die drei Vertiefungen der Form.

2 Hebe die Form leicht an und schlage die Form mehrmals leicht auf der Arbeitsfläche auf, sodass sich die Masse in alle Rundungen und Öffnungen verteilt und keine Luftlöcher entstehen. Nun die Eisstiele in die Form stecken. Streiche danach die Masse mit einem Messerrücken glatt und decke die Form mit Frischhaltefolie ab. Damit das Eis gut durchfrieren kann, stelle es für 6 Stunden in den Tiefkühlschrank.

3 Nimm das Eis vor dem Verzehr aus dem Tiefkühlschrank und lasse es bei Zimmertemperatur etwa 5 Minuten antauen. Dadurch lässt sich das Eis anschließend leichter aus der Form lösen.

Juli

Fesche Feen

Das brauchst du große, aufklappbare Plastikeier • Acryllack in Weiß • Acrylfarbe in Weiß, Hautfarbe und Pastelltönen • Permanentmarker in Hellblau, Pink und Rot • Tonpapier gemustert, DIN A5 **Vorlagen Seite 185**

1 Streiche die Eier zuerst mit weißem Acryllack vor. Mit diesem Voranstrich leuchtet die bunte Farbe später besser. Lass alles gut trocknen.

2 Jetzt bemalst du die Eier mit Acrylfarbe. Die obere Hälfte malst du hautfarben, die Haare nach Wunsch und die untere Hälfte in Pastelltönen an. Wenn du Lust hast, kannst du mit einem Schaschlikspieß noch Verzierungen auftupfen.

3 Zeichne den kleinen Feen mit Permanentmarkern freundliche Gesichter auf.

4 Schneide eine Vorlage für die Flügel zurecht, übertrage sie auf dein Tonpapier und schneide sie aus.

5 Klebe die Flügel mit Alleskleber hinten an deine Figur und deine feschen Feen können losflattern.

25

Süßes Nilpferd

26

Das brauchst du Tonpapierrest in Hellblau • 2 Wackelaugen, ø 3 mm • Pinzette • Filzstift in Blau • 2 Tonpapierstreifen in Hellblau, 2 cm breit, 30 cm lang • Prickelnadel • geglühter Blumendraht, ø 0,35 mm, 5 cm lang • Chenilledraht in Hellblau, 4 x 3 cm (Beine) und 1 x 1 cm lang **Vorlagen Seite 186**

1 Schneide den Kopf aus und klebe die Wackelaugen auf, nimm dabei die Pinzette zu Hilfe. Das Gesicht aufmalen.

2 Für das gestreifte Nilpferd auf beide Papierstreifen auf der Vorder- und Rückseite mit dem Geodreieck® und Filzstift jeweils vier blaue Linien im gleichen Abstand aufmalen.

3 Falte dann aus den beiden Papierstreifen eine Hexentreppe mit sieben Zacken, so wie es in der Grundanleitung beschrieben wird. Drehe die Hexentreppe so, dass die letzte Faltung von oben nach unten geht. Dann den Kopf ankleben.

4 Am Hinterteil mit der Vorstechnadel zwei Löcher einstechen und den Schwanzdraht durchstecken. Verdrehe dann das kurze Drahtende dreimal mit dem Langen. Das lange Drahtende um die Mitte der Schwanzquaste schlingen und verdrehen. Knicke die Schwanzquaste in der Mitte.

5 Zum Schluss die Beine zu einem U knicken, von unten nach dem ersten und vorletzten Zacken in den Rumpf stecken und einkleben.

Juli

27 Blütenranke am Bein

Das brauchst du wasserlösliche Schminkfarbe in Hellgrün, Dunkelgrün, Rot, Gelb und Weiß • großer Rundpinsel

1 Nimm Hell- und Dunkelgrün mit einem großen Rundpinsel auf. Setze den Pinsel unterhalb des Knies an, starte mit einer Spirale und ziehe den Strich schwungvoll nach unten. Ende in einer weiteren Spirale.

2 Male mit demselben Pinsel noch einige Blätter an die Ranke; dabei immer an der Ranke ansetzen nd von ihr wegziehen.

3 Einen sauberen Rundpinsel in Gelb und Rot tauchen. Male Tropfen kreisrund nebeneinander, so ergibt sich eine Blüte.

4 In die Mitte der Blüten einen weißen Punkt setzen.

5 Die Blütenranke mit einigen Blättern an den Blüten vervollständigen.

Schneckenpost

Das brauchst du 20 Steine in Weiß • 20 Steine in Dunkelrot • 20 Steine in Hellbraun • großes Schneckenhaus oder Muschel

1 Sammle immer 20 Steine in den Farben Weiß, Dunkelrot und Hellbraun. Sortiere sie der Größe nach, indem du sie in einer Reihe hintereinanderlegst. So kann man die Größenunterschiede am besten sehen.

2 Suche dir einen runden Platz in der Natur – beispielsweise einen Baumstumpf – oder zeichne dir einen auf. In die Mitte dieses Kreises legst du das Schneckenhaus.

3 Mit den kleinsten weißen Steinen beginnst du eine Spirale um das Schneckenhaus zu legen.

4 Wenn die weißen Steine aufgebraucht sind, führst du die Spirale mit den kleinsten Steinen der dunkelroten und zuletzt mit den hellbraunen Steinen zu Ende.

28

Juli 179

29 Lavendelmännchen

Das brauchst du getrocknete Lavendelblüten • roher Milchreis • alte bunte Socken • Wollgarn • Wackelaugen, ø 5 mm • Pompons, ø 1 cm

1 Für diese Lavendellümmel vermischst du in einer Schüssel getrocknete Lavendelblüten und rohen Milchreis zu gleichen Teilen. Dann befüllst du die Socken mithilfe eines Löffels damit. Befüll die Socken so weit, dass ein runder Ball entsteht. Dann bindest du die Socken mit einem Wollfaden zu und verknotest ihn gut.

2 Schneide das Bündchen rundum von der Socke ab und schneide es in zwei Stücke. Das werden die Arme deines Lavendellümmels. Kleb sie rechts und links an den Körper an. Jetzt schneidest du von der Sockenöffnung einmal durch die Socke bis kurz vor den abgeknoteten Kopf. Nun hat dein Männchen auch Beine.

3 Für die Frisur wickelst du einen langen Wollfaden um deine ausgestreckten Finger herum, bis du ein schönes Knäuel zusammen hast. Zieh es von deinen Fingern und wickle um die Mitte einen Wollfaden, den du zusammenknotest. Jetzt kannst du rechts und links vom Scheitel die Fäden durchschneiden. Kleb dein Haarbüschel mit Alleskleber oben auf dein Männchen.

4 Zum Schluss klebst du deinen Lavendellümmeln noch Wackelaugen und eine Pompon-Nase auf. Deine Männchen sehen nicht nur hübsch aus, sondern verjagen auch Motten im Kleiderschrank. Riech mal an ihnen!

Drachen-Alarm! 30

Das brauchst du Moosgummi in Weiß und Schwarz • Rucksack mit Reißverschluss in Hellgrün, 35 cm × 32 cm • 2 Wackelaugen, ø 4 cm **Vorlagen Seite 186**

1 Stelle Schablonen von den Vorlagen her.

2 Die Schablonen auf das Moosgummi legen und die Umrisse mit Bleistift nachziehen.

3 Schneide die Teile sorgfältig mit der Schere aus.

4 Das Gebiss wird an der aufgesetzten Tasche angebracht, die sich in der unteren Hälfte auf der Rückseite des Rucksacks befindet. Ein überstehender Stoffstreifen verdeckt den Reißverschluss. Auf der Rückseite von diesem Stoffstreifen werden die fünf Schneidezähne und dann die beiden Eckzähne angeklebt. Wenn du den Reißverschluss öffnen willst, musst du den Stoffstreifen samt den daran angeklebten Zähnen nach oben klappen.

5 Jetzt werden noch die beiden Nasenlöcher und die Wackelaugen angeklebt. Drachenstark!

180 Juli

Elefantenparade

31

Das brauchst du Recycling-Wellpappestreifen, 2 m x 4,5 cm, 1,10 m x 4 cm und 25 cm x 3 cm • 4 Recycling-Wellpappestreifen, 17 cm x 3 cm • 2 Recycling-Wellpappereste, 5 cm x 4 cm • Wellpapperest in Weiß • 4 Wackelaugen, ø 1 cm • Paillettenstoff in Rot und Pink, 12 cm x 5 cm und 5 cm x 2,5 cm • Wollrest in Lila und Orange • 64 Perlen in Gold, ø 2 mm • 3 Strasssteine in Blütenform oder Quadrat in Lila und Rot, 5 mm x 5 mm • 5 Blattpailletten in Lila und Rot, 1 cm lang Vorlagen Seite 187

1 Wickle Wellpappestreifen von 2 m Länge und 1,10 m Länge jeweils zu einer Rolle, so wie es in der Grundanleitung beschrieben wird. Klebe beide Rollen aneinander.

2 Für die Beine rollst du vier Streifen der Größe 17 cm x 3 cm zu festen Rollen und klebst sie an den Körper. Platziere sie so, dass der Elefant einen festen Stand hat.

3 Der Rüssel entsteht aus einem 25 cm langen Streifen. Falte ihn in der Mitte und klebe ihn auf der glatten Seite zusammen. Rolle ihn von einem Ende her ein Stück auf und klebe ihn am Kopf fest.

4 Übertrage die Form der Ohren vom Vorlagenbogen auf die Wellpappe, schneide sie aus und klebe sie rechts und links an den Kopf. Die Stoßzähne schneidest du aus weißer Wellpappe.

5 Platziere die Wackelaugen etwas oberhalb der Stoßzähne. Aus einem Wellpapperest entsteht der Schwanz.

6 Fertige nach dem Vorlagenbogen aus dem Paillettenstoff eine Decke für den Rücken und einen kleinen Kopfschmuck. Verziere beides am Rand mit Wolle und goldenen Perlen. Glitzernde Strasssteine und Blattpailletten verleihen dem Elefanten ein orientalisches Aussehen.

Vorlagen

Summ, summ, summ ...
Seite 167

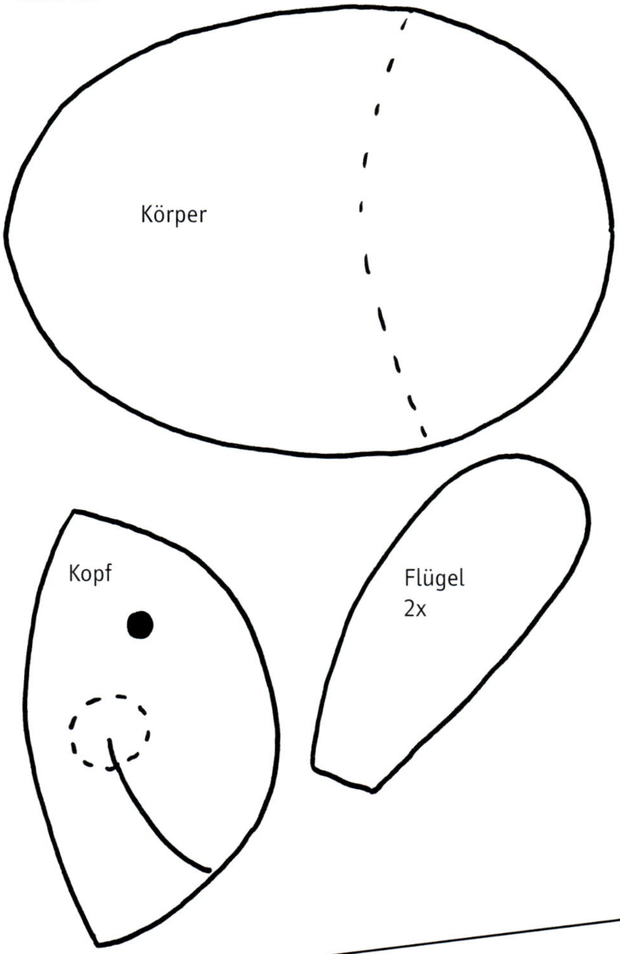

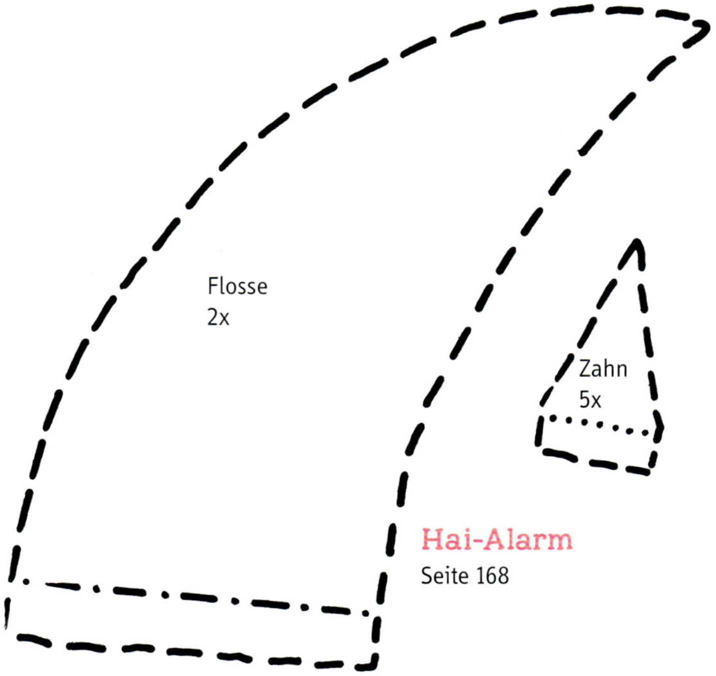

Körper

Flosse
2x

Zahn
5x

Hai-Alarm
Seite 168

Kopf

Flügel
2x

Sommersprossen
Seite 175

182 Juli

Rasantes Murmelspiel
Seite 174

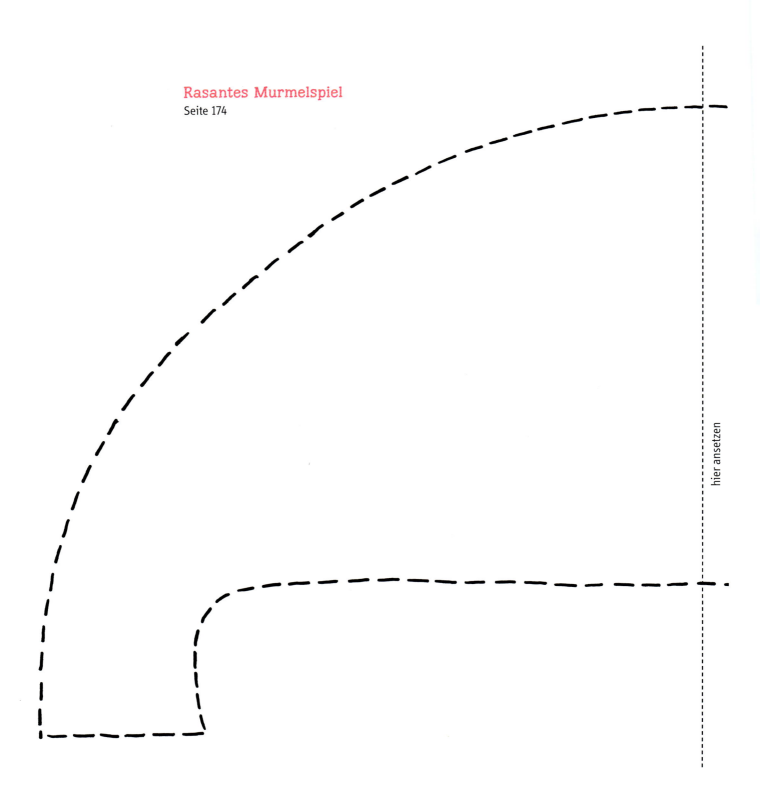

hier ansetzen

Juli 183

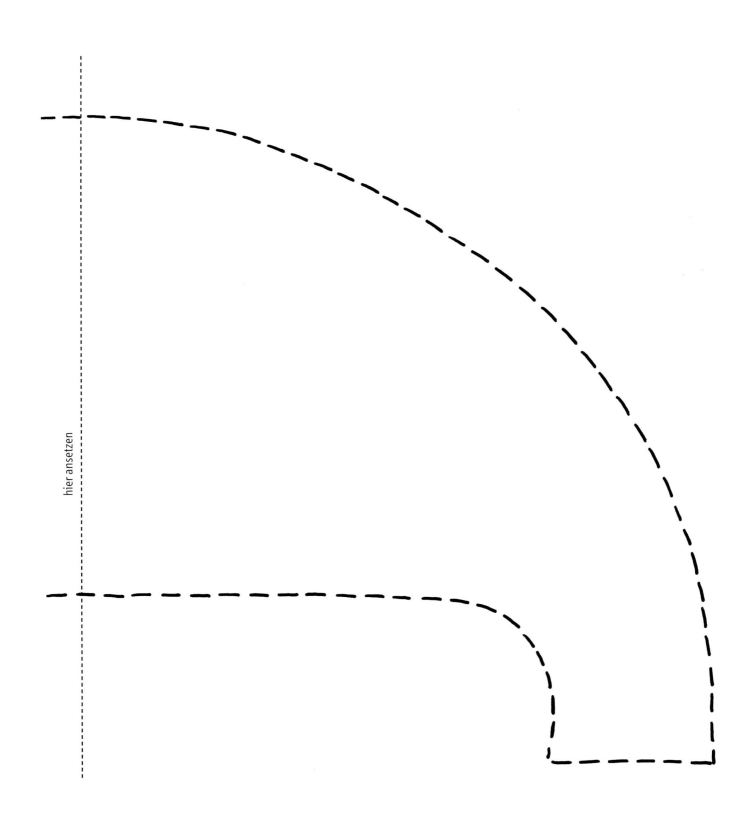

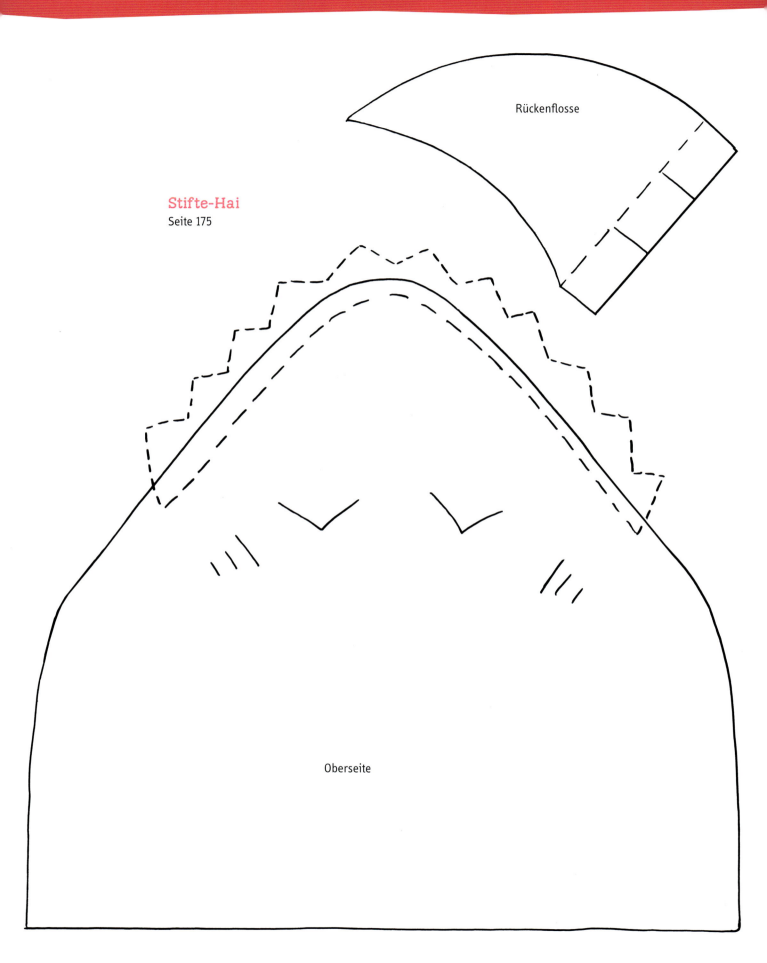

Stifte-Hai
Seite 175

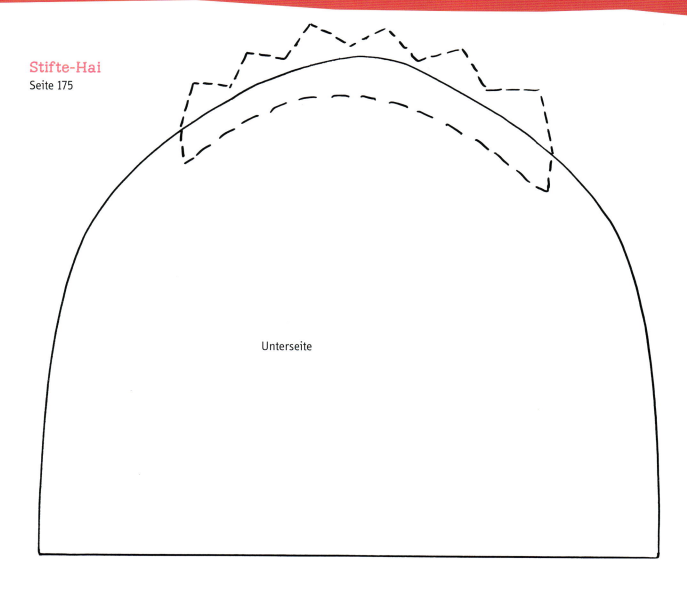

Fesche Feen
Seite 177

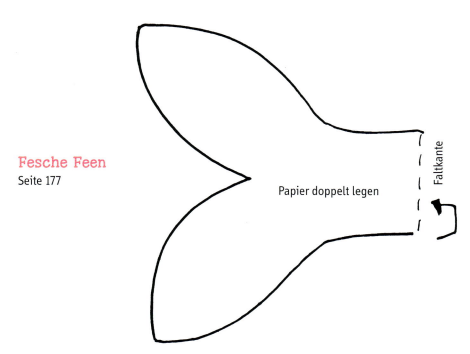

Juli 185

186 Juli

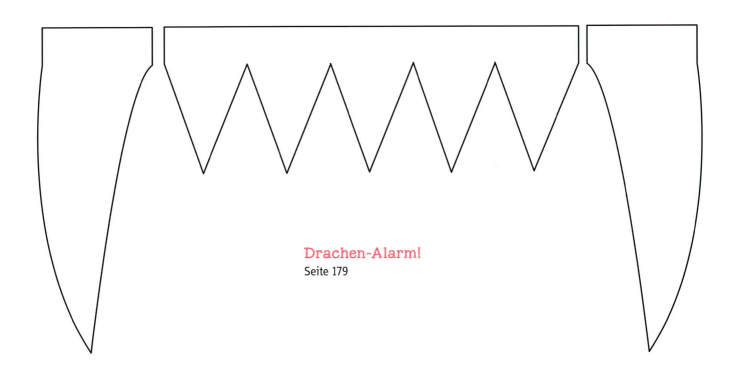

Drachen-Alarm!
Seite 179

Süßes Nilpferd
Seite 177

Elefantenparade
Seite 180

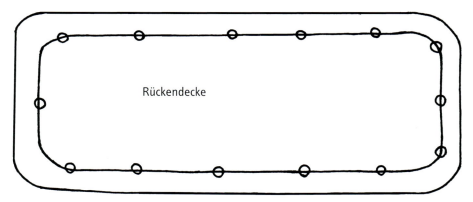
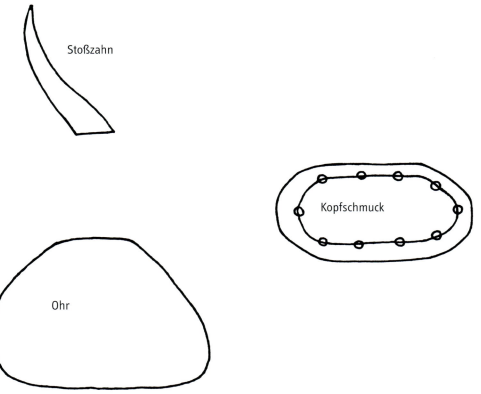

August

August

Muschelfiguren

Das brauchst du Holz- oder Pappschachtel oder Treibholzstück • Bastelfarbe • Seestern • Muscheln • Wackelaugen • Holzleim • Kordel

1 Bemale den Deckel der Holzschachtel in verschiedenen Blautönen und lass die Farbe gut trocknen.

2 Klebe den Seestern mit Alleskleber oder Holzleim mittig auf die Schachtel und klebe die Muschel für die Nase auf. Nach dem Trocknen des Klebers die Nase bemalen und die Wackelaugen aufkleben.

3 Mit kleineren Muscheln kannst du die Dose weiter verzieren. Mit Holzleim klebt alles sehr fest, muss aber über Nacht trocknen (oder du verwendest Express-Holzleim).

4 Dein Treibholzstück kannst du mit etwas Kordel, die du anklebst, aufhängen.

Erdbeere oder Schokolade?

Das brauchst du Eierschachtel • Acrylfarben in Sand und Dunkelbraun • Pompon-Schablone Größe 2 • Wolle in Hellrot und Braun • Mini-Holzperlen in Hellgrün, ø 4 mm • Glasstifte in Bunt, 5 mm lang
Vorlagen Seite 205

1 Löse für die Eiswaffel vorsichtig einen Zapfen aus der Eierschachtel.

2 Bemale den Zapfen zuerst mit der Farbe in Sand und lass die Farbe gut trocknen. Anschließend malst du einen leckeren Schokoladenrand in Dunkelbraun an die obere Kante der Waffel.

3 Wickle jeweils einen Pompon in Braun für Schokolade und in Hellrot für Erdbeere. Gib etwas Kleber in die Ränder der Eistüten und drücke die Pompons darauf fest.

4 Nun die Eiskugeln mit kleinen grünen Perlen für Waldmeisterbeeren und Glasstiften für Zuckerstreusel bekleben, dann sehen sie noch leckerer aus.

August 190

Matrosen-Mobile

3

Das brauchst du Figurenkegel, 6 cm hoch • Acrylfarbe in Azurblau, Weiß und Goldgelb • Filzreste in Blau und Weiß, 1 mm stark • Satinband in Hellblau, 3 mm breit, 9 cm lang • Papierdraht in Weiß, 2 x 2,5 cm lang • 2 Holzperlen in Natur, ø 5 mm • je 2 Holzfische in Weiß und Hellblau, 3 cm x 4 cm • 6 Kristallperlen in Hellblau, ø 4 mm • 5 Muscheln, 1,5 cm bis 3 cm gemischt • 2 Muscheln, ø 1 cm • Seestern, ø 3 cm • Papier in Rot, A6 • Nylonschnur, 2 x 30 cm und 1 x 35 cm lang • Aststück, 25 cm lang • Kordel in Blau, ø 3 mm, 30 cm lang
Vorlagen Seite 205

1 Den Figurenkegel weiß-blau bemalen. Nach dem Trocknen blaue Streifen auf das Hemd malen. Das Gesicht übertragen, blonde Haare ergänzen.

2 Fertige die Hutteile aus Filz. Den weißen Kreis laut Vorlagenbogen einschneiden und zusammenkleben, schräg am Kopf des Matrosen befestigen. Klebe die blaue Hutkrempe rund um den weißen Filz.

3 Klebe die Arme mit den Perlenhänden ein und binde den Schal um.

4 Füge die drei Ketten zusammen. Die Muscheln können mit Heißkleber fixiert werden, dabei sollte dir ein Erwachsener helfen. Falte ein Boot, wie es auf dem Vorlagenbogen beschrieben wird.

5 Binde die drei Ketten an das Aststück. Befestige die Kordel als Aufhängung.

Libellen im Anflug

4

Das brauchst du Permanentmarker in Schwarz, 0,8 mm • Kopierfolie, transparent, DIN A4 • Wollreste in verschiedenen Farben • je 1 Ast, ca. 12–15 cm lang • je 2 Wattekugeln, ø 10 mm **Vorlagen Seite 205**

1 Zunächst überträgst du die Flügel-Vorlage mit feinem Permanentmarker auf die transparente Kopierfolie und lässt die Farbe trocknen. Dann schneidest du die Libellenflügel aus.

2 Schneide ca. 30 cm lange Wollfäden zu. Idealerweise findest du Äste, die an der einen Seite ein bisschen dicker, an der anderen ein bisschen spitz zulaufen. Das lässt deine Libelle später echter aussehen.

3 Klebe den ersten Wollfaden mit Klebestift an den Ast und umwickle ihn dann der Reihe nach schön dicht mit der Wolle. Das Ganze wiederholst du noch zweimal, bis die Libelle einen bunten Körper hat. Oben und unten lässt du etwa 3–4 cm frei.

4 Male jeweils eine Pupille mit schwarzem Permanentmarker auf die Wattekugeln. Jetzt klebst du die Wattekugeln dicht nebeneinander auf die Oberseite. Die Libellenflügel werden mit Klebestift an der Unterseite befestigt.

August

5

Romantische Hängewindlichter

Das brauchst du Glasteelichthalter, ø 5,5 cm, ca. 16,5 cm hoch • Masking Tape in verschiedenen Farben und Mustern

1 Beklebe die Windlichter mit Längs- und / oder Querstreifen in verschiedenen Farben und Mustern. Lass deiner Fantasie freien Lauf.

6

Bat-Beutel

Das brauchst du Vliesofix, beidseitig haftend, A4 • Stoffrest in Rot (alternativ in Grün), A4 • Bügeleisen samt Bügelunterlage • Turnbeutel in Schwarz (Baumwolle, gewaschen und gebügelt), 35 cm × 40 cm • 2 Wackelaugen, ø 10 mm • Vorlagen Seite 206

1 Fertige eine Schablone von der Fledermaus an.

2 Lege diese Schablone auf die glatte Seite des Vliesofix. Die Vorderseite ist ganz glatt, die Rückseite ist leicht rau – das ist die Klebeschicht. Zeichne den Umriss der Schablone mit Bleistift nach und schneide dann das Vliesofix mit dem Fledermausumriss grob aus.

3 Nun legst du das Vliesofix auf den roten Stoff (die Seite mit der Bleistiftlinie ist oben). Mit dem Bügeleisen wird nun das Vliesofix aufgebügelt. Der Bügelregler steht dabei auf Leinen/Baumwolle oder maximal. Beim Aufbügeln wird das Vliesofix etwas dunkler.

4 Schneide die rote Fledermaus exakt aus.

5 Jetzt wird das Bügelpapier vom Stoff abgezogen. Die Fledermaus ist rot und die Klebeschicht (vom abgezogenen Bügelpapier) ist oben.

6 Drehe die Fledermaus um, sodass sich die Klebeschicht unten befindet und lege die Fledermaus dann auf den Turnbeutel. Achte darauf, dass sich der Kopf in Richtung der Turnbeutelöffnung befindet und nicht mit dem Kopf nach unten aufgebügelt wird. Nun kann die Fledermaus aufgebügelt werden.

7 Abschließend werden noch die beiden Wackelaugen aufgeklebt.

192 August

Fixes Pusten

Das brauchst du Wasserfarben • mehrere leere Joghurtbecher • Zeichenpapier, A3 • Strohhalme • leere Streichholzschachtel • Papprolle • Krepppapier in Rot • Satinband in Rot

1 Rühre verschiedene Wasserfarben wässrig in deinen Joghurtbechern an.

2 Mit dem Pinsel schleuderst du bunte Farbspritzer aufs Papier.

3 Mithilfe des Strohhalms werden die Flecken zu Rinnsalen gepustet. Wenn du von einer anderen Stelle aus pustest, verästeln sie sich.

4 Aus dem getrockneten Papier lassen sich schöne Dinge herstellen, etwa eine Minischatzkiste aus einer leeren Streichholzschachtel oder ein Überraschungsbonbon. Für das Bonbon wird eine leere Papprolle mit dem selbst gemachten Papier überzogen und ein kleines, in farbiges Krepppapier eingewickeltes Geschenk hindurchgezogen. Die herausstehenden Zipfel werden mit hübschen Schleifen aus rotem Satinband verziert.

Strandfalter

Das brauchst du 2 Möwenfedern • 2 Muschelschalen, ø 12 cm • 2 Steinchen in Grün, ø 2 cm • 2 Steinchen in Schwarz, ø 5 mm • 12 Treibholzstücke, ø 1 cm, 10 cm lang • 14 Strandfundstücke (Schneckenhäuschen, Muscheln, Strandglas)

1 Lege die zwei Möwenfedern überlappend in den Sand, sodass sie sich voneinander fort krümmen.

2 Als Flügel legst du rechts und links davon die großen Muschelschalen an.

3 Die grünlichen flachen Steine und die kleinen schwarzen Steine bilden die Augen.

4 Zum Schluss legst du ein Muster: immer abwechselnd ein Fundstück und ein Treibholzstück.

Du kannst damit einen Rahmen um deinen Schmetterling legen oder auch nur eine kleine Bordüre.

August

Krötelinchen Schildkröte

Das brauchst du 2 6er-Eierkartons mit achteckigen Schälchen • 6er-Eierkarton mit spitzen Zapfen • Acrylfarbe in Hellgrün, Grün und Gelb • 3 x Chenilledraht in Grün mit Streifen, je 30 cm lang • 2 Wattekugeln, ø 1,5 cm • wasserfester Stift in Schwarz • Lackmalstift in Weiß

1 Schneide aus einem Eierkarton vier achteckige Schälchen, je 1,5 cm hoch, für die Füße und zwei Schälchen, je 2 cm hoch, für den Schildkrötenkopf zu. Schneide zusätzlich einen spitzen Zapfen zu, 3 cm hoch, das wird der Schildkrötenschwanz. Male den noch vollständigen Eierkarton in Hellgrün, die Schälchen und den Zapfen in Grün und die Wattekugeln in Gelb an. Farbe trocknen lassen.

2 Schneide 15 Chenilledrahtstücke von je 5 cm zu. 14 Stücke wickelst du zu kleinen Schnecken auf und klebst sie auf den Schildkrötenkörper. Das letzte Stück lässt du gerade und klebst es in den Zapfen, das ist die Befestigung für den Schildkrötenschwanz.

3 Klebe die vier kleineren, grünen Schälchen als Füße unter den Schildkrötenkörper. Den Kopf klebst du so zusammen, dass der Mund der Schildkröte offen bleibt. Male auf die Wattekugeln mit einem schwarzen Stift Pupillen auf und setzte mit einem weißen Lackmalstift Lichtpunkte. Klebe die Augen auf den Schildkrötenkopf und den Kopf an den Eierkarton.

4 Zum Schluss befestigst du den Schwanz an dem eingeklebten Chenilledrahtstück an dem Eierkarton.

9

10

Flinke Flitzer

Das brauchst du 4 Klopapierrollen • Acrylfarbe in Gelb, Rot, Grün, Blau, Schwarz und Weiß • 16 Getränkedeckel aus Kunststoff, ø 3 cm

1 Zeichne dir mit einem Bleistift ein Rechteck auf die Klopapierrolle (2,5 cm x 3 cm) auf. Dann schneidest du das Rechteck an drei Seiten ein. Lass dir dabei von einem Erwachsenen helfen. An der vierten Seite knickst du das Rechteck nach außen. Du kannst die Ecken auch mit der Schere rund schneiden.

2 Nun malst du deine Rennautos außen und innen gelb, rot, grün oder blau an. Während die Farbe trocknet, kannst du die Flaschenverschlüsse mit schwarzer Acrylfarbe bemalen.

3 Ist alles gut getrocknet, klebst du die Verschlüsse als Räder an. Zum Schluss kannst du deine Autos nach Belieben verzieren: Male Streifen und Zahlen oder klebe Sticker auf. Machen deine Flitzer richtig was her, kann das Autorennen starten.

194 August

Krabbelkäfer

Das brauchst du bunte Papier- und Fotokartonreste, ca. 4 cm x 4 cm • dünner Filzstift in Schwarz • Lineal • Glasnuggets, ø 1,8–2,0 cm • je 2 Wackelaugen, ø 0,6 cm

1 Schneide dir zunächst kleine Papier- oder Fotokartonquadrate (ca. 4 cm x 4 cm) zurecht. Dann zeichnest du mit schwarzem Stift und Lineal mittig einen 1 cm langen Strich auf jedes Quadrat.

2 Als Nächstes gibst du einen Klecks transparenten Alleskleber auf die flächige Seite eines Glasnuggets und klebst diesen dann so auf das Papier, dass der Strich mittig ist. Dann heißt es geduldig warten, denn der Kleber muss jetzt gut trocknen und aushärten, bevor du weitermachen kannst.

3 Schneide mit einer Schere einmal um den Käfer alles überstehende Papier ab. Zum Schluss klebst du zwei Wackelaugen mittig auf die Vorderseite der Glasnuggets.

Leuchtkreide

Das brauchst du 2 EL Mehl • 120 ml Wasser • lumineszierende (nachtleuchtende) Farbe oder Pulver • kleiner Schneebesen • Flüssigseife • Lebensmittelfarbe oder farbiges Kreidepulver • Taschenlampe

1 Vermische Mehl, Wasser und die lumineszierende Farbe und gib dann noch einige Tropfen Flüssigseife in die Masse.

2 Wenn du farbige Leuchtkreide möchtest, dann gib noch Lebensmittelfarbe oder Kreidepulver hinein. Nimm einfach so viel, bis dir die Farbe deiner Mischung gefällt.

3 Nun kannst du die flüssige Farbe mit einem Pinsel auf dem Asphalt oder einem dunklen Papier auftragen.

4 Die lumineszierende Farbe muss gut angeleuchtet werden, damit sie im Dunkeln strahlt. Dies kannst du mit einer Taschenlampe beliebig oft wiederholen. Mit dieser Farbe kannst du auch tolle Schnitzeljagden, Nachthüpfspiele und Willkommensgrüße für eine Party auf die Straße malen.

August

Fröhliche Früchtchen

Das brauchst du 1 Banane • 2 Kiwis • ½ Mango • ½ Ananas • Handvoll Weintrauben • Handvoll Blaubeeren • 6 Erdbeeren • Zahnstocher • Wackelaugen • UHU Patafix • 4 EL Nuss-Nougat-Creme

1 Zuerst kümmerst du dich um das Obst. Banane, Kiwi, Mango und Ananas werden geschält und in kleine Stücke geschnitten. Weintrauben, Blaubeeren und Erdbeeren wäschst du gründlich. Von den Erdbeeren zupfst du noch das Grün ab. Dekoriere alles schön auf einem Teller.

2 Jetzt kommen die Augen-Piker. Nimm dir einen Zahnstocher und befestige ein Wackelauge mit einer kleinen Kugel Patafix an der Spitze. Dann kannst du das andere Ende in ein Obststück hineinstechen.

3 Für den ultimativen Dip erhitzt du 4 EL Nuss-Nougat-Creme ca. 30 Sekunden in der Mikrowelle. Dann ist die Creme flüssig genug, um das Obst hineinzudippen.

13

Quirlige Ameisen

14

Das brauchst du 2 Teelöffel aus Kunststoff • Acrylfarbe in Schwarz • Chenilledraht in Schwarz, 3x 10 cm • 2 Wackelaugen, ø 0,5 cm • Lackstifte in Weiß und Rot

1 Male die Plastiklöffel schwarz an und lass die Farbe gut trocknen. Dann kürzt du die Stiele der Löffel auf 3 cm. Klebe die beiden Löffel aufeinander, so wie du es auf dem Foto sehen kannst.

2 Jetzt wickelst du den Chenilledraht um die Löffel. Dafür legst du das erste Drahtstück mittig unter die Löffel und wickelst jedes Ende einmal rund herum. Biege den Rest um, sodass er wie ein Bein aussieht. Mit den beiden anderen Drahtstücken machst du es genauso.

3 Klebe die Wackelaugen auf und male mit dem Lackmalstift einen lachenden Mund auf. Ergänze ggf. Augenbrauen und Lichtpunkte in Weiß. Jetzt sind deine Ameisen fertig und können mit ihrem Bau beginnen.

August

T-Shirt-Haarband

Das brauchst du 3 alte T-Shirts • Sicherheitsnadel • Nadel • farblich passendes Nähgarn

1. Schneide von jedem T-Shirt einen ca. 5 cm breiten und 80 cm langen Streifen ab.

2. Stich eine Sicherheitsnadel durch die drei Streifenenden und befestige sie z. B. am Hosenbein. Flicht einen festen Zopf.

3. Miss die Länge des Haarbandes am Kopf ab. Überschuss abschneiden.

4. Nähe Anfang und Ende des Zopfes mit farblich passendem Garn zusammen.

5. Schneide ein Rechteck (ca. 3 cm x 5 cm) aus T-Shirt-Stoff aus. Wickle es stramm um die Nahtstelle.

6. Mit eine paar Stichen das Rechteck am Haarband festnähen oder mit Klebstoff festkleben.

15

Quadratlatschen XXL

Das brauchst du alter großer Pappkarton • Permanentmarker • Gummiband, 60 cm lang

1. Wenn sich jemand an einem Sommermorgen früh die Augen reibt und sich fragt, welcher Riese da durch euren Garten oder über den Strand gelaufen ist, dann könnte es an diesem Streich hier liegen. Zuerst trennst du einen alten großen Pappkarton so auf, dass du ihn vor dich auf den Boden legen kannst.

2. Dann zeichnest du mit einem Permanentmarker eine riesige Quadratlatsche oder Dinosaurierfüße darauf. Je nach Lust und Laune bemalst du sie noch hübsch mit Fußnägeln oder Krallen in Größe XXL. Schneide die eine Riesenlatsche aus und leg sie als Vorlage erneut auf die Pappe. Einmal drum herumzeichnen, ausschneiden – umdrehen, da spiegelverkehrt – und schon hast du Riesenlatsche Nummer zwei!

3. Jetzt stellst du dich mittig auf deine Quadratlatschen aus Pappe und zeichnest deinen Schuh darauf. Damit du dir die Latschen unter deine Schuhe klemmen kannst, brauchst du noch eine kleine Vorrichtung aus Gummi. Stich an der breitesten Stelle zwei Löcher in die aufgezeichnete Linie, fädle ein ca. 30 cm langes Stück Gummiband hindurch und verknote es über deinem Schuh.

4. Wenn du beide Quadratlatschen befestigt hast, kannst du lostrampeln und zwar durch matschigen Sand oder das frischgejätete Blumenbeet.

16

August 197

Beachball-Spass für zwei

Das brauchst du Pappelsperrholz, 5 mm stark, 2 × A4 • Laubsäge • große Holzfeile • Schleifpapier, 220er-Körnung • Acrylfarben in Rot, Blau, Gelb und Weiß • UHU Holzleim Express **Vorlagen Seite 207**

1 Übertrage als Erstes die Umrisse der Schlägervorlagen auf das Sperrholz. Den Griff zeichnest du zweimal auf. Dann sägst du alle Teile aus. Wenn die Ränder beim Sägen etwas uneben geworden sind, feilst du sie mit der Feile nach. Anschließend glättest du die Ränder noch mit Schleifpapier.

2 Nun legst du zuerst die Schablone mit dem Blitz und dem Kreis auf und zeichnest den Umriss nach. Danach schneidest du den Blitz aus, legst ihn passgenau auf die Zeichnung auf dem Schläger und umfährst ihn mit dem Bleistift.

3 Beginne beim Bemalen zunächst mit dem Kreis oder dem Blitz. Danach malst du die restliche Fläche an. Die Griffe bemalst du jeweils auf einer Seite und an den Rändern mit Schwarz.

4 Schließlich leimst du die Griffe noch auf den Schläger und das Strandmatch kann beginnen.

Krabbeltierchen

Das brauchst du je 1 Tonpapierstreifen, 2 cm breit, in Schwarz und Rot, 30 cm lang, Schwarz und Grün, 45 cm lang, oder Schwarz und Gelb, 50 cm lang • Tonpapierreste in Schwarz, Rot, Gelb oder Grün (Kopf und Flügel) • 2 runde oder ovale Wackelaugen, ø 1 cm • Chenilledraht in Schwarz oder Grün, roter Käfer: 6 x 4 cm (Beine) und 3 cm (Fühler), grüner Käfer: 6 x 9 cm (Beine) und 10 cm (Fühler); gelber Käfer: 6 x 8 cm (Beine) und 23 cm lang (Fühler) **Vorlagen Seite 208**

1 Aus den beiden Tonpapierstreifen Hexentreppen mit acht Zacken (roter Käfer), zehn Zacken (grüner Käfer) oder zwölf Zacken (gelber Käfer) falten. Der letzte Faltabschnitt ist der Kopf und wird mit der Schere abgerundet. Damit der Kopf als letzter Faltabschnitt auf- und abgeklappt werden kann, den letzten schwarzen Faltabschnitt mit dem vorletzten farbigen zusammenkleben. Schneide dann den überstehenden Rest vom schwarzen Papierstreifen ab. Platziere nun die Wackelaugen auf dem Kopf.

2 Stecke den mittig geknickten Fühlerdraht hinter dem Kopf ein und klebe ihn an. Nach drei Zacken die beiden Flügel einkleben. Klebe nun an der Unterseite an drei aufeinander folgenden Zacken jeweils einen Beindraht ein.

3 Beim Zurechtbiegen der Beine das erste Beinpaar nach vorn, die beiden anderen nach hinten biegen. Knicke dann beim grünen und beim gelben Käfer nach 2 cm die Beine nochmals in die gleiche Richtung. Die Fußspitzen in die entgegengesetze Richtung biegen.

August

Familie Stein und der Pirat

Das brauchst du Keilrahmen oder Leinenkarton • Sand • flache Kieselsteine • Bastelfarben, evtl. Dekomarker (Lackmalstifte) • Filz-, Papier- oder Stoffrest • Bast **Vorlagen Seite 209**

1 Auf den Karton ein Stück Himmel malen und gut trocknen lassen.

2 Dann Holzleim auf den unteren Teil des Rahmens streichen und Sand darüberstreuen. Wieder gut trocknen lassen, dann den überschüssigen Sand abschütteln.

3 Die Steine für die Figur aussuchen. Wenn sie glatt sind, lassen sie sich einfacher aufkleben und bemalen.

4 Die Steine mit einem dünnen Pinsel und Farbe oder Dekomarkern bemalen.

5 Schal und Hut des Piraten sind aus Stoff (siehe Vorlage). Diesen kannst du noch mit einem weißen Lackmalstift bemalen. Bast macht sich gut als Haare.

6 Gestalte dann das Gesicht mit Bunt- und Filzstiften. Zuletzt legst du alle Einzelteile auf den Untergrund und klebst sie nacheinander auf.

19

Ringelwürmer

Das brauchst du ½ Packung lufttrocknende Modelliermasse in Weiß, 250 g • Zahnstocher • Acrylfarbe in Weiß • Filzstifte in verschiedenen Farben • Permanentmarker in verschiedenen Farben • je 2 Wackelaugen, ø 0,7–1,5 cm • UHU Patafix

1 Rolle ein etwa walnussgroßes Stück Modelliermasse zu einer kleinen Rolle. Das hintere Ende formst du spitz zu, das vordere darf etwas rundlich bleiben. Knicke das vordere Drittel nach oben.

2 Dann stichst du mit einem Zahnstocher in das nach oben ragende Ende (also in den Kopf) zwei Löcher hinein.

3 Lass deine Würmer über Nacht gut trocknen.

4 Am nächsten Tag bemalst du sie mit weißer Acrylfarbe. Wieder trocknen lassen. Jetzt kannst du mit Filzstiften oder Permanentmarkern bunte Muster auf die Würmer malen.

5 Befestige je ein Wackelauge mit einer kleinen Kugel UHU Patafix an einem Zahnstocher. Kürze die Zahnstocher nach Wunsch und stecke sie mit einem Tropfen Alleskleber in die vorgebohrten Löcher.

20

August

21 Erdbeer-Sandwich

Das brauchst du 75 g Sahne • 75 ml Milch • 2 Pck. Vanillezucker • 1 Eigelb • 150 g Erdbeeren • 30 g Zucker • 24 runde Kekse • 100 g Zartbitter-Kuvertüre • Zuckerstreusel in Rosa und Weiß

1 Koche die Sahne, Milch und ein Päckchen Vanillezucker auf. Die Eigelbe in einer Schüssel mit einem Schneebesen verrühren. Nun gieß die Mischung langsam zum Eigelb, dabei gut umrühren. Im Kühlschrank kühl stellen.

2 Jetzt die Erdbeeren putzen und die Hälfte mit dem Zucker und einem Päckchen Vanillezucker pürieren. Die restlichen Erdbeeren klein würfeln. Mische nun die eiskalte Sahnemischung und das Erdbeerpüree und friere alles ein. Nach etwa 30 Minuten die Erdbeerwürfel unterrühren und weiter einfrieren.

3 Verstreiche auf 12 Keksen je 1 EL Eis und lege einen zweiten Keks auf das Eis. Friere die Doppeldecker für eine weitere Stunde ein.

4 Zum Schluss musst du die Kuvertüre grob hacken und sie in einer Schüssel im Wasserbad oder in der Mikrowelle schmelzen. Dann nimmst du einen Doppeldecker, tauchst ihn zur Hälfte in die Kuvertüre und bestreust ihn sofort mit den Zuckerstreuseln. Auf Backpapier legen und im Tiefkühlschrank aufbewahren.

22 Tropische Meeresbewohner

Das brauchst du Hartfolie, 0,2 mm stark, in A3 • Windowcolor-Konturenfarbe in Weiß • Windowcolor in Gelb, Orange, Rot, Dunkelrot, Magenta, Violett, Türkis, Blau, Dunkelblau, Hellgrün, Dunkelgrün und Schwarz (Augen) • Vorstechnadel • Nylonfaden, ø 0,2 mm • 15–20 Perlen in Transparent irisierend, ø 4 mm **Vorlagen Seite 210**

1 Gestalte die Meeresbewohner zunächst mit Konturenfarbe. Nach dem Trocknen kannst du sie mit deinen Windowcolor ausmalen.

2 Die Fische kannst du am Rücken mit der Vorstechnadel durchstechen und den Nylonfaden anbinden. Als Luftblasen zwischen den Fischen sieht es schön aus, wenn du immer wieder einmal eine oder zwei Perlen auffädelst. Den Faden durch das Perlenloch ziehen, einmal um die Perle legen und nochmals durch das Loch ziehen. So lässt sich die Perle verschieben. Pro Strang sind immer fünf Fische oder Seesterne aufgefädelt. Du kannst die Länge aber beliebig variieren. Hänge die Motivketten einzeln auf oder binde zwei oder drei davon an einen Holzstab oder Drahtbügel.

August

Angehängt

Das brauchst du Fotokartonrest in Hellblau, Pink und Hellbraun • Locher • Kopierpapier in Gelb, Hellgrün, Rosa und Hellblau • Zackenlitze in Weiß oder Hellblau, 25 cm lang • Leinenstrukturpapier in Hellblau, Türkis und Weiß • Tonpapierrest in Hellblau, Rosa und Hellgelb • Bügelperlen in verschiedenen Farben • Steckbrett in Herzform, ca. 12 cm und ggf. Quadrat in beliebiger Größe • Backpapier • Bügeleisen und Bügelbrett • Zackenlitze in Hellblau und Weiß, 25 cm lang **Vorlagen Seite 208**

1 Schneide die Anhänger-Form der Vorlage nach aus.

2 Lege die Kopierpapierblätter übereinander und loche sie ganz oft und dicht nebeneinander, damit du viele bunte Konfetti erhältst.

3 Streiche das untere Ende des Anhängers mit Kleber ein und streue Konfetti darüber. Lass den Klebstoff trocknen.

4 Mach noch ein Loch in den Anhänger und fädle ein Stück Zackenlitze ein.

5 Schneide die Anhängerform der Vorlage nach aus Strukturpapier aus. Schneide außerdem ein Rechteck aus Tonpapier zu und klebe es auf den Anhänger.

6 Orientiere dich bei den Bügelperlenbildern an der Vorlage. Für den Regenbogen brauchst du die runde Seite der Herz-Steckplatte, für die Blume und das Herz die quadratische Fläche der Herzplatte.

7 Bedecke dein Kunstwerk mit Backpapier und bügle darüber, bis die Perlen verschmelzen. Lass dir von einem Erwachsenen helfen.

8 Nach dem Abkühlen klebst du die Perlen mit Kraftkleber auf den Anhänger.

9 Stanze mit dem Locher ein Loch ans schmale Ende des Anhängers und fädle ein Stück Zackenlitze durch.

Steckenpferd

Das brauchst du leere, saubere Plastikflasche (z. B. dunkle Saftflasche) • starkes Gummi- oder Kreppband • Fotokartonreste in Braun, Rosa, Schwarz und Weiß • Filzstift in Schwarz • Wolle • Webband, 2 m lang • dicker Stab (z. B. Besenstiel) **Vorlagen Seite 205**

1 Knicke die Flasche und klebe sie an der Knickstelle zusammen. Zum Trocknen solltest du die Flasche mit dem Gummi- oder Kreppband fixieren.

2 Aus dem braunen und rosafarbenen Fotokartonrest Ohren und Innenohren ausschneiden und zusammenkleben.

3 Schneide Kreise aus Fotokarton für Nasenlöcher und Augen aus und klebe sie zusammen. Die Pupillen malst du mit dem Filzstift auf.

4 Klebe das Webband als Halfter um die Pferdeschnauze. Klebe die Augen, Nüstern und die Ohren an.

5 Klebe die Wolle als Pony und Mähne an.

6 Stecke den Besenstiel in die Flaschenhalsöffnung und klebe das Webband als Zügel fest.

August

Märchenhafte Meerjungfrauen

Das brauchst du Rundkopf-Wäscheklammern, 11 cm • Acrylfarbe in Grün und Rosa • Filzreste in Grün, Hellgrün und Rot • Baumwollgarn in Rot • je 2 Wackelaugen, ø 0,5 cm • dünner Filzstift in Rot **Vorlagen Seite 211**

1 Male die Wäscheklammern mit Acrylfarbe an. Die Hälfte mit dem Rundkopf wird rosa, die andere Hälfte mit der Klammeröffnung grün. Lass die Farbe gut trocknen.

2 Schneide die Flossenteile und das Bikinioberteil nach Vorlage aus Filz aus. Die Flossenteile klebst du mit Alleskleber übereinander, dann werden sie in die Klammeröffnung geklebt. Das Bikinioberteil ebenfalls aufkleben.

3 Wickle das Baumwollgarn ca. 30–mal um deine Handfläche und ziehe es ab. Schneide das Knäuel an einer Stelle durch, lege es vor dich hin und verknote die Mitte der so entstandenen Fäden mit einem ca. 10 cm langen Extrafaden. Dann klebst du die Haare oben auf den Rundkopf der Klammer.

4 Zum Schluss klebst du die Wackelaugen an und zeichnest das Gesicht mit einem dünnen roten Stift auf.

25

Indianerschmuck

Das brauchst du Filz in Lila, 1 mm stark, 5 cm x 30 cm • Filz in Orange, 1 mm stark, 3,5 cm x 30 cm • Filz in Lila und Petrol, 1 mm stark, je 8 cm x 18 cm • Filz in Gelb, Reste • Sticktwist in Orange und Petrol • Gummilitze in Türkis, 1 cm breit, 25 cm lang • 2 Knöpfe in Petrol, je ø 2 cm **Vorlagen Seite 211**

1 Übertrage die Vorlage für das Zackenband auf den lila Filz und schneide es aus. Sticke das Zackenband mit Vorstichen auf den orangen Filzstreifen.

2 Lege nun ein Ende der Gummilitze an ein Ende des Filzstreifens, darauf 1 Knopf und nähe beides zusammen fest.

3 Jetzt überträgst du die Vorlagen für die Feder auf Filz. Schneide die Feder zweimal aus: einmal etwas größer in Lila, einmal etwas kleiner in Petrol mit eingeschnittenen Rändern. Klebe die Teile aufeinander und verziere sie mit Kreis und Streifen.

4 Nähe das zweite Ende der Litze wie in Schritt 2 beschrieben fest. Lege die Feder auf den Filzstreifen und nähe sie mit Vorstichen fest. Nähe die Vorstiche bis zur Spitze der Feder weiter, so erhält sie einen Kiel.

26

August

Mega-Moasik

Das brauchst du Kreidestifte

1. Suche dir einen Gehweg mit Pflastersteinen, die sich gut bemalen lassen.

2. Nun kannst du mit dem Malen beginnen. Entweder zeigt jeder Stein ein anderes Bild, oder die Steine sind einfarbig und ergeben ein großes Bild. Oder aber du zeichnest ein Muster auf alle Steine. Hier kannst du dich richtig schön austoben.

27

Dynamo Dino

Das brauchst du Fotokarton in Hellgrün, A3 • Fotokartonreste in Orange, Weiß und Schwarz • alte Zahnbürste • alte Zeitungen • Acrylfarbe in Flaschengrün • kleiner Becher • Vorlagen Seite 212/213

1. Schneide alle Teile nach der Grundanleitung zu. Damit der grüne Dinosaurierkörper ein wenig Struktur bekommt, wird er mit Farbe mithilfe der Zahnbürste bespritzt. Dazu legst du alle grünen Teile auf Zeitungen aus und rührst die Acrylfarbe mit etwas Wasser in einem kleinen Becher flüssig an.

2. Die Zahnbürste in die Farbe tauchen, abtropfen lassen und dann über dem Kartonstück festhalten. Mit Daumen oder Zeigefinger von vorne nach hinten über die Borsten fahren, sodass die Farbe davon weg auf den Karton spritzt.

3. Die grünen Teile an den Rändern zusätzlich mit etwas grünem Buntstift schattieren, eine rote Backe aufreiben und das Auge mit Filz- und Lackmalstift auftragen. Den Mund nach Vorlage einschneiden, die Zähne hindurchstecken und hinten festkleben.

4. Das Trikot beklebst du mit dem bemalten Logo und befestigst es auf dem Körper. Darauf und darunter die beiden Arme fixieren, ebenso das zweite Bein von unten ankleben. Die schwarzen Schalteile mit den weißen und orangefarbenen Streifen bekleben. Das große Schalstück von vorne am Dino ankleben, das kleinere von unten ergänzen.

5. Mit Transparentpapier das Muster des Fußballes auf weißen Karton übertragen und mit Lineal und schwarzen Filzstiften nachzeichnen und ausmalen. Oder du fotokopierst den Fußball einfach auf festes Papier.

28

August 203

Glanzlichter

Das brauchst du Buntes Transparentpapier, DIN A5 • Gläser in verschiedenen Größen • Glanzbilder • Basteldraht, ø 1 mm • Holz- und Plastikperlen, ø 0,5 cm – 1 cm • Bänderreste • Teelichter

1 Zuerst schneidest du aus buntem Transparentpapier einen ausreichend langen, ca. 7 cm breiten Streifen zurecht und klebst ihn mit Klebestift um die Glasmitte. Das Glanzbild platzierst du mittig auf der Vorderseite darauf. Jetzt schneidest du den Draht zurecht. Der Draht sollte ca. 20 cm länger als dein Glasumfang sein. Am besten den Draht einfach um das Glas legen und abmessen.

2 Lege den Draht zu einem Kreis und verzwirble die beiden Enden miteinander. Dann um den Hals vom Glas legen. Drücke den Drahtkreis mittig an den Glashals und halte die Enden des Kreises zwischen deinen Fingern. Jetzt drehst du den Draht an beiden Seiten jeweils zu einer Schlaufe.

3 Schneide ein zweites, 20 cm langes Stück Draht zu. Darauf fädelst du nach Lust und Laune bunte Perlen auf. Den Perlendraht steckst du durch eine der beiden Schlaufen am Glas, verzwirbelst ihn und schneidest überstehende Reste ab. Auf der anderen Seite verfährst du genauso.

4 Zum Schluss knotest du noch ein paar Bänder als Deko an eine seitliche Schlaufe und stellst ein Teelicht hinein.

Witzige Spielfiguren

Das brauchst du FIMO® soft in Orange, Lila, Hellgrün, Rot und Schwarz sowie Reste in Weiß, Rosa und Flieder • Zahnstocher

1 Für Männchen und Frosch formst du eine große und eine kleine Kugel. Rolle die große Kugel zu einem kegelförmigen Körper mit einer runden Standfläche und einem spitzen Ende. Stecke einen gekürzten Zahnstocher in das spitze Ende und setze den Kopf darauf.

2 Forme die Haare aus dünnen Rollen; Nase, Zunge und Augen aus flachgedrückten Kügelchen. Für die Augen erst die weißen Kügelchen aufdrücken, dann mit dem Zahnstocher die winzigen Pupillen anbringen.

3 Den Mund mit dem Modellierstab einschneiden und die Zunge dazwischen klemmen. Dem Frosch drückst du zwei Augen aus gerollten Kugeln auf.

4 Für den Fuchskopf rollst du die kleine Kugel zu einer birnenförmigen Rolle und setzt eine kleinere Kugel als Nase auf.

5 Die kleinen dreieckigen Ohren formst du aus Kügelchen. Wie die Augen, die Zunge und der Mund geformt werden, siehst du beim Männchen und beim Frosch.

6 Für die Innenohren rollst du rosa Kügelchen, sie sollten kleiner als die Ohren sein. Für den Schwanz stellst du aus Rot und etwas Weiß zwei Kugeln her, setzt sie aneinander und rolle sie zu einer Rolle.

7 Der Esel erhält längere Ohren als der Fuchs. Sein Kopf wird aus einer birnenförmigen Kugel geformt. An deren Ende sitzt eine weiße Kugel als Schnauze. Zwei Nasenlöcher vorn an der Spitze mit einem Zahnstocher eindrücken. Den Schwanz formst du aus einer Rolle mit dünnen Rollen am Ende.

204 August

31 Pizza-Parkhaus

Das brauchst du Pizzakarton, ca. 30 cm x 30 cm • 4 Klopapierrollen • Acrylfarbe in Grau und Hellblau • Filzstifte in Rot, Blau und Gelb • Plastik-Ei • 2 Strohhalme

1 Zuerst klappst du die Schachtel auseinander, zeichnest ein 10 cm x 20 cm großes Rechteck in den Deckelrand und schneidest dann den Deckel bis auf das Rechteck weg.

2 Bemale die Klorollen und das Parkhaus außen mit hellblauer Acrylfarbe. Das Innere der Schachtel und die Auffahrt streichst du grau an.

3 Aus dem Rest des Deckels kannst du Warnschilder ausschneiden und mit Filzstiften bemalen.

4 Für die Schranke schneidest du in die Außenseite einer Plastik-Ei-Hälfte mit dem Cutter einen Schlitz. Lass dir dabei von einem Erwachsenen helfen. Ein 2,5 cm x 10 cm langer Streifen Pappe wird die Schranke. Bemale sie mit rotem Filzstift und stecke sie in den Schlitz.

5 Schneide ebenfalls aus Resten des Schachteldeckels ca. 0,3 cm x 6 cm große Streifen als Markierung für die Parkbuchten zu und klebe sie mit Klebestift auf.

6 Schneide zwei Strohhalme der Länge nach auf und stecke sie auf einen 2,5 cm x 20 cm langen Papprest-Streifen. Dann klebst du sie rechts und links als Begrenzung an die Auffahrt.

7 Zum Schluss klebst du die Klorollen und die Hinweisschilder mit Alleskleber an Ort und Stelle fest und deine Autos können auch schon einziehen.

Vorlagen

August 205

Pupille

Auge

Steckenpferd
Seite 200

Ohr

Matrosen-Mobile
Seite 190

Erdbeere oder Schokolade?
Seite 189

Libellen im Anflug
Seite 190

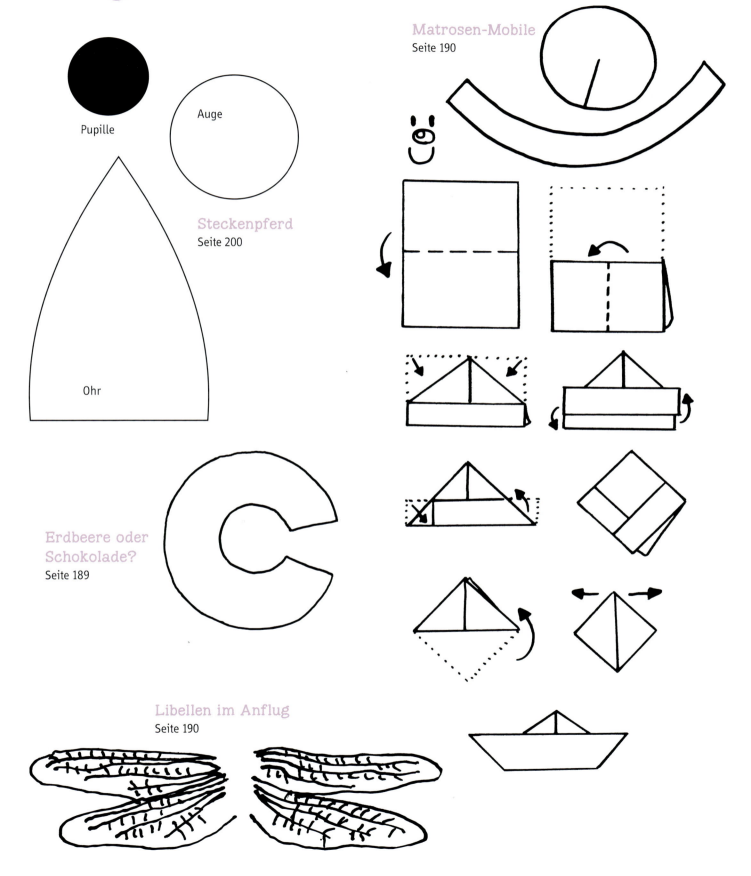

206 August

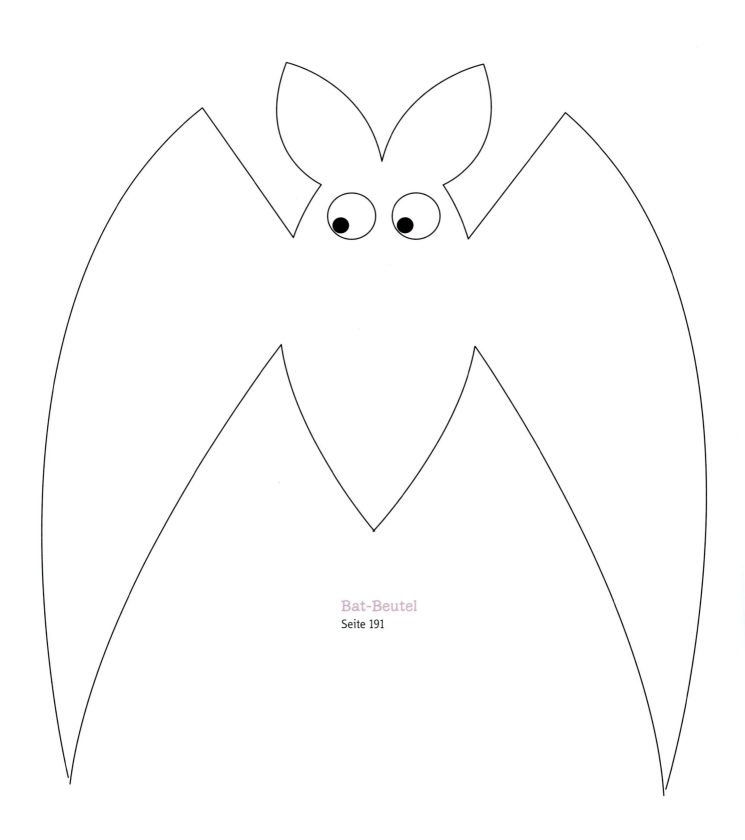

Bat-Beutel
Seite 191

August 207

Beachball-Spass für zwei
Seite 197
Vorlage bitte um 125 % vergrößern

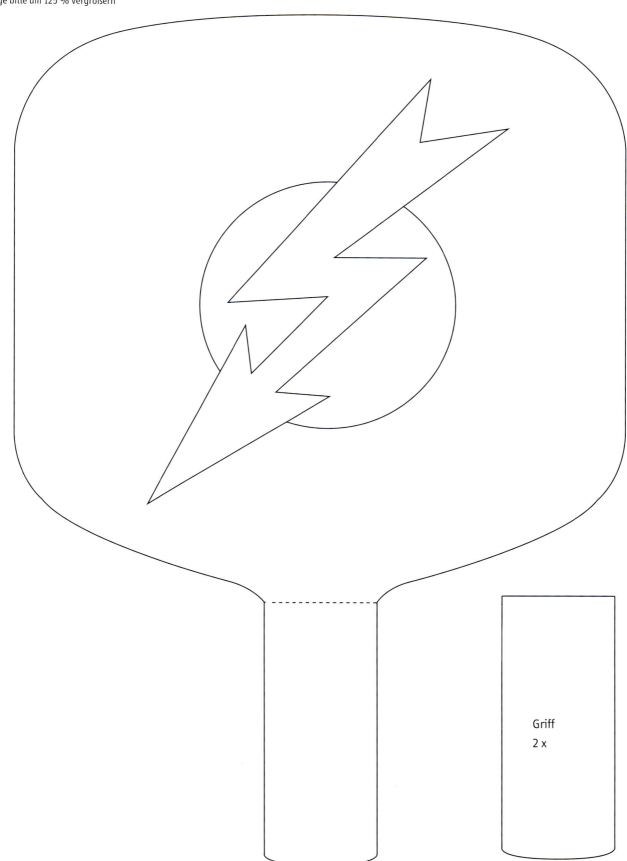

208 August

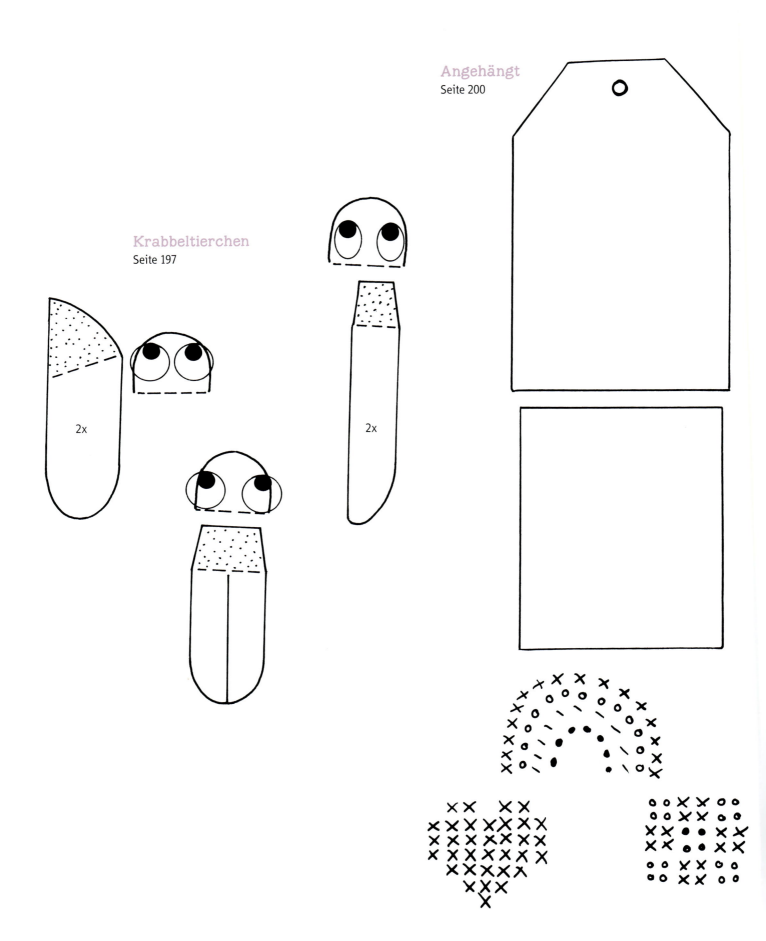

August

Familie Stein und der Pirat
Seite 198
Vorlage bitte um 150 % vergrößern

210 August

Tropische Meeresbewohner
Seite 199
Vorlage bitte um 170 % vergrößern

August 211

Märchenhafte Meerjungfrauen
Seite 201

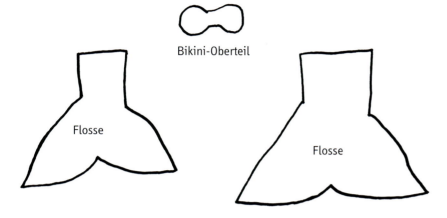

Indianerschmuck
Seite 201
Vorlage bitte um 130 % vergrößern

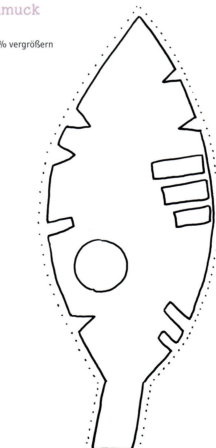

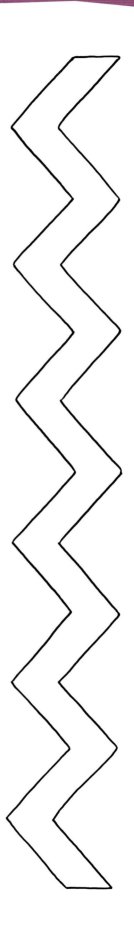

August 213

Dynamo Dino
Seite 202
Vorlage bitte um 150 % vergrößern

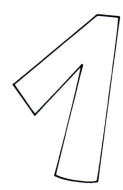
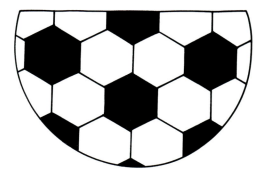
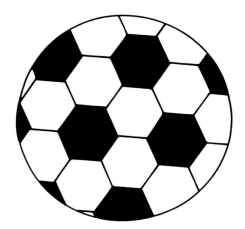

September

Das ist spitze!

Das brauchst du verschiene Spitzendeckchen oder Bordüren • Packpapier • Wachsmalkreiden in Wunschfarben

1 Breite dein Spitzendeckchen ganz flach auf dem Tisch aus und lege das Packpapier darüber.

2 Male mit der ersten Wachsmalkreide auf dem Papier hin und her, halte die Kreide dabei möglichst flach. Kannst du schon das Spitzenmuster erkennen?

3 Wiederhole den Vorgang mit verschiedenen Wachsmalkreiden. Rücke das Deckchen oder die Bordüre immer wieder in eine andere Position. Nimm auch verschiedene Deckchen, so wird dein Muster noch abwechslungsreicher.

4 Wenn dir dein Werk gefällt, kannst du dein Geschenk damit einpacken. Wetten, dass es besonders gut ankommt?

1

Zosch!

Das brauchst du längliches Zuckertütchen • Strohhalm

1 Schneller und einfacher kann man eine Raketenabschussrampe kaum basteln: Das Zuckertütchen an einer Ecke vorsichtig öffnen und ausleeren.

2 Stecke das Tütchen auf den Strohhalm. Dann langsam den Countdown herunterzählen und ... pusten!

2

September

Waldfänger

Das brauchst du trockene, gerade Zweige • Gartenschere • Acrylfarben nach Wunsch • Heißklebepistole oder Blumendraht • Nähgarn in Weiß

1 Von den Zweigen mit der Gartenschere acht Stücke in 8 cm Länge und acht Stücke in 5 cm Länge abschneiden.

2 Die Holzstücke mit Acrylfarbe bunt anmalen und trocknen lassen.

3 Mit einem Erwachsenen jeweils die gleichgroßen Holzstücke mit Heißkleber leicht schräg aneinanderkleben oder die Enden der Ästchen mit Draht aneinanderwickeln.

4 Die beiden Waldfänger mit Garn aneinanderknoten und eine Schlinge als Aufhänger durch die Spitze ziehen.

Happy Birthday

Das brauchst du Klappkarten in Gelb und Rosa, A6 • Filzstift in Schwarz • Masking Tape in verschiedenen Farben und Mustern

1 Für die Karte mit Girlande malst du mit einem schwarzen Filzstift zunächst eine Schnur mit kleinen Schleifen an den Enden auf. Jetzt bunte Dreiecke ausschneiden und in regelmäßigen Abständen auf die Schnur kleben. Die Buchstaben HAPPY BIRTHDAY werden aus schmalen Tape-Streifen in Petrol und Türkis geklebt.

2 Für die Karte mit Torte klebst du aus schmalem Tape einen Tisch. Dafür zunächst zwei ca. 5 cm lange Streifen als Tischbeine aufkleben. Die Tischplatte ist etwa 9 cm lang. Für die Torte klebst du vier nach oben hin schmaler werdende Streifen übereinander. Die Kerzen aus schmalem Tape bekommen ausgerissene gelbe Flammen. Abschließend zwei beschriftete Streifen aufbringen.

September 217

Magische Einhörner

Das brauchst du 2 Klopapierrollen • Acrylfarbe in Weiß und Pink • Tonpapierreste in Pink, Weiß und Elfenbein • Buntstifte in Grau, Pink und Rot • Filzstift in Schwarz • Lackmalstift in Weiß • Hologrammfolienrest in Silber • Wollreste in Weiß und Pink • 2 Strassherzen in Silber, ca. 1 cm x 1 cm **Vorlagen Seite 231**

1 Knicke die Klopapierrollen so, dass sie flach auf der Unterlage liegen. Stelle dir Schablonen her, lege sie auf die Rollen und zeichne die Umrisse für die Beine und den Körper mit Bleistift nach. Dann schneidest du alles entlang der Linien aus.

2 Male die Einhornkörper mit weißer bzw. pinkfarbener Acrylfarbe an. Lass die Körper gut trocknen.

3 Schneide aus Tonpapier die Gesichter aus und ziehe die Ränder mit grauem bzw. pinkfarbenem Buntstift nach.

4 Knicke den Einhornhals etwas nach außen um. Male die Gesichter mit schwarzem Filzstift und rotem Buntstift auf. Die Lichtpunkte in den Augen malst du mit weißem Lackmalstift. Schneide danach aus der Hologrammfolie zwei Hörner zu.

5 Jetzt kannst du die Köpfe am Hals der Einhörner fixieren. Klebe die Hologrammfolie tütenförmig zusammen und bringe die Hörner mit Alleskleber an. Schneide fünf je 7 cm lange Wollfäden in Pink bzw. Weiß zu und klebe sie an die Einhornkörper. Zum Schluss klebst du die Strassherzen auf. Einfach magisch, oder?

5

Fingerpüppchen

Das brauchst du 2 10er-Eierkartons mit spitzen Zapfen • Acrylfarbe in Gelb, Braun ,Weiß. Grün und Hellgrün • 6 Wattekugeln, ø 1 cm • 6 Wackelaugen, ø 0,7 cm • wasserfester Stift in Rot und Schwarz • Buntstift in Rot • Lackmalstift in Weiß • Filzrest in Braun, Weiß und Schwarz • Chenilledraht in Beige, ø 0,7 cm, 7 cm lang • 2 Holzperlen in Braun, ø 0,7 cm **Vorlagen Seite 231**

1 Schneide für die Tierkörper je 5,5 cm lange Zapfen und für die Köpfe je 4,5 cm lange Zapfen zu. Male alle Zapfen passend an und lass die Farbe gut trocknen. Male der Giraffe und dem Krokodil Punkte und dem Zebra seine Streifen auf. Nochmals trocknen lassen.

2 Bemale die Wattekugeln für die Augen. Trocknen lassen. Dann klebst du die Wackelaugen darauf. Klebe die Augen auf die Gesichter. Male Münder auf und röte die Wangen mit Buntstift. Schneide Ohren und Haare vom Zebra mithilfe der Vorlage aus Filz zu. Für die Giraffe schneidest du braune Filzohren aus.

3 Halbiere den Chenilledraht und klebe an jedes Ende je eine Holzperle. Dann alle Teile wie auf dem Foto zu sehen an die Tierköpfe kleben. Klebe die Köpfe auf die Körper.

6

218 September

Orangeneis in der Schale

7

Das brauchst du 4 Orangen, ca. 200 ml frisch gepresster Orangensaft • 200 g Schmand • 200 g Joghurt • 150 g Puderzucker • 4 Eiweiß • 1 Prise Salz

1 Beginne im ersten Schritt damit die Orangen zu halbieren und diese auszupressen. Entferne anschließend das restliche Fruchtfleisch mit einem Löffel aus den Schalen und stelle sie beiseite.

2 Rühre den Schmand, den Joghurt, den Orangensaft und 50 g Puderzucker mit einem Schneebesen cremig.

3 Die Eiweiße mit einer Prise Salz steif schlagen und nach und nach die restlichen 100 g Puderzucker zugeben (ca. 5 Minuten schlagen, bis sich feine Spitzen bilden). Hebe nun die Eiweißmasse unter die Orangencreme.

4 Gib die Masse in eine Schale und stelle sie in den Tiefkühlschrank. In den ersten 2 Stunden rührst du die Eismasse am besten alle 30 Minuten durch. So wird es richtig schön cremig. Gib dann das Eis in die Orangenhälften und friere es für mindestens weitere 2 bis 3 Stunden ein.

Kleine Knete-Eumel

8

Das brauchst du Luftballons in Grün, Blau, Gelb, Rosa und Orange • Knete, 300 g oder Mehl, 100 g • Permanentmarker in Schwarz • je 2 Wackelaugen, ø 1,2 cm • UHU Patafix

1 Zuerst befüllst du die Luftballons mit Knete oder Mehl. Für die Knetefüllung weitest du die Öffnung mit zwei Fingern und schiebst kleine Knetrollen hinein. Ist der Ballon gut gefüllt, drückst du die Knete von außen zusammen, bis dir das Ergebnis gefällt. Dann kannst du den Ballon zuknoten.

2 Um den Ballon alternativ mit Mehl zu befüllen, benötigst du einen kleinen Trichter. Stecke die Trichter-Öffnung in die Luftballonöffnung. Dann lässt du Mehl durch den Trichter in den Ballon hineinrieseln. Vielleicht musst du mit einem Bleistift nachstopfen. Dann kannst du den Ballon zuknoten.

3 Die Wackelaugen mit UHU Patafix auf den Ballon aufkleben.

4 Zum Schluss mit Permanentmarker Mund und Augenbrauen aufmalen.

September

Weise Vögel

Das brauchst du 2 Pappteller, ø 17 cm • 2 Pappteller, ø 20,5 cm • Acrylfarbe in Karibik, Orange, Hellgrün und Magenta • Fotokartonreste in Natur, Weiß und Schwarz • 2 Chenilledrähte in Rosa gestreift und Flieder gestreift, ø 0,7 cm, je 20 cm lang • Buntstift in Rot • je 2 Muffinförmchen in Rosa und Gelb, ø 4 cm • je 14 Klebepunkte in Rot und Blau, ø 1,2 cm **Vorlagen Seite 232**

1 Halbiere die kleineren Pappteller und schneide von den größeren Papptellern einen kleinen Bogen ab, sodass die Eulenform entsteht. Male die Tellerhälften in Karibik und Orange und die Eulenkörper in Hellgrün und Magenta an. Lass die Farbe gut trocknen.

2 Schneide die Schnäbel der Vorlage nach zweimal aus naturfarbenem Tonkarton aus. Für die Augen malst du mit einem Kreislineal vier Kreise (je ø 3 cm) auf weißen Karton und für die Pupillen vier Kreise (je ø 1,5 cm) auf schwarzen Karton. Schneide alles aus.

3 Halbiere die Chenilledrähte, wickle je ein Stück um einen dünnen Stift und ziehe es wieder ab. Das sind die Füße. Klebe die Füße und den Schnabel auf die Eulen. Röte die Wangen mit Buntstift und klebe zwei Muffinförmchen darüber. In die Muffinförmchen klebst du die Eulenaugen. Auf den Tellerhälften für die Flügel noch Klebepunkte anbringen, dann die Flügel von der Rückseite an die Eulen kleben.

Waldlinge

Das brauchst du 2 Kastanien • Kastanienbohrer • Mohnkapsel mit Stiel, ø 2 cm • Acrylfarbe in Hautfarbe, Rosa und Hellgrün • Bast in Hellgrün • 2 Lindenblütensamen • Wellpapperest in Natur • Nylonfaden • Haselnuss • Filzrest in Gelb • Perlhuhnfeder • passender Ast **Vorlagen Seite 232**

1 Für die Fee mit einem Bohrer vorsichtig ein Loch in die Kastanie bohren oder wahlweise das Loch mithilfe einer spitzen Schere stechen. Den Mohnkapselstiel einstecken und festkleben.

2 Die Kapsel hautfarben bemalen, die Krone hellgrün. Das Gesicht aufmalen und einige kurze grüne Bastfäden um den Hals knüpfen.

3 Die Lindenblütensamen als Flügel an der Rückseite und eingerollte schmale Wellpappestreifen als Arme und Beine ankleben. Damit sie sich einrollen, die Streifen mit waagrechtem Rillenverlauf eng um ein Stäbchen wickeln und kurz festhalten. Einen Aufhängefaden um die Mohnkrone binden.

4 Für den Vogel klebst du die Haselnuss an die Kastanie, sodass der spitze Teil der Nuss nach hinten schaut.

5 Den doppelten Filzschnabel anbringen, die Augen malen und das Federschwänzchen ankleben. Den Vogel auf dem Ast fixieren.

September

Rockstar Gitarre

Das brauchst du Pappschachtel, ca. 20 cm x 22 cm x 5 cm • leere Geschenkpapierrolle, ca. 30 cm hoch • 3 Holzstäbchen, je 12 cm lang • Acryllack in Gelb, Rot und Hellblau • Prickelnadel • 8 Musterklammern • Wolle in Rot

1 Zuerst schneidest du einen ca. 11 cm großen Kreis in die Vorderseite der Pappschachtel. Zeichne dazu den Kreis erst auf, stich mit einer spitzen Schere in die Mitte des Kreises und schneide ihn aus.

2 Jetzt malst du die Schachtel, die Papprolle und die Holzstäbchen mit Acryllack an und lässt die Farbe gut trocknen, am besten über Nacht.

3 Stich mit einer Prickelnadel ober- und unterhalb des Kreises je vier Löcher im Abstand von 1 cm in die Schachtel. Hier steckst du anschließend die Musterklammern hindurch und biegst sie auf der Innenseite um.

4 Schneide vier ca. 20 cm lange Wollfäden zu und knote sie als Gitarrenseiten an die Musterklammern.

5 Mit einem Cutter schneidest du je drei Löcher links und rechts in den oberen Teil der Papprolle. Lass dir dabei von einem Erwachsenen helfen. Die Schlitze sollten so groß sein, dass du die Holzstäbchen hindurchstecken kannst. Achte beim Schneiden darauf, dass die Schlitze rechts und links gleichmäßig sind, sonst sitzen die Holzstäbchen später schief.

6 Zum Schluss klebst du die Papprolle auf die Oberseite der Pappschachtel und schon kannst du losrocken!

Seifenblasen-Zauberstab

Das brauchst du ca. 35 bunte Perlen (Holz oder Plastik), ø ca. 5 mm • Draht, 50 cm lang • Rundstab, ø 6 mm, 50 cm lang • Zange • Wollreste, 80 cm lang • Organzabänder, 80 cm lang

1 Fädle die bunten Perlen auf ein ca. 50 cm langes Stück Draht auf.

2 Lege das Ganze zu einem Kreis, nimm am besten eine Konservendose oder ein Glas zu Hilfe. Jetzt verzwirbelst du die Drahtenden miteinander und ziehst den Kreis dann wieder von der Dose runter.

3 Wickle den entstandenen Drahtstrang mehrfach um ein Ende des Rundstabs. Überstehende Drahtreste schneidest du mit der Zange oder einer Schere ab.

4 Lege die Wollfäden um die Drahtstelle am Stab und verknote sie so, dass der Draht nicht mehr zu sehen ist. Jetzt knotest du Organzabänder und Wollfäden um den Rundstab, damit das Ganze schön aussieht.

5 Hier kommt dein Geheim-Rezept für Super-Seifenblasen: Vermische 115 ml klares Spülmittel, 1 EL Glycerin, 1,5 l Wasser vorsichtig. Wenn kein Schaum mehr vorhanden ist, ist die Seifenblasenmischung einsatzbereit.

September

Krümelkekse

Das brauchst du Backpapier • 125 g Butter • 180 g brauner Zucker • 1 Päckchen Vanillezucker • Prise Salz • 1 Ei • 200 g Mehl • 1 TL Backpulver • 200 g Vollmilch- oder Zartbitterschokolade • Tonpapier in Blau

1 Lass den Backofen auf 150° C vorheizen und bereite inzwischen zwei Backbleche mit Backpapier vor. Dann lässt du die Butter in einer Schale für ca. 30 Sekunden in der Mikrowelle schmelzen.

2 Zucker, Vanillezucker, Salz und die geschmolzene Butter gibst du in eine Schüssel und rührst das Ganze mit dem Schneebesen deines Rührgeräts schön cremig. Danach rührst du noch ein Ei darunter.

3 Mische Mehl und Backpulver und gib sie in die Rührschüssel zu den restlichen Zutaten. Vermische alles miteinander. Auf einem Brettchen zerhackst du mit einem Messer die Schokolade in grobe Stücke und gibst sie in den Cookie-Teig.

4 Mit einem Esslöffel formst du vom Teig je neun Häufchen und setzt sie auf ein Backblech. Die Kekse werden beim Backen ganz schön groß, achte auf Abstand zwischen den Teig-Häufchen! Das Blech schiebst du in den heißen Ofen. Auf mittlerer Schiene sollten deine Kekse für ca. 10 Minuten backen.

5 Nach der Backzeit ziehst du dir Backhandschuhe an, holst das Blech aus dem Ofen (Vorsicht, heiß!) und ziehst deine Cookies samt Backpapier auf ein Kuchengitter, damit sie auskühlen können.

6 Für deine Krümelmonstertaschen schneidest du einen 10 cm x 20 cm breiten Streifen blaues Tonpapier zurecht und faltest es einmal in der Hälfte. Von der linken Seite schneidest du ein Dreieck ab, gibst einen Klecks Kleber auf die obere Innenseite und faltest deine Tasche zusammen. Jetzt noch Augen aus Papier aufkleben und fertig bist du.

13

Freundliche Bären

Das brauchst du Tonpapierstreifen in Terrakotta, 2 x 25 cm lang, 2 cm breit • Fotokartonrest in Terrakotta • Tonpapierreste in Terrakotta und Hautfarbe **Vorlagen Seite 232**

1 Die Beinpaare kannst du aus Fotokartonresten in Terrakotta ausschneiden. Den Kopf und die Schnauze aus Tonpapierresten anfertigen.

2 Die Hexentreppe falten und als Körper zwischen die Beine kleben.

3 Für den Hals einen Tonpapierrest in Terrakotta (4 cm x 2 cm) gemäß Vorlagenbogen in der Mitte falten. Ein Ende des Halses an das vordere Beinpaar kleben. Dann das andere Halsende nach vorn umklappen und daran den Kopf befestigen.

14

September

Zapfentierchen

Das brauchst du Bucheckern-Hülle • Acrylfarbe in Rot, Rosa, Blau, Gelb, Grün, Orange • Tannenzapfen • je 2 Wattekugeln, ø 20 mm • Permanentmarker in Schwarz

1 Als Erstes bekommen diese niedlichen Zapfentierchen eine knallrote Nase. Dafür malst du eine Bucheckern-Hülle mit roter Acrylfarbe an und lässt sie gut trocknen. Klebe sie dann mit Alleskleber an die Spitze des Tannenzapfens.

2 Probiere aus, wie der Tannenzapfen am besten liegt, sodass er guten Halt hat. Dann malst du die Spitzen des Zapfens mit verschiedenen Farben bunt an und lässt die Farbe trocknen.

3 Für die Augen malst du den Wattekugeln mit schwarzem Permanentmarker jeweils eine Pupille auf. Dann klebst du die Augen direkt über der Nase an den Zapfen. Fertig ist dein Zapfentierchen!

15

Schlau wie ein Fuchs

Das brauchst du Filz in Orange, 2 mm stark, 15 cm x 25 cm • Bastelfilzreste in Weiß und Schwarz • Sticktwist in Weiß • Lochzange • Gummiband in Weiß, ø 1 mm, 50 cm lang **Vorlagen Seite 233**

1 Die Fuchsmaske, die Innenohren und die Schnauze ausschneiden.

2 Klebe die Ohren und die Schnauze auf der Maske fest.

3 Sticke einige Stiche locker verteilt auf die Wangen.

4 Mit einer Lochzange kleine Löcher in die Seiten der Maske stanzen.

5 Fädle den Gummifaden durch ein Loch und knote ihn fest. Das andere Ende durch das zweite Loch fädeln und ebenfalls verknoten.

16

September 223

Drei süße Mäuse

Das brauchst du Tonkarton in Braun, 29 cm x 10 cm • 2 Halbperlen in Schwarz, ø 5 mm **Vorlagen Seite 234**

1 Fertige eine Schablone der Vorlage an und lege sie auf den braunen Tonkarton. Umfahre die Schablone mit einem Bleistift und schneide die Maus aus, wobei du hinter den Ohren jeweils noch einen kurzen Einschnitt machst.

2 Den Mäuserücken an der gestrichelten Linie Richtung Schwanz falten und ankleben.

3 Die Ohren an den gepunkteten Linien schräg nach vorne falten und die Halbperlen als Augen aufkleben. Für das Anbringen der Augen verwendest du am besten eine Pinzette.

17

Sebastian Seelöwe

18

Das brauchst du Moosgummi in Blau-weiß gepunktet, A4 • Holzhalbkugel, ø 1,2 cm • Acrylfarbe in Blau und Weiß • leere, gut gereinigte Shampooflasche, z. B. in Hellblau • Lackmalstift in Weiß und Schwarz • Wackelaugen, ø 2 cm **Vorlagen Seite 234**

1 Übertrage die beiden Vorderflossen und die Schwanzflosse auf den Moosgummi und schneide sie sorgfältig aus.

2 Bemale die Holzhalbkugel mit der blauen Farbe. Während die Farbe trocknet, klebst du die Vorderflossen auf der Unterseite der Flasche fest. Befestige sie verkehrt herum und biege sie dann zurück auf die „richtige" Seite, sodass der Seelöwe später darauf stehen kann.

3 Die Schwanzflosse klebst du an das hintere Ende der Shampooflasche. Nun klebst du die Holzhalbkugel als Nase an die Flasche.

4 Male mit dem schwarzen Stift Punkte und Augenbrauen auf. Die Lichtpunkte malst du mit der weißen Farbe auf. Zuletzt klebst du noch die Wackelaugen auf.

September

Herbstschatz

Das brauchst du Handtuch • Noppenfolie, 30 cm x 50 cm • Filzwollreste in Lieblingsfarben • heißes Wasser • Sprühflasche • flüssige Seife • Eichelkappen • Heißklebepistole

1 Lege deinen Arbeitsplatz mit einem großen Handtuch und einer Noppenfolie aus. Die Filzwolle aus dem Strang zu einer Kugel legen.

2 Mit der Sprühflasche das warme Wasser auf die Kugel sprühen. Gib ein wenig Flüssigseife darauf und forme in deinen Händen mit kreisenden Bewegungen eine Kugel.

3 Übe nur wenig Druck aus! Dies machst du etwa fünf Minuten lang.

4 Jetzt kannst du deine Kugel auf der Noppenfolie rollen.

5 Überschüssiges Seifenwasser kannst du mit kreisenden Bewegungen auf einem Handtuch entfernen. Mit einigen kräftigen auf- und abwärtsrollenden Bewegungen erhältst du eine ovale Eichelform.

6 Passe die noch feuchten Eicheln in deine Kappen ein, eventuell musst du deine Eicheln ein wenig in Form drücken. Anschließend müssen die Eicheln gut trocknen.

7 Fürs Kleben mit der Heißklebepistole benötigst du einen erwachsenen Assistenten (oder eine Niedertemperaturpistole): Drücke einen kleinen Klecks Kleber in die Kappe und verbinde diese mit deiner Filzeichel. Lass den Heißkleber kurz trocknen.

Regenwurmhotel

Das brauchst du Glas, ø 10–15 cm, ca. 25 cm hoch • kleine Steinchen • Sand • Blumenerde • Blätter oder Zeitungsschnipsel • Gemüse- und Obstreste (z. B. Möhrenschalen, Apfelschalen, Salatblätter) • Haferflocken • Tuch

1 Zuerst füllst du eine Schicht kleiner Steinchen auf den Boden des Glases. Dann folgt eine Schicht Sand, dann Erde. Zwischendurch kannst du eine Lage Blätter oder Zeitungsschnipsel einstreuen und dann weiter Sand und Erde aufhäufen. Zum Schluss gibst du Gemüse- oder Obstreste als Futter obendrauf.

2 Jetzt gehst du auf Regenwurm-Suche. Schnapp dir einen Spaten und grab dich durch die Beete. Du brauchst nicht mehr als zehn Würmer, sonst muss dein Hotel wegen Überfüllung geschlossen werden! Gib sie in dein vorbereitetes Glas, befeuchte das Ganze leicht und deck es mit einem Tuch ab.

3 Regenwürmer mögen kein Sonnenlicht! Wärme übrigens auch nicht, stell deshalb das Glas in jedem Fall an einen schattigen Ort.

4 Alle paar Tage fütterst du die Regenwürmer mit Salatblättern, Möhrenschalen oder Haferflocken. Nach drei Wochen kannst du gut sehen, wie sie das Glas schön umgegraben und Gänge hineingezogen haben. Wenn du das Gefühl hast, genug geforscht zu haben, lass die Regenwürmer auf euren Komposthaufen umziehen.

September 225

Drei Fuchs-Freunde

Das brauchst du Filz in Rotbraun, Grau oder Grau meliert, 1–2 mm stark, 15 cm x 20 cm • Filzreste in Weiß und Schwarz • gemusterte Baumwollstoffreste (z. B. Quiltstoffe) • Vliesofix • Sticktwist in Hellbraun • Textilkleber • Plusterpen in Schwarz **Vorlagen Seite 235**

1 Schneide den Körper (doppelt) und den Schwanz des Fuchses aus Filz aus. Den Bauch aus gemustertem Stoff ausschneiden und auf dem vorderen Körperteil mit Vliesofix befestigen.

2 Nähe die zwei Körperteile mit hellbraunem Faden zusammen (Vorstich).

3 Die weißen Teile des Gesichts zuschneiden und mit Textilkleber auf den Fuchs kleben. Darüber dann die Nase fixieren.

4 Schneide den Schwanz aus und fixiere ihn auf dem fertigen Fuchs mit Textilkleber. Man kann ihn vorne oder hinten befestigen.

5 Die Augen mit schwarzem Plusterpen aufmalen und den Punkt auf der Nase mit weißem Stift, alles gut trocken lassen. Die Wangen röten.

21

Leichtfüßige Bergsteiger

22

Das brauchst du je 1 Tonpapierstreifen in Schwarz und Braun oder 2 Tonpapierstreifen in Orange oder Braun, 2 cm breit, 30 cm lang • dicker Buntstift in Braun • Tonpapierreste in Braun oder Orange (Kopf und Ohren) • 2 Wackelaugen, ø 5 mm • Chenilledraht in Braun, Hautfarbe, Schwarz oder Orange, 4 x 6 cm (Beine) und 1 x 10 cm lang (Hörner) **Vorlagen Seite 235**

1 Zeichne auf die Vorder- und Rückseite der orangefarbenen bzw. braunen Papierstreifen zwei oder mehr parallele, längs verlaufende Linien. Nun die Hexentreppe mit sieben Zacken falten. Klebe die beiden letzten Faltabschnitte aufeinander und schneide die Papierstreifenreste ab.

2 Schneide das Kopf-Halsteil aus und falte es an der gestrichelten Linie. Von unten das Ohrenteil (gepunktete Linie) ankleben. Die Wackelaugen aufkleben und die Nüstern aufmalen. Klebe den Hals dann an den Rumpf; der Hals samt Kopf steht oben 1 cm über. Klebe hier den Hörnerdraht an und biege die Hörner dann im Bogen nach hinten.

3 Für die Beine jeden Draht nach 4 cm an der Ferse rechtwinklig nach vorn biegen. Forme aus den verbleibenden 2 cm den runden Fuß. Stecke die Beine dann von unten nach dem ersten und sechsten Zacken in den Rumpf und klebe sie fest.

September

Hagebutten-Prinzessin

Das brauchst du Bastelfedern in verschiedenen Farben • Basteldraht, ø 0,4 mm • Hagebuttenfrüchte • Permanentmarker in Schwarz, Weiß, Silber, Rosa und Rot • Chenilledraht in Gelb, 50 cm lang • Tonpapier • Zahnstocher

1 Nimm 3–4 verschiedenfarbige Federn und lege sie zu einem Bündel zusammen. Mit einem dünnen Draht umwickelst du das Bündel an den Federspitzen. Zeichne der Hagebuttenfrucht mit Permanentmarkern ein hübsches Gesicht auf. Für das Krönchen malst du das grüne Ende der Hagebuttenfrucht mit silberfarbenem Permanentmarker an.

2 Dann bindest du die Drahtreste um den Stiel der Hagebuttenfrucht, sodass ein Körper entsteht. Für die Arme schneidest du ein ca. 10 cm langes Stück Chenilledraht zu. Wickle es einmal um den Hals der Figur und biege die Arme nach vorne.

3 Aus Tonpapier schneidest du nach Lust und Laune kleine Fähnchen zurecht. Denk dir nette Botschaften aus und schreibe sie darauf. Dann halbierst du einen Zahnstocher, klebst das obere Ende mit Klebeband hinten an der Botschaft fest. Um das andere Ende wickelst du den Biegedraht deiner Hagebuttenprinzessin.

23

Kleine Pilze

Das brauchst du Wattekugel, ø 3 cm • 2 Pfeifenputzer in Rot, je 50 cm lang • Pfeifenputzer in Weiß, 50 cm lang • 10 Pompons in Weiß, ø 0,5 cm • 2 Moossteine, 5 cm x 7 cm

1 Lass dir von einem Erwachsenen die Wattekugel halbieren. Das gelingt am besten mit einem Cuttermesser.

2 Jetzt rollst du zwei Pfeifenputzer (je 30 cm lang) zu Spiralen auf. Bestreiche die Wattekugel-Hälften mit Klebstoff und drücke die Spiralen darauf fest. Klebe kleine weiße Pompons auf den Pilzhut auf.

3 Für den Stiel wickelst du zwei 20 cm lange weiße Pfeifenputzer um einen Stift und streifst die Spiralen wieder ab. Klebe die Stiele auf die Moossteine und anschließend die Pilzhüte darauf.

24

September

Schuhuuu...

Das brauchst du Fotokarton, 12 cm x 15 cm • Tonpapier in verschiedenen Farben, je 1,5 cm x 15 cm • Band zum Aufhängen • Bastelfilzreste in Weiß, Gelb und Schwarz • 2 Federn
Vorlagen Seite 236

1 Zuerst schneidest du die Eule aus Fotokarton aus. Dann webst du einen Papierstreifen in die Eule, indem du ihn abwechselnd über und unter den Bauchstreifen der Eule hindurchschiebst.

2 Die anderen Streifen ebenso einweben.

3 Schneide überstehende Teile der Streifen ab und fixiere die Streifen mit etwas Bastelkleber auf der Rückseite der Eule.

4 Als Aufhängung ein Stück Faden zur Schlaufe legen und mit Klebeband befestigen.

5 Augenteile und Schnabel aus Filz nach Vorlage ausschneiden und aufkleben. Zuletzt klebst du noch die Federn auf. Schon wacht die Eule bei Nacht über dich – schuhuuu!

Hunde

Das brauchst du 2 stumpfe Zapfen (Schachtel), 1 x 4,7 cm und 1 x 3,5 cm hoch • Acrylfarbe in Weiß • Tonkarton in Schwarz und Rot • Permanentmarker • Locher • Lackmalstift in Weiß
Vorlagen Seite 236

1 Achte beim Ausschneiden des Körperzapfens darauf, dass noch etwa 1 cm vom Schälchen stehen bleibt. Diese Abschnitte als Füße rund zuschneiden. Die Einschnitte der Beine ergeben sich durch das Ausschneiden der Zapfen von selbst, sie müssen lediglich etwas nachgeschnitten werden. Ohren und Schwanz kannst du aus dem Deckel der Eierschachtel schneiden und alle Teile bemalen.

2 Den Kopfrand leicht gebogen zuschneiden und auf dem Körper befestigen. Den Mund mit einem Permanentmarker aufmalen, die Zunge befestigen und die Schnauze ankleben.

3 Die Augen mit einem Bürolocher ausstanzen, Lichtpunkte mit dem Lackmalstift auftupfen, die Brauen aufmalen. Befestige nun Ohren und Schwanz.

228 September

Blätter-Monster

Das brauchst du verschiedene Blätter • Wackelaugen, ø 5 mm, 7 mm, 10 mm, 15 mm und 20 mm • Fotokarton in Weiß • Fotokartonreste, bunt • Permanentmarker in Weiß, Rosa, Gelb und Rot **Vorlagen Seite 236**

1 Sammle möglichst viele unterschiedliche Blätter und trockne sie für ca. eine Woche in einer Blätter- und Blütenpresse oder zwischen Buchseiten eines dicken Buches. Dann nimmst du sie vorsichtig heraus.

2 Mit Klebestift klebst du zuerst Wackelaugen nach Lust und Laune auf. Eins, zwei, drei, ganz viele – alles ist möglich.

3 Schneide aus Fotokarton nach Vorlage einen Mund zu und klebe ihn, ebenfalls mit Klebestift, auf das Blatt.

Wenn du magst, kannst du auch Hüte, Schleifen oder andere Verschönerungen aus buntem Fotokarton ausschneiden und aufkleben. Lass deiner Fantasie freien Lauf!

4 Zum Schluss kannst du deine Blätter-Monster noch mit Permanentmarkern verzieren. Tupfe ihnen Punkte auf und zeichne ihnen rosa Bäckchen und einen roten Mund auf.

September 229

Flotte Fingerpüppchen

Das brauchst du Gummihandschuh • Fotokarton in Rosa und Weiß • Filzstifte in verschiedenen Farben • je 2 Wackelaugen, ø 0,6 cm **Vorlagen Seite 237**

1 Schneide die Finger einzeln von dem Gummihandschuh ab.

2 Die Köpfe schneidest du nach Vorlage aus rosafarbenem Fotokarton aus. Die Dekorationen für die Fingerpuppen schneidest du nach Vorlage aus weißem Fotokarton aus.

3 Mit Filzstiften die Feinheiten ausmalen und aufzeichnen und die Wackelaugen aufkleben. Jetzt kannst du die Köpfe auf die Fingerkuppen der Handschuhfinger kleben und losspielen!

28

Kluge Eulen

29

Das brauchst du Wellpappestreifen in Orange, 11 cm x 0,5 cm und 9 cm x 0,5 cm • Wellpappestreifen in Hellbraun, 20 cm x 0,5 cm und 14 cm x 0,5 cm • 2 Wellpappestreifen in Dunkelbraun, 4,5 cm x 0,5 cm und 3,5 cm x 0,5 cm • Papierreste in Gelb, Dunkelgrün und Schwarz • 4 Wackelaugen, oval, ø 0,3 cm • 2 Wackelaugen, ø 0,5 cm • Papierreste in Gelb und Schwarz • Briefkarte mit Umschlag in Hellgrün, 16,3 cm x 11,5 cm • Naturpapier in Brauntönen, 20 cm x 20 cm • Kleiner Ast **Vorlagen Seite 237**

1 Für eine Eule wickelst du einen orangefarbenen Streifen von 11 cm Länge zu einer Rolle. Verbinde das Ende des orangefarbenen mit dem hellbraunen Streifen mithilfe von Klebefilm und wickle weiter bis zum Ende.

2 Schneide die beiden dunkelbraunen Streifen an den Enden spitz zu und klebe sie als Flügel an der Eule fest. Falte zwei gelbe Streifen von je 1 cm Länge und 0,5 cm Breite in der Mitte und klebe sie als Füße an. Zwei kleine, schwarze Dreiecke werden als Ohren an den Kopf geklebt. Ein gelbes Dreieck als Schnabel und zwei Wickel- oder zwei Wackelaugen machen die Eule komplett.

3 Die Eulenkinder bastelst du in der gleichen Art. Die Streifen sind dabei etwas kürzer.

4 Übertrage den Baum und die Äste vom Vorlagenbogen auf das Naturpapier und schneide alle Teile aus. Klebe sie dann auf die Briefkarte und den Umschlag. Schneide aus dunkelgrünem Papier viele kleine Blätter aus und klebe sie an den Baum.

5 Zum Schluss platzierst du die Eulenfamilie auf dem passenden Ast und klebst sie fest.

230 September

Lustige Fledermäuse

Das brauchst du Wattekugeln, ø 3 cm • rote Beeren • Filz- und Buntstifte • Eichelhüte, Zapfen oder Holzstück • Draht • Bucheckern • Zweige • Herbstblätter

1 Klebe in die Mitte der Wattekugel die Beere und male dann die Augen und den Mund. Die Wangen mit Buntstiftabrieb färben.

2 Als Körper einen Zapfen oder ein Holzstück nehmen. Du kannst auch Eichelhüte aneinanderkleben (gut trocknen lassen). Für die Beine Draht um den Körper legen und zum Befestigen die Enden eng an der Form verdrehen.

3 Für die Ohren Bucheckern zuschneiden und ankleben. Den Kopf – eventuell mit einem Blatt dazwischen – an den Körper kleben und Blätter als Flügel ankleben.

September 231

Vorlagen

Fingerpüppchen
Seite 217

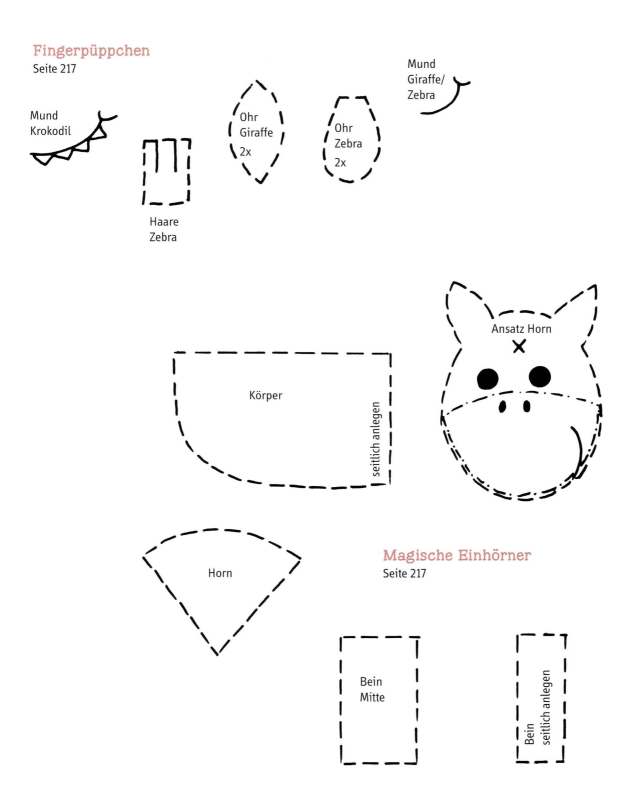

Magische Einhörner
Seite 217

232 September

Weise Vögel
Seite 219

Freundliche Bären
Seite 221

Waldlinge
Seite 219

Schlau wie ein Fuchs
Seite 222

234 September

Drei süße Mäuse
Seite 223
Vorlage bitte um 140 % vergrößern

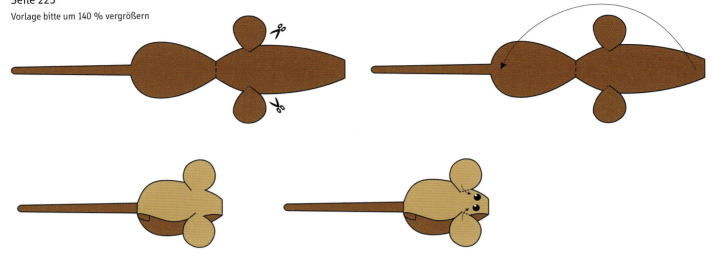

Sebastian Seelöwe
Seite 223

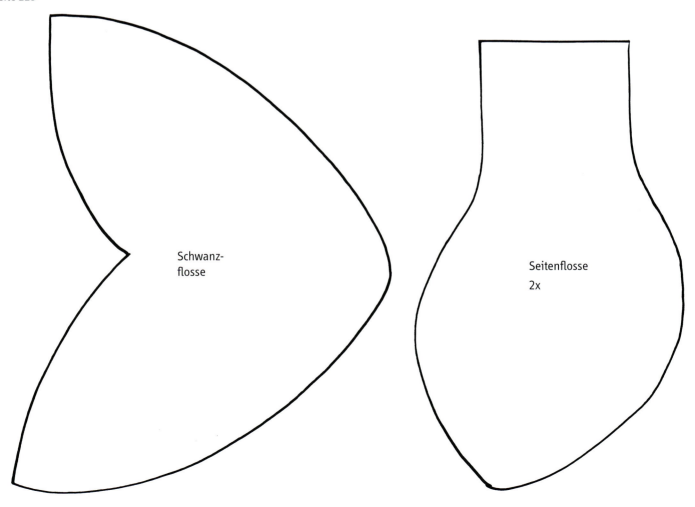

Leichtfüßige Bergsteiger
Seite 225

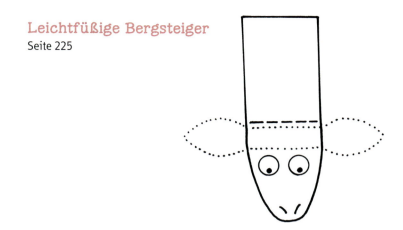

Drei Fuchs-Freunde
Seite 225

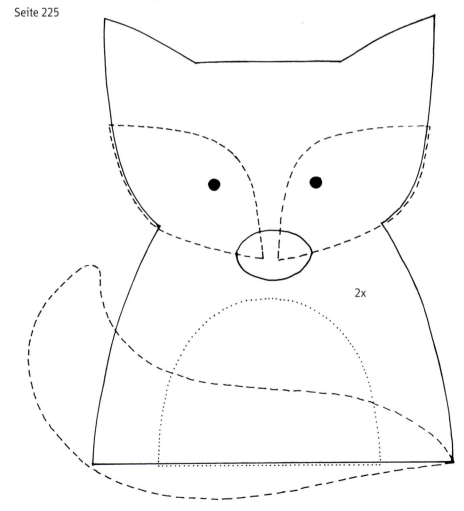

2x

236 September

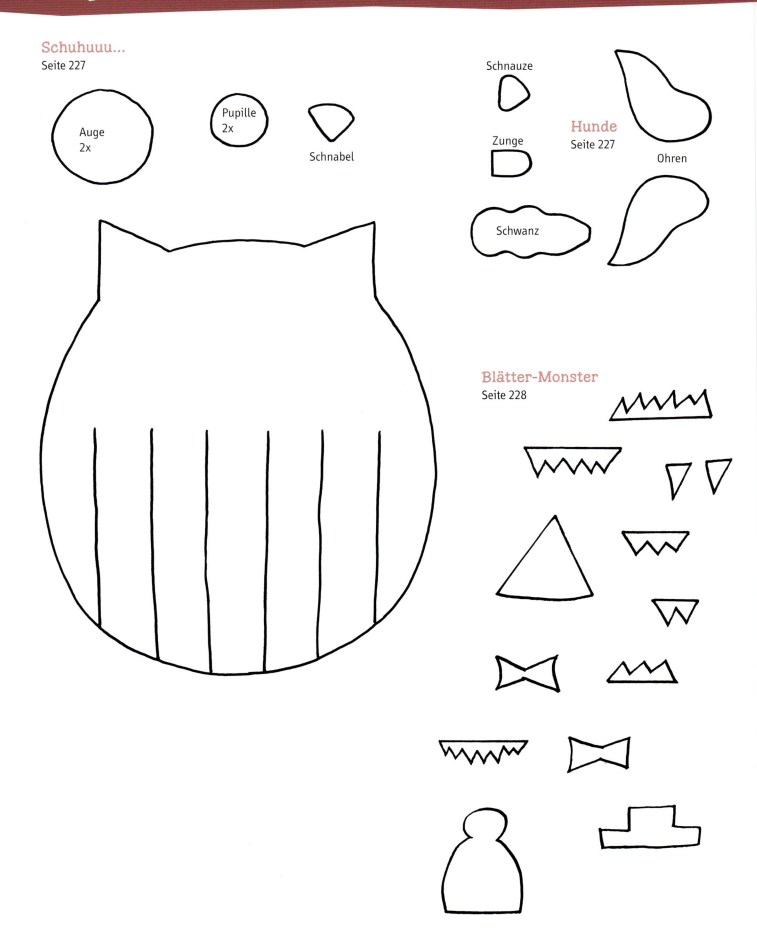

September 237

Kluge Eulen
Seite 229

Flotte Fingerpüppchen
Seite 229

Oktober

Oktober

Specht

Das brauchst du Papier • bunte Filzstifte • Strohhalm • 2 kleine Holzperlen oder Stöckchen • großer Haushaltsgummi **Vorlagen Seite 255**

1 Die Vogel-Vorlage auf das Papier übertragen und ausschneiden.

2 Bemale beide Vogelhälften nach Lust und Laune mit Filzstiften.

3 Ein Stück Strohhalm in die Mitte kleben. Strohhalm zurechtschneiden.

4 Die beiden Vogelseiten aufeinander kleben und festdrücken.

5 Schneide den Gummi auseinander und ziehe ihn durch den Strohhalm.

6 Holzperlen beidseitig an den Gummi-Enden befestigen. Vogel nach oben an die Perle schieben. Gummi senkrecht spannen und den Specht loslassen!

Holzmännchen-Freunde

Das brauchst du Äste, ca. 15 cm–20 cm, ø 2 cm • Acrylfarbe in verschiedenen Farben • Filzreste in verschiedenen Farben, je 20 cm x 1,5 cm und 5 cm x 9 cm • Baumwollschnur • je 2 Wackelaugen, ø 1,0 cm

1 Male den Stock in zwei unterschiedlichen Farben nach Lust und Laune an. Das obere und untere Fünftel lässt du unbemalt.

2 Aus Bastelfilz schneidest du einen 20 cm x 1,5 cm langen Schal zu. Die Enden mehrfach ca. 1 cm tief einschneiden und um den Hals knoten.

3 Als Nächstes schneidest du ein 5 cm x 9 cm großes Stück Filz zu und klebst es mit Alleskleber um die Kopfspitze. Mit einem 10 cm langen Baumwollfaden verknotest du die Mitte des Filzstückes und fertig ist die Mütze.

4 Zum Schluss klebst du die Wackelaugen auf.

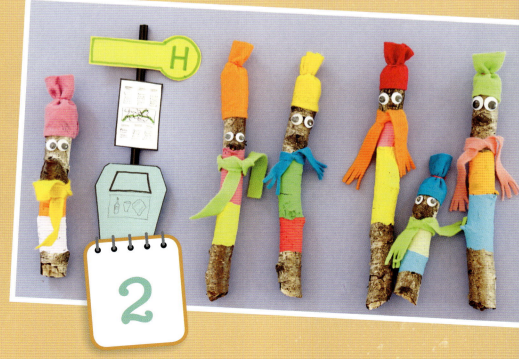

240 Oktober

Detlef der Drache

3

Das brauchst du 2 kleine Shampooflaschen, 50 ml • 2 Schraubverschlüsse, ca. ø 2 cm • leere Sprühflasche • 3 Tuben, ca. 30 ml • Sprühlack in Grün • Tonpapier in Gelb und Rot, DIN A4 • Obstnetzreste in Rot, Orange und Gelb • 2 Wattekugeln, ø 3 cm • 2 Schraubverschlüsse, ø 4 cm • Permanentmarker in Hellblau und Schwarz **Vorlagen Seite 255**

1 Klebe die beiden Shampoofläschchen mit der Unterseite auf die Schraubverschlüsse. Ist der Kleber trocken, klebst du die beiden Flaschen seitlich an der Sprühflasche fest. Achte auf Standfestigkeit! Klebe noch eine flachgedrückte Tube als Schwanz und zwei Tuben rechts und links als Arme an – fertig ist dein Drachen-Grundkörper!

2 Jetzt braucht dein Drache Farbe. Stelle ihn aufrecht in einen großen Karton und besprühe ihn ringsherum mit grünem Acryllack. Lass die Farbe gut trocknen.

3 Aus rotem und gelbem Tonpapier schneidest du jetzt nach Vorlage Drachenflügel zu. Klebe sie am Rücken des Drachens fest.

4 Aus Obstnetzstücken (ca. 7 cm x 7 cm) bastelst du das Feuer. Einfach verzwirbeln und dem Drachen mit Alleskleber ins Maul kleben.

5 Für die Augen halbierst du die Wattekugeln mit der Schere, malst ihnen mit schwarzem Permanentmarker eine Pupille auf und klebst sie dann mit der flachen Seite in die Schraubverschlüsse hinein. Klebe die Augen rechts und links an den Sprühkopf.

Achtung, bissig!

4

Das brauchst du Tonpapierrest in Grün • Tonpapierstreifen in Grün, 2× 18 cm lang, 2 cm breit, 4× 50 cm lang, 2 cm breit, 2× 50 cm lang, 1,5 cm breit, 2× 50 cm lang, 1 cm breit • 2 Wackelaugen, ø 7 mm • Schreibmaschinenpapierstreifen in Weiß, 16× 5 cm lang, 0,3 cm breit **Vorlagen Seite 255**

1 So bastelst du ein Krokodil: Beine und Kopf je zweimal auf Tonpapier übertragen und ausschneiden.

2 Die Streifen zu Hexentreppen falten, wie es in der Grundanleitung beschrieben ist. Je nachdem, wofür deine Hexentreppe sein soll, musst du den vorletzten Faltabschnitt ankleben. Jetzt geht deine Hexentreppe nicht mehr auf.

3 Ein Kopfteil entlang der gestrichelten Linie anritzen und umklappen. Klebe die Augen auf und male die Nasenlöcher auf. Dann beide Kopfteile aufeinander kleben. Damit das Kroko extrem bissig wird, klebst du die weißen Minihexentreppen als Zähne in das Maul, sechs unten und zwei oben.

4 Den letzten Abschnitt der Halshexentreppe aufklappen und daran den Kopf befestigen. Die Füße an den gestrichelten Linien anritzen und nach oben falten.

5 Das erste Beinpaar zwischen erstes Körperteil und Hals kleben, das zweite Beinteil zwischen das erste und das zweite Körperteil. Zuletzt die beiden Schwanzteile ankleben und die letzte Zacke spitz zuschneiden.

Oktober

Eulenparty

5

Das brauchst du 3 6er-Eierkartons mit achteckigen Schälchen • Eiersteige mit viereckigen Schälchen • Acrylfarbe in Orange, Flieder, Türkis, Gelb, Hellgrün, Pink und Schwarz • 4 Wattekugeln, ø 3 cm • wasserfester Stift in Rot und Schwarz • Lackmalstift in Weiß • 2 Strassherzen in Türkis und Pink, 1,5 cm hoch • Pomponband in Weiß, 1 cm breit, 17 cm lang • Spitzenband in Weiß, 1 cm breit, 17 cm lang

1 Zeichne die Eulengesichter auf die Eiersteige auf. Dazu zeichnest du zwei nebeneinanderliegende Eulenaugen auf. Verbinde die Augen mit einer geraden Linie, das wird der Eulenschnabel. Zeichne auch kleine Ohren oberhalb der Augen auf. Schneide die Eulengesichter aus, die Eulenaugen werden auch innen ausgeschnitten. Für die Füße schneidest du aus einem Eierkarton vier ca. 1,5 cm hohe Schälchen aus.

2 Nun kannst du die beiden noch vollständigen Eierkartons, die Eulengesichter und die Füße nach Lust und Laune bunt anmalen. Möchtest du deine Eulen als Geschenkschachteln nutzen, male die Kartons auch innen bunt an. Alles gut trocknen lassen.

3 Jetzt kannst du die Wattekugeln für die Augen in Gelb bzw. Orange anmalen. Farbe trocknen lassen. Male mit dem wasserfesten Stift Kreise (ø 2 cm) für die Pupillen auf die Wattekugeln und male sie aus. Den Mund malst du mit einem roten Stift auf, die Lichtpunkte setzt du mit dem weißen Lackmalstift in die Augen.

4 Klebe die Gesichter auf die beiden Eierkarton-Deckel und in die Öffnungen die Wattekugel-Augen.

5 Verziere nun den Eulenbauch noch mit Strassherzen und klebe das Pompon- bzw. Spitzenband auf.

Theater für die Hosentasche

6

Das brauchst du Eichel und Eichelkappen • Acrylfarbe in Gelb und Hellblau • Permanentmarker in Weiß, Schwarz, Rot und Rosa • Kastanienbohrer • Schaschlikspieße • Baumwollgarn in Gelb, Orange und Weiß • Streichholzschachtel, 11 cm x 6 cm x 2 cm • Stoffrest, rot-weiß-gestreift • Tonpapierreste, bunt **Vorlagen Seite 256**

1 Zuerst malst du die Eichelkappen außen mit Acrylfarbe an und lässt die Farbe gut trocknen. Zeichne mit Permanentmarker Gesichter auf die Eicheln. Dann bohrst du mit einem Kastanienbohrer mittig ein Loch in die Unterseite der Eichel und steckst einen halben Schaschlikspieß in das Loch.

2 Für die Haare wickelst du jeweils ein ca. 30 cm langes Stück Baumwollgarn oder Wolle mehrmals um zwei oder drei deiner Finger zu einem kleinen Knäuel. Verknote das Knäuel in der Mitte mit einem Extrafaden und schneide die Schlaufen rechts und links auf. Dann kannst du die Haare mit Bastelkleber oben auf deine Eichelpuppe aufkleben. Die bemalte Eichelkappe klebst du als Mütze auf die Haare.

3 Für das Mini-Puppentheater ziehst du eine große Streichholzschachtel auseinander. Du brauchst nur den äußeren Teil. Dann zeichnest du nach Vorlage die Aussparung auf. Stich mittig mit einer spitzen Schere in die Schachtel und schneide dann vorsichtig das Guckloch heraus.

4 Den Vorhang schneidest du, ebenfalls nach Vorlage, aus dem gestreiften Stoffrest zu. Aus buntem Tonpapier schneidest du die weiteren Verzierungen aus und klebst sie auf die Schachtel.

242 Oktober

Süße Libellen

Das brauchst du 4 einzelne Ahornpropeller • Stöckchen, ca. 7–8 cm lang • Acrylfarbe • Locher • Buntstift in Schwarz

1 Suche in der Natur zwei doppelte oder vier einzelne Ahornpropeller und ein kleines Stöckchen. Male die Propellerflügel und das Stöckchen an. Die Farbe lässt du gut trocknen.

2 Schneide die Samenkapseln von den Flügeln ab. Klebe die Flügel wie abgebildet auf. Zwei Samenkapseln klebst du als Kopfteile an das vordere Ende des Stöckchens.

3 Nimm zwei kleine weiße Papierkreise für die Augenkreise aus einem Locher. Male mit dem schwarzen Buntstift Pupillen auf. Zuletzt klebst du die Augen auf die beiden Samenkapseln.

7

8

Beeindruckend!

Das brauchst du Blatt (Eiche oder Ahorn) • Acrylfarbe in Weiß, Gelb, Türkis, Rosa und Lindgrün • Zeichenpapier in Braun, 50 cm x 70 cm (alternativ Packpapierrolle) • Kartonrest • Linolwalze

1 Bestreiche das Blatt an seiner Unterseite mit Farbe.

2 Lege das Blatt vorsichtig auf den Papierbogen. Achtung: Sobald das Blatt einmal liegt solltest du es nicht mehr bewegen, sonst verwischt die Farbe!

3 Lege den Kartonrest auf das Blatt und rolle kräftig mit der Linolwalze über das Ganze. Achte auch dabei besonders gut darauf, dass nichts verrutscht.

4 Arbeite mit viel Fingerspitzengefühl: Entferne zunächst vorsichtig den Karton und anschießend das Blatt.

5 Zum Vorschein kommt dein erster Blätterdruck. Siehst du die Blattadern?

6 Es gibt unzählige Möglichkeiten, wie du dein Geschenkpapier mit dem Blätterdruck gestalten kannst. Besonders wirkungsvoll ist es, wenn du entweder sehr viele Drucke auf einen Bogen Papier druckst (zum Beispiel in ordentlichen Blätterreihen), oder sehr sparsam druckst (zum Beispiel ein einzelnes Blatt zweifarbig übereinander).

Oktober 243

Tolle Tiertrophäen

Das brauchst du 10er-Eierkarton • Acrylfarbe in Grau, Orange, Weiß, Rosa und Braun • Permanentmarker in Schwarz • je 2 Wackelaugen, ø 0,7 cm • Holzscheiben, je ca. 5 cm x 7 cm • Schaschlikspieß **Vorlagen Seite 257**

9

1 Schneide aus dem Eierkarton die Spitzen heraus. Die Öffnung sollte etwas angeschrägt geschnitten sein, d.h. an der einen Seite höher, an der anderen tiefer.

2 Schneide aus dem restlichen Eierkarton die Ohren und das Geweih nach Vorlage aus. Bemale alle Teile mit der passenden Acrylfarbe und lass sie gut trocknen. Dann die Feinheiten wie z. B. Nasen oder Streifen mit Acrylfarbe oder Permanentmarker aufmalen.

3 Wackelaugen mittig mit Alleskleber auf die höhere Seite aufkleben. Dann Ohren und Geweih rückseitig ankleben.

4 Die Holzscheiben verschönerst du, indem du eine Schaschlikspießspitze in Acrylfarbe dippst und dann Punkte auf den Rand der Scheibe tupfst. Farbe trocknen lassen.

5 Klebe jeden Kopf auf eine Scheibe und du kannst deine Tiertrophäen aufhängen!

Sockenfreunde

10

Das brauchst du 2 verschiedenfarbige Socken • Nähnadel und Faden • Schere • ggf. Zickzackschere • Füllwatte oder Watte • 2 größere und 2 kleinere Knöpfe • Wollreste • dicke Wollnadel

1 Schneide den Fuß des Sockens ab. An der Schnittstelle ein halbmondförmiges Stück mit Vorstich abnähen.

2 Schneide mit der Schere oder der Zickzackschere den Halbkreis entlang der Naht aus.

3 Wende den Socken und fülle ihn mit Watte aus.

4 Die Öffnung zunähen.

5 Den Fuß des zweiten Sockens abschneiden und die Schnittstelle zunähen. Socken wenden und über den gefüllten Socken ziehen.

6 Die Knöpfe aufeinanderlegen und als Augen aufnähen.

7 Sticke mit der Wolle eine Nase auf.

244 Oktober

Zapfentiere

Das brauchst du bunte Filzreste • Zapfen (Kiefernzapfen eignen sich besonders gut)

1 Schneide zweimal drei Kreise (ø 2,5 cm, 2 cm und 1,5 cm) aus Filz aus. Die zwei großen Kreise fransig einschneiden.

2 Zwei Kreise (ø 1 cm) aus schwarzem Filz ausschneiden. Aus den Kreisen eine kleine Zacke ausschneiden.

3 Alle Kreise der Größe nach aufeinander kleben. Trocknen lassen. Die Augen auf die Zapfen kleben.

4 Unterschiedlich lange Flügel ausschneiden und jeweils unten einschneiden. Flügel der Größe nach aufeinander kleben.

5 Klebe die Flügel rechts und links an die Zapfen.

6 Für den Schnabel ein Dreieck aus Filz ausschneiden und zwischen die Augen kleben.

11

12

Praktisches Utensilo

Das brauchst du 2 tiefe Pappteller, ø 19 cm • Acrylfarbe in Hellblau, Orange, Rosa, Reseda, Gelb, Flieder und Karibik • 3D-Liner in Gelb und Lila • Pappbecher, ø 7 cm, 9 cm hoch • Lochzange • Kordel in Braun-Weiß gestreift, ø 2 mm, 80 cm lang

1 Male die gewölbten Außenseiten der Pappteller an. Den Becher malst du innen hellblau und außen in Flieder an. Tupfe einige resedafarbene Punkte auf die Becheraußenseite. Lass die Farbe gut trocknen.

2 Bringe mit der Lochzange auf zwei gegenüberliegenden Seiten unter dem Becherrand je ein Loch an. Teile die Kordel in zwei 25 cm lange und ein 30 cm langes Stück. Das 30 cm lange Stück legst du zur Schlaufe und verknotest das Ende. In die 25 cm langen Stücke machst du an einem Ende mehrere Knoten übereinander. Klebe die Schlaufe für die Aufhängung oben in die Innenseite eines Tellers und die beiden Aufhängungen für den Korb seitlich ein.

3 Klebe die Pappteller aufeinander und lass alles gut trocknen. Ziehe die beiden Fäden für den Korb durch die eingestanzten Löcher in den Pappbecher und verknote die Enden.

Oktober

Blätter-Zoo

Das brauchst du Keilrahmen oder Holzplatte, 20 cm × 20 cm • Äste • Bast • gepresste Blätter • Bastelfarben • Fotokartonrest in Rot **Vorlagen Seite 257**

1 Suche vier Äste, die etwa so lang wie der Rahmen sind. Binde die Äste an den Ecken mit Bast zusammen und klebe den Rahmen mit Holzleim auf den Untergrund. Ein Buch auflegen und über Nacht trocknen lassen.

2 Male mit einem Buntstift das Gras auf. Wähle dann die Blätter für die Figur aus und lege sie probeweise auf den Untergrund, bevor du sie mit Alleskleber festklebst.

3 Bemale das Tier mit Pinsel und Farbe. Lass die Untergrundfarbe trocknen, bevor du die nächste Farbe aufsetzt. Feine Linien, wie Arme, Beine und Münder, mit einem wasserfesten Stift aufsetzen. Als Nase kannst du eine Hagenbutte oder einen Kreis aus Fotokarton aufkleben.

Ballonlampen aufgepeppt

Das brauchst du Reispapierlampen in Wunschgröße • Masking Tape in verschiedenen Farben und Mustern

1 Klebe die Masking Tapes mit schräg zugeschnittenen Enden in unterschiedlich langen Streifen auf die Reispapierlampe.

2 Alternativ klebst du rund um die Lampe im oberen Drittel ca. 10–15 cm lange Masking Tape-Streifen längs über den Lampenschirm. Zum Schluss geben schmale dunkelgrüne Tapes als Querstreifen in unterschiedlicher Länge dem Muster eine Struktur und Halt.

246 Oktober

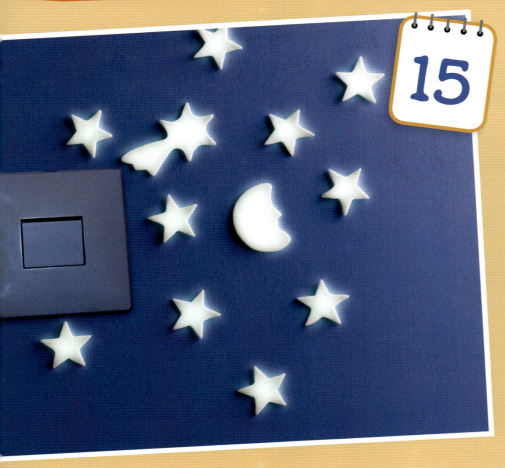

Nachtlichter

15

Das brauchst du FIMO® effect in Fluoreszierend • Ausstechformen: Mond und Stern • doppelseitiges Klebeband oder Posterkleber

1 Forme eine große Kugel und rolle sie zu einer dünnen Fläche aus.

2 Stich nun mit den Ausstechformen den Mond und die Sterne aus. Backe sie danach gemäß den Herstellerangaben im Ofen. Nach dem Auskühlen klebst du auf die Rückseite jeder Form ein Stück Posterkleber oder doppelseitiges Klebeband.

3 Die kleinen Sterne und der Mond leuchten im Dunkeln. Klebe sie als Nachthimmel über dein Bett oder an den Lichtschalter, damit du ihn im Dunkeln immer schnell findest.

Walnuss-Clown

16

Das brauchst du Fotokarton in Weiß und Gelb • Permanentmarker in Schwarz • Prickelnadel • 1 dicke Walnuss • Schaschlikspieß • Pompon in Rot, ø 10 mm • Wolle in Orange • Toilettenpapierrolle • Acrylfarbe in Rot • Stoffrest, ca. 10 cm x 15 cm **Vorlagen Seite 256**

1 Schneide aus Fotokarton Mund, Augen und Fliege für den Clown nach Vorlage zurecht. Zeichne Augen und Mund mit Permanentmarker fertig.

2 Jetzt bohrst du mit einer Prickelnadel ein Loch unten in die Walnuss und steckst einen Schaschlikspieß mit Alleskleber an der Spitze hinein. Klebe dem Clown dann Augen und Mund auf. Die Haare klebst du rechts und links seitlich an die Walnuss, der rote Pompon wird als Nase angeklebt.

3 Wickle orangefarbene Wolle um zwei Finger, ziehe das Knäuel ab und verknote die Mitte mit einem Extra-Faden. Wiederhole das Ganze noch einmal.

4 Bemale eine leere Klorolle mit roter Acrylfarbe und lass sie trocknen.

5 Schneide ein ca. 10 cm x 15 cm großes Stück Stoff zurecht. Klebe den unteren, länglichen Rand des Stoffes mit Alleskleber einmal rings um die Klorolle.

6 Jetzt steckst du den Clown mit dem Schaschlikspieß von unten durch die Klorolle und raffst den oberen Rand vom Stoff zusammen. Schneide einen Wollfaden zu und knote ihn um Stoff und Schaschlikspieß.

7 Zum Schluss kannst du mit Alleskleber die Fliege vorne über den Wollknoten kleben. Fertig ist dein Gute-Laune-Clown!

Oktober 247

Schüttel-Smiley

Das brauchst du Pappe, Postkarte oder Bierdeckel • mehrere Büroklammern • Stift

1 Nimm ein Stück Pappe. Biege eine Büroklammer so auf, dass du damit Löcher in die Pappe stechen kannst: zwei links und zwei rechts in ca. 0,5 cm Abstand zueinander.

2 Fädele jeweils eine Büroklammer durch die Löcher auf den Seiten. Stecke mehrere Klammern aneinander fest, sodass eine Kette entsteht. Sie sollte etwas länger sein als der Abstand der Löcher zueinander.

3 Male noch große Augen auf und befestige die Kette an den seitlichen Klammern. Schüttel, schüttel … smile!

17

Fliegerträume

Das brauchst du Tonpapier in zwei Blautönen, A3 • Tacker • Papierlampenkugel in Weiß, ø 40 cm • Lampeninstallationskabel **Vorlagen Seite 258/259**

1 Stelle dir Schablonen von den Flugzeugen her, so wie es in der Grundanleitung beschrieben wird.

2 Lege eine Schablone auf das blaue Tonpapier und ziehe den Umriss mit Bleistift nach. Nimm die Schablone wieder ab und schneide das Flugzeug grob aus.

3 Lege zwei weitere etwa gleich große Papierstücke darunter und hefte die drei Papierstücke mit dem Tacker so zusammen, dass sich die drei oder vier Tackerklammern außerhalb des Flugzeugs befinden.

4 Jetzt werden die drei Flugzeuge gleichzeitig ausgeschnitten.

5 Beklebe deinen Lampenball ringsherum mit den verschiedenen Düsenjägersilhouetten.

18

Oktober

Blättermonster

Das brauchst du Blätter • Papier • Stift

1 Sammle unterschiedliche Blätter.

2 Lege sie auf ein Blatt Papier und verwandle die Blätter in lustige Monster! Besonders wichtig sind große Augen, gerne auch nur eins oder mehr als zwei, hübsche Hörner oder Tentakel … und natürlich ein großer Mund mit Zähnen!

19

Glücksbote

20

Das brauchst du Fotokarton in Rosa, A3 • Fotokartonrest in Weiß • Prägekartonrest mit Ranken in Hellgrün • Glitterkartonrest in Pink • Stempel „Glückstag", ø 2 cm • Stempelkissen in Hellgrün • Baker's Twine (Kordel) in Hellgrün-Weiß, ø 2 mm, 18 cm lang • doppelseitiges Klebeband, 1–1,5 cm breit • Klettpunkte oder -band **Vorlagen Seite 256**

1 Für das Schwein die Schachtelvorlage auf den Karton übertragen. Die Umrisse schneidest du aus. Alle in der Vorlage gestrichelt dargestellten inneren Falzlinien umfalzen, mit dem Falzbein glattstreichen und wieder zurückklappen.

2 Die Position der Augen auf die Umschlagklappe der Schachtel übertragen und mit Filzstift ausmalen, rosa Backen ergänzen. Alle Klebekanten mit Doppelklebeband versehen und die Schachtel zusammenfalten und festkleben. Erst die Seiten verbinden, dann die Bodenteile übereinander kleben. Die Unterseite der Umschlagklappe je nach Größe mit einem oder mehreren Klettpunkten bekleben und die Gegenstücke durch Umschlagen der Klappe auf der Schachtel befestigen.

3 Alle restlichen Kartonteile zuschneiden. Die Schnauze schattieren, nach Vorlage Löcher einschneiden und diese mit Glitterkarton unterkleben. Die Schnauze unter den Augen auf der Umschlagklappe fixieren und hinter der Schachtel die Ohren ergänzen. Die Arme mit schwarzen Füßchen bemalen. Die Arme auf der senkrechten geraden Kante mit Klebstoff versehen und jeweils rechts und links in die Falzlinien der Schachtel kleben.

4 Das Stempelmotiv auf weißen Karton stempeln, ausschneiden und auf dem Kleeblatt aus Prägekarton festkleben. Die Kordel zur Schlaufe legen und die Enden hinter dem Kleeblatt fixieren. Die Schlaufe über den Arm legen und das Kleeblatt auf der Vorderseite festkleben.

Oktober 249

Kürbisvögel

Das brauchst du verschiedene Kürbisformen • Acrylfarbe in Weiß, Gelb, Schwarz, Hellgrün, Dunkelgrün, Rot und Orange • 3 Schaschlikstäbchen • verschiedene Pflanzen, z. B. Zweige vom Immergrün, Vogelbeeren, Thuja, kleine Ficusblätter, Früchte des Gemeinen Schneeballs **Vorlagen Seite 258**

1 Auf den Entenkörper mit einem dicken Pinsel hellgrüne und dunkelgrüne Acrylfarbe auftupfen. Die Schnäbel von Ente und kleinem Vogel mit Acrylfarbe in Rot und Orange ebenso gestalten.

2 Die Körper und Köpfe der Vögel mit je einem Schaschlikstäbchen zusammenstecken und verkleben.

3 In die Hinterteile mit einer Prickelnadel jeweils drei bis vier Löcher einstechen und die verschiedenen Blätter hineinstecken. An den Hinterköpfen ebenfalls Löcher stechen und die Beeren darin fixieren.

4 Die Augen mit einem dünnen Pinsel malen. Zuerst den großen weißen Kreis auftragen, dann den gelben und zuletzt den schwarzen. Zum Schluss mit einem Lackmalstift einen Lichtpunkt in die schwarze Pupille setzen.

21

Heute ist Waschtag!

Das brauchst du Schuhkarton ca. 30 cm x 18 cm x 10 cm • Acrylfarbe in Weiß und Grau • Servietten in Blau mit Kreisen • Serviettenkleber • Fineliner in Schwarz • 2 Spülbürsten • 2 Wattekugeln, ca. ø 3 cm • Fotokarton in Hellblau, A4 • Kopierpapier in Weiß • Motivstanzer Kreis, ca. ø 2,5 cm und ø 1,5 cm **Vorlagen Seite 260**

1 Schneide aus dem Schuhkartonboden ein Rechteck aus (ca. 15 cm x 12 cm). Bohre zwei Löcher in eine lange Seitenwand. Aus dem Deckel schneidest du Rampe (11 cm x 30 cm) und Wolke zu.

2 Bemale Karton und Wolke mit weißer, die Rampe mit grauer Farbe. Trocknen lassen.

3 Beklebe den Karton mit der Serviette und beschrifte die Wolke mit blauer Farbe.

4 Klappe die Rampe an den kurzen Seiten ca. 5 cm nach innen und befestige die Enden mit Klebstoff oder Klebepads. Mit Lineal und Fineliner zeichnest du schwarze diagonale Linien auf, die sich kreuzen.

5 Kürze die Enden der Bürsten, schiebe sie durch die eingestochenen Löcher und stecke auf die Enden je eine Wattekugel auf.

6 Schneide zwei Rechtecke (je 10 cm x 20 cm) aus dem Fotokarton zurecht. Für die Klebeflächen knickst du die Rechtecke an einer Längsseite und den beiden schmalen Seiten je 1 cm um. Klebe die Rechtecke als Rückwände ein.

7 Für das lustige Seifenblasenmuster stanzt du aus dem Kopierpapier weiße Kreise aus und klebst sie auf deine Waschanlage. Nun musst du nur noch das Schild anbringen, die Rampe einsetzen und die Auto-Schaumparty kann beginnen.

22

Oktober

Kaffeekränzchen

Das brauchst du 10er-Eierkarton mit achteckigen Schälchen • Acrylfarbe in Zartgelb und Pink • Acrylmalstift in Grün • Chenilledraht in Pastellgelb, ø 0,7 cm, 32 cm lang • Wattekugel, ø1 cm

1 Für die Tassen und die Kaffeekanne schneidest du sechs achteckige Schälchen, ca. 2,5 cm hoch, aus dem Eierkarton aus. Für die Unterteller schneidest du vier weitere Schälchen, ca. 0,5 cm hoch, zu. Male die höheren Schälchen in Zartgelb an. Trocknen lassen. Dann klebst du für die Kaffeekanne zwei Schälchen gegeneinander. Blütenstängel und Blätter malst du mit dem Acrylmalstift auf. Für die Blumen tupfst du kleine, pinkfarbene Punkte auf. Farben trocknen lassen.

2 Teile den Chenilledraht in fünf Teile von je 5 cm und ein Teil von 7 cm. Biege die 5 cm langen Teile zu einem U und knicke die Enden nach innen um.

Dann klebst du sie als Henkel an Kaffeekanne und Tassen. Für den Ausguss der Kaffeekanne knickst du das 7 cm lange Chenilledrahtstück an beiden Enden etwas um und biegst es zurecht. Dann klebst du es an der gegenüberliegenden Seite vom Henkel an.

3 Jetzt tauchst du die vier Schälchen für die Unterteller in ein Glas Wasser und biegst die Ränder etwas nach unten. Gut trocknen lassen.

4 Dann kannst du Unterteller und Wattekugel bemalen. Ist die Farbe trocken, klebst du die Wattekugel oben auf die Kaffeekanne.

23

Coole Flitzer

24

Das brauchst du Pappelsperrholz, 5 mm stark, 15 cm × 6 cm • Schleifpapier, 220er-Körnung • Acrylfarbe in Schwarz, Rot, Blau und Gelb • Vorstechnadel • Holzbohrer, ø 4 mm • 4 Holzkugeln, halb gebohrt, ø 2 cm • 2 Rundholzstäbchen, ø 3 mm, 3 cm lang • Tonkarton in Schwarz und Weiß **Vorlagen Seite 260**

1 Fertige als Erstes vom Auto und dem Fenster eine Schablone an. Lege die Autoschablone auf das Sperrholz, ziehe den Umriss mit Bleistift nach und säge das Auto aus. Die Ränder glättest du mit Schleifpapier.

2 Male das Auto nun an. Dann legst du die Autoschablone auf und stichst mit der Vorstechnadel jeweils in die Kreuzmitte, wo die Löcher für die Achsen gebohrt werden sollen. Nimm die Schablone ab und bohre an den Einstichstellen jeweils ein Loch.

3 Male die Holzkugeln schwarz an. Stecke die beiden Rundholzstäbchen als Achsen in die Bohrlöcher und die Kugeln als Räder darauf. Wenn die Holzkugeln nicht richtig halten, gibst du etwas Klebstoff in die Löcher.

4 Übertrage den Umriss der Fensterschablone zweimal auf den weißen Tonkarton. Schneide die Fenster aus und klebe sie beidseitig auf das Auto. Zum Schluss klebst du auf beide Seiten je einen ca. 5 mm breiten schwarzen Streifen aus Karton und eine Wagennummer auf.

Oktober

Blätterschlangen

Das brauchst du verschiedene Blätter • Steine • Hagebutten • Blüten • Zapfen • Kastanien

1 Sammle Blätter, die bereits heruntergefallen oder ganz locker am Busch sind.

2 Lege die Blätter aneinander oder leicht überlappend auf den Boden. Wenn du kein großes Blatt für den Kopf hast, lege viele kleine aus.

3 Dekoriere den Körper mit Kastanien und Hagebutten. Die Augen können Steine oder Blumen mit aufgesetzten Zapfen oder Hagebutten sein.

25

26

Reisebus

Das brauchst du Schuhkarton, z. B. 34 cm x 12 cm x 18 cm (mit Deckel) • 2 Trinkhalme, ø 5 mm • Rundholzstab, ø 3 mm bis 4 mm, 2 x 22 cm lang • Bastelwellpappe in Schwarz, 40 cm x 40 cm • Tonpapier in Hellblau und Weiß (Menge je nach Größe des Schuhkartons) • Bastelwellpapperest in Silber • Tonpapierreste in Gelb, Orange und Schwarz • dicker Filzstift in Blau

1 Den Schachteldeckel, der als Fahrgestell dient, kannst du nach Wunsch bekleben oder bemalen. Scheinwerfer und Blinklichter aufkleben. Die beiden Trinkhalme jeweils auf 16 cm kürzen und als Halterungen für die Achsen ankleben. Nun die beiden Rundholzstäbe als Achsen durchstecken und auf die Enden die Wellpapperäder (ø 7,5 cm) aufkleben. Die Räder mit vier Wellpappeschichten fertigen. Die Räder evtl. bemalen oder bekleben.

2 Den Schuhkarton rundum mit Tonpapier bekleben. Fenster und Kühler ergänzen. Den Schriftzug mit Filzstift anbringen. Den Bus auf das Fahrgestell setzen.

252 Oktober

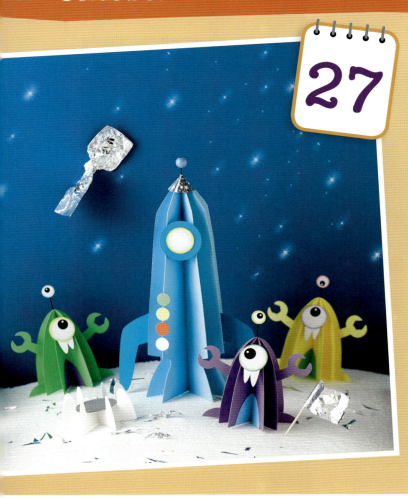

In fernen Galaxien

27

Das brauchst du Tonkarton mit Leinenprägung in Hellblau, A3 oder 24 cm x 34 cm • Foto- oder Tonkartonreste in Blau, Hellblau, Weiß, Rot, Gelb und Hellgrün • Tonkarton in Gelb, Lila und Hellgrün, jeweils A4 • Holografiefolienrest in Silber • Steckdraht, ø 0,8 mm, 4 x 7 cm lang • Holzperle in Hellblau, ø 1 cm
Vorlagen Seite 261

1 Für die Rakete vier Einzelteile aus hellblauem Karton anfertigen. Je zwei Raketenteile an den Falzkanten zu einer Hälfte zusammenkleben. Beide Hälften nach dem Trocknen zusammensetzen und dabei einen Draht 5 cm tief mit einkleben.

2 Die Raketenstützen zweimal anfertigen, einmal seitenverkehrt, an den senkrechten Kanten mit Klebstoff versehen und mittig in zwei gegenüberliegenden Innenfächern der Rakete festkleben.

3 Das Bullauge mit Buntstift umranden, auf dem blauen Bullauge fixieren und auf der Rakete festkleben. Vier Punkte untereinander auf einer der Kartonkanten fixieren. Den Halbkreis aus Holografiefolie zu einer Spitze kleben, auf den Draht schieben und fixieren. Zuletzt die Perle auf der Drahtspitze ankleben.

4 Für einen Alien den Körper mit Draht ebenso zusammensetzen wie die Rakete.

5 Die Füße und Arme jeweils zweimal anfertigen, einmal seitenverkehrt, und mittig in zwei gegenüberliegenden Innenfächern des Alienkörpers festkleben. Die Füße befestigen. Den Bauch an der Falzkante mit Klebstoff versehen und in die vordere Körpervertiefung kleben.

6 Die Augen mit unterschiedlichen Buntstiften umranden und die Pupillen sowie Lichtpunkte aufsetzen. Das große Auge mit den Zähnen vervollständigen und auf den Vorderkanten des Körpers festkleben. Das kleine Auge in eine andere Richtung blickend auf der Drahtspitze ergänzen.

Geflatter und Gekrabbel

Das brauchst du Fotokarton in Schwarz • Kastanien • Fotokartonrest in Weiß • Wackelaugen, ø 7 und 10 mm **Vorlagen Seite 262**

1 Zuerst überträgst du die Vorlagen für Vampirflügel und -ohren sowie Spinnenbeine auf schwarzen Fotokarton und schneidest sie dann vorsichtig aus.

2 Falte die Spinnenbeine auf der Hälfte etwas, sodass sie später echter aussehen. Das Gleiche machst du mit den Vampirflügeln. Knicke sie einmal auf der Hälfte jedes Flügels.

3 Jetzt klebst du mit Bastelkleber mittig eine Kastanie auf die ausgeschnittenen Vorlagen.

4 Schneide kleine Spinnen- und Vampirzähne aus weißem Fotokarton aus und klebe sie mit Klebestift auf die Kastanie. Dann klebst du jeweils ein kleines und ein etwas größeres Wackelauge ganz dicht nebeneinander auf.

5 Zum Schluss klebst du den Vampiren noch oben rechts und links leicht seitlich Ohren an.

28

Oktober 253

Lustiger Bauernhof

Das brauchst du Erdnüsse, ca. 3–4 cm hoch • Acrylfarbe in Weiß, Gelb, Hellgrau, Hellrosa, Schwarz, Rot und Braun • Filzstift in Schwarz • Tonpapierreste in Rot, Gelb, Weiß, Orange, Hellrosa, Hellbraun, Hautfarbe und Hellgrau • 2 Gewürznelken • Federn in 1 x Gelb und 2 x Weiß • Papierdrahtkordel in Weiß, ø 2 mm, 4 cm lang • Holzperle in Schwarz, ø 6 mm • Märchenwollrest in Weiß • 4 Holzscheiben, 0,5 cm stark, ø 3 cm • Vogelbeere • kleines Vogelei, ca. 3 cm hoch • etwas Stroh • Isländisches Moos **Vorlagen Seite 263**

1 Schneide bei den Erdnüssen das untere Ende mit einer kleinen Nagelschere ab, sodass die Figuren Stand bekommen.

2 Die Erdnüsse bemalen. Beim Schaf den Körper weiß und den Kopf hautfarben bemalen, Hase und Hund bleiben natur. Beim Hund die Flecken und das Halsband, bei der Kuh die schwarzen Flecken ergänzen. Das Muster der Katze mit Filzstift aufmalen.

3 Nun die Gesichter mit Filzstift und Acrylfarbe aufmalen.

4 Aus Tonpapier die benötigten Teile ausschneiden. Die Schwänze auf einen Bleistift rollen, damit sie sich kringeln. Die Ohren schattieren. Bei den Hundeohren die braunen Flecken ergänzen, beim Schwein mit rotem Buntstift die Ohrenlinien und die Nasenlöcher aufmalen. Die Schnauze der Kuh mit Filzstift gestalten, die Gewürznelken grau bemalen.

5 Alle Papierteile mit Kraftkleber fixieren. Bei Henne und dem Küken die Federn in vorgebohrte Löcher einkleben. Als Kuhschwanz die Papierdrahtkordel samt Holzkugel, als Hörner die grau bemalten Gewürznelken mit Heißkleber befestigen. Das Schaf mit weißer Wolle bekleben.

6 Katze, Hund, Kuh und Maus mit Heißkleber auf einer Holzscheibe befestigen. Die anderen Tiere hübsch dekorieren.

29

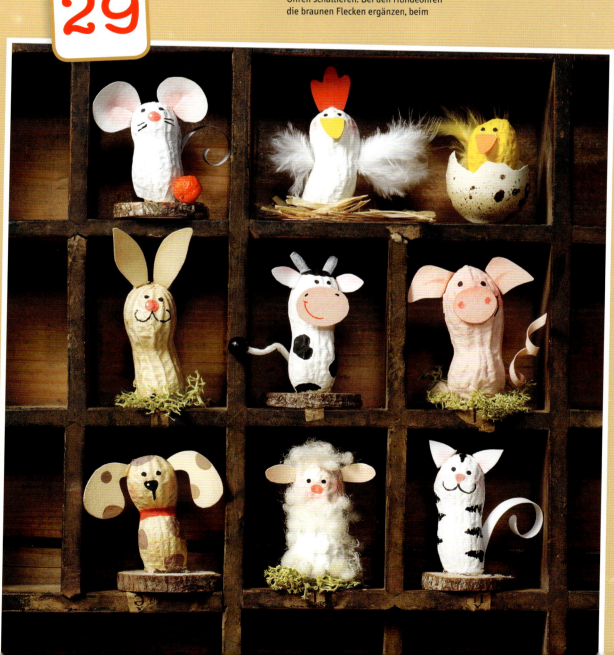

254 Oktober

30 Kabinett des Grauens

Das brauchst du Gläser in verschiedenen Größen mit Schraubverschluss • Puppenteile • Plastik- oder Gummitiere • Fruchtgummiaugen • Lebensmittelfarbe in Rot, Grün und Gelb • Plastikschüssel

1 Sammle verschieden große Gläser mit Schaubverschluss.

2 Je nachdem, was du in deinen Gläsern konservieren willst, ist eventuell ein bisschen Vorarbeit nötig. Arme und Beine einer alten Puppe eignen sich hervorragend für diesen Streich, müssen aber erstmal mit einem Cutter vom Rest des Körpers abgetrennt werden. Dass du hierfür nicht gerade die Lieblingspuppe deiner Schwester nimmst ist ja wohl klar, oder?

3 Plastikfrösche, Spinnen, Ratten oder Fruchtgummiaugen sorgen ebenfalls für einen hübsch gruseligen Anblick!

In einer Plastikschüssel vermischst du zunächst Wasser mit der Lebensmittelfarbe deiner Wahl. Probier ruhig auch unterschiedliche Farbkombinationen aus.

4 Jetzt stopfst du die gruseligen Plastikschocker in die Gläser und füllst sie mit deinem Farbwasser auf (nicht zu voll machen!). Mit dem Schraubdeckel zudrehen und ab damit in den Vorratsschrank!

Vampir-Shooter 31

Das brauchst du Pappbecher in Schwarz • Bürohefter • Fotokarton in Schwarz, DIN A4 • Fotokarton in Weiß, 10 cm x 10 cm • Klebepunkte in Gelb, ø 20 mm • Klebepunkte in Blau, ø 8 mm • Luftballon in Schwarz **Vorlagen Seite 262**

1 Zuerst stichst du den Boden des Pappbechers mit einer spitzen Schere ein und schneidest dann den Boden heraus.

2 Schneide die Fledermausflügel der Vorlage nach aus schwarzem Fotokarton aus und hefte sie mit dem Bürohefter an die Becherrückseite.

3 Zeichne zwei spitze Vampirzähne auf weißen Fotokarton, schneide sie aus und klebe sie mit Bastelkleber auf die Vorderseite des Bechers. Als Augen klebst du gelbe und blaue Klebepunkte auf.

4 Verknote den unaufgeblasenen Luftballon und schneide das obere Drittel ab. Stülpe das Ende mit dem Knoten über den unteren Pappbecherrand.

5 Jetzt musst du deinen Vampirshooter nur noch laden und du kannst nach Herzenslust Pompons oder Marshmallows durch die Gegend schießen.

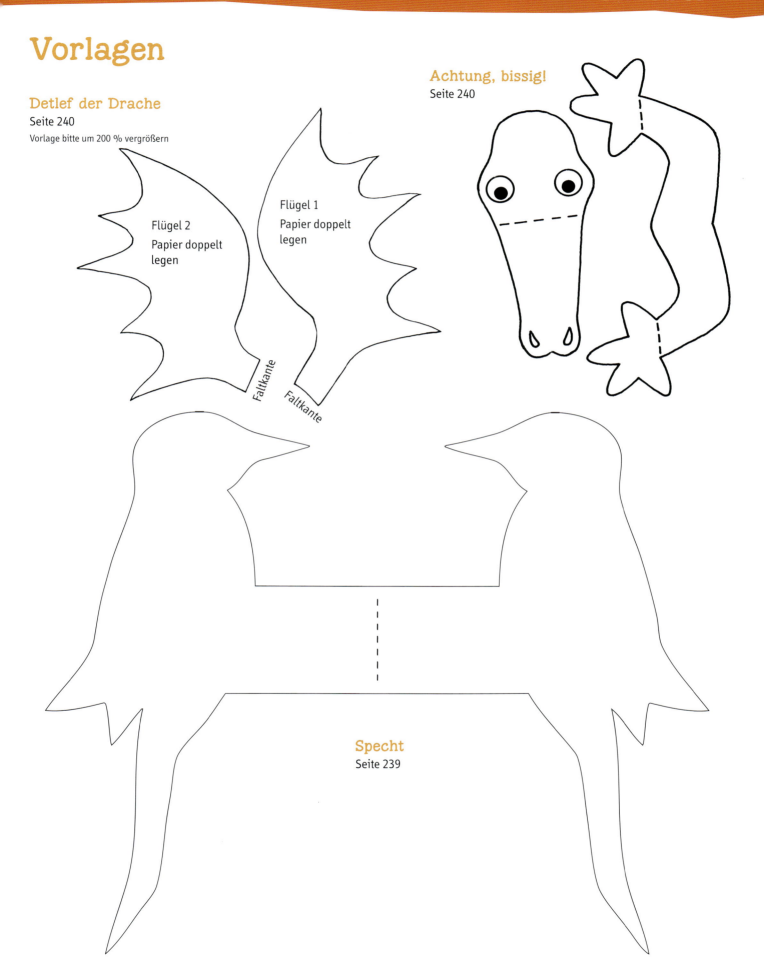

256 Oktober

Theater für die Hosentasche
Seite 241

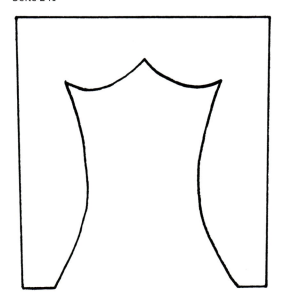

Walnuss-Clown
Seite 246

Glücksbote
Seite 248

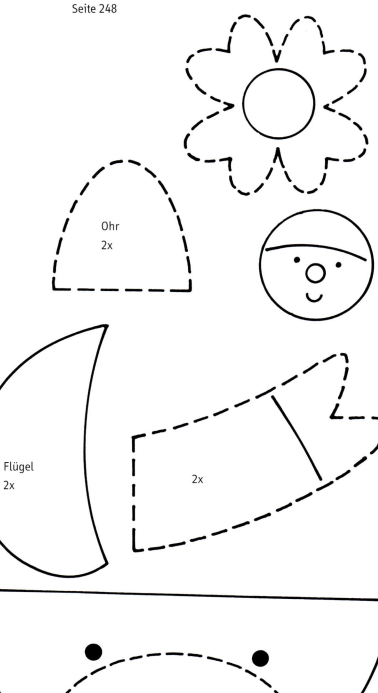

Oktober 259

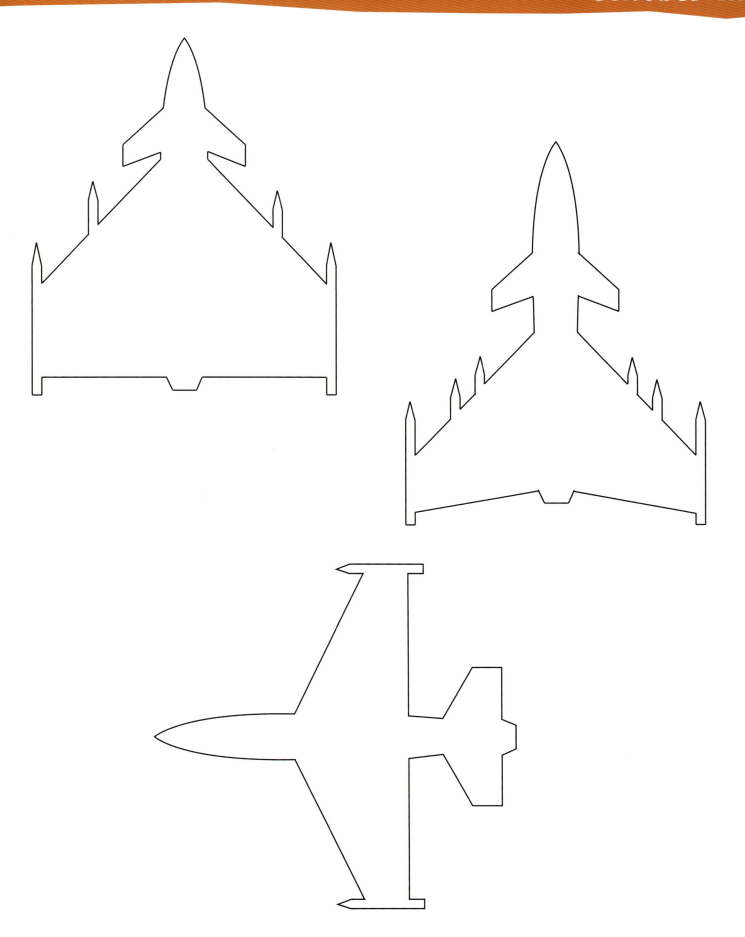

260 Oktober

Heute ist Waschtag!
Seite 249

Auto Wasch

Coole Flitzer
Seite 250

4 **12** **7**

4 **12** **7**

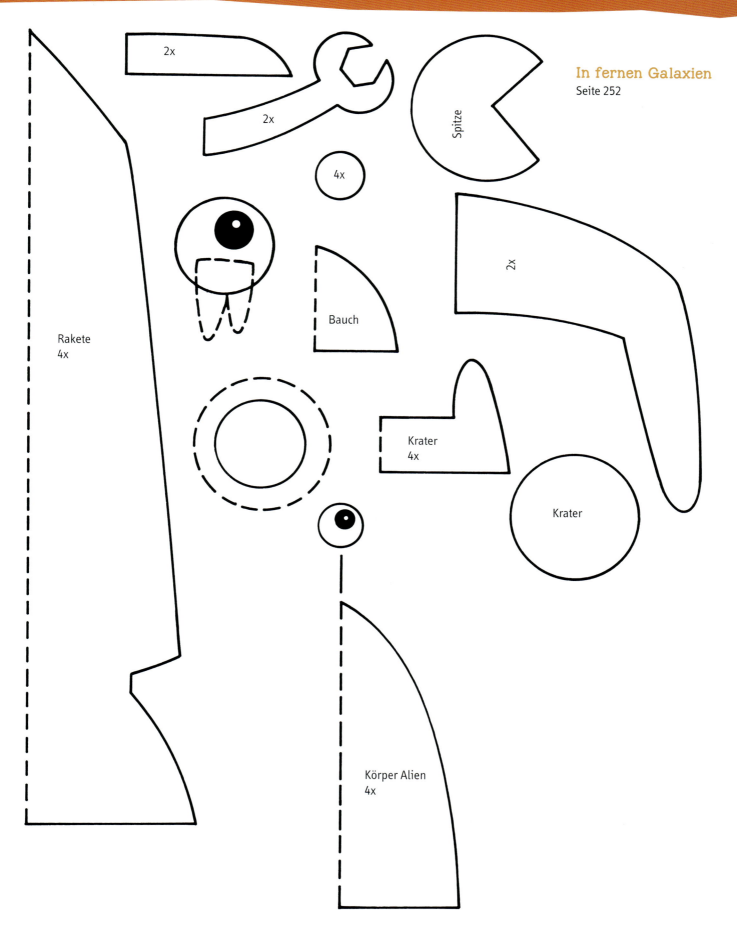

262 Oktober

Vampir-Shooter
Seite 254

Geflatter und Gekrabbel
Seite 252

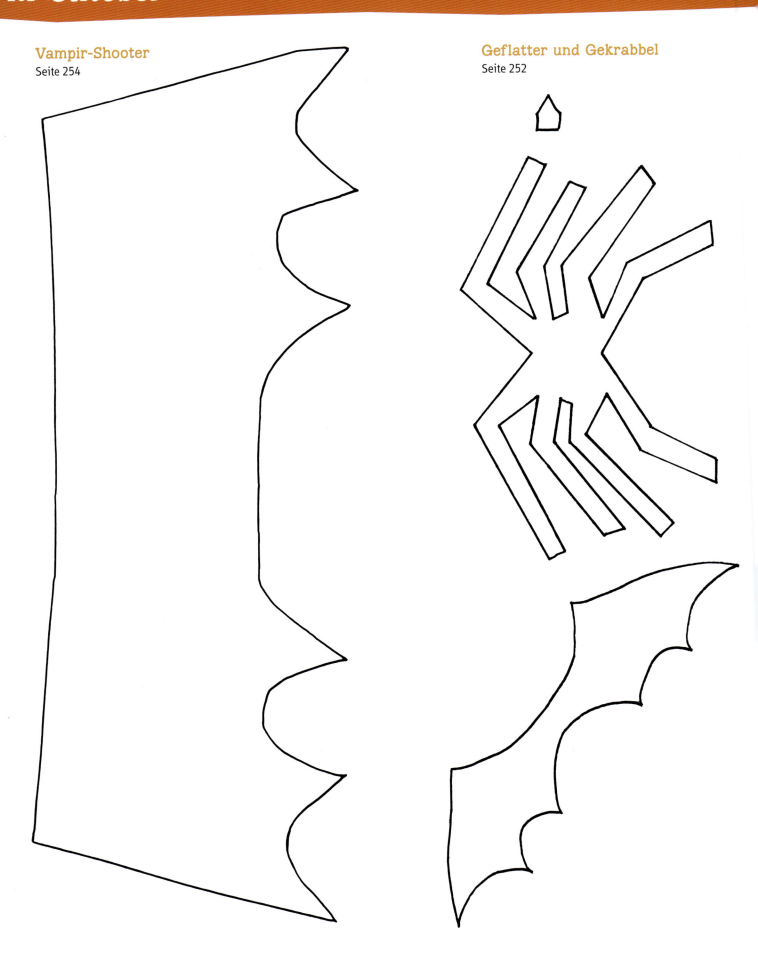

Oktober 263

Lustiger Bauernhof
Seite 253

November

Pomponvögel

Das brauchst du Wollreste nach Wunsch • dickere Pappe • Filzstifte Vorlagen Seite 280

1 Schneide einen ca. 50 cm langen Wollfaden zurecht und lege ihn zwischen Ring- und Mittelfinger.

2 Wickle verschiedenfarbige Wollreste um die Hand.

3 Schlinge den Faden aus Schritt 1 um den Wollknäuel und verknote ihn. Lege den Faden auf die Rückseite des Knäuels, ziehe ihn zusammen und verknote ihn. Schneide die Seiten des Wollknäuels auf. Den Bommel rundherum auf eine Länge schneiden. Dabei nicht den langen Faden abschneiden!

4 Die Vogel-Vorlage auf die Pappe übertragen und ausschneiden. Aus dem Vogelrücken ein Dreieck herausschneiden.

5 Bemale den Vogel nach Lust und Laune. Den Bommel in die ausgeschnittene Lücke stecken – der lange Faden liegt als Aufhänger oben.

Kleiner Nachtwächter

Das brauchst du Pappteller, ø 20,5 cm • Acrylfarbe in Rot • 11 Klebepunkte in Weiß, ø 1,2 cm • Wollfaden in Weiß, ca. 2,50 m lang • dicke Nähnadel • 29 bunte Holzperlen, ø 0,8–1,3 cm • Feder in Gelb, Hellgrün und Blau, je 10 cm lang • Klebeband, 1,5 cm breit

1 Schneide aus dem Pappteller innen einen Kreis (ø 12 cm) aus. Orientiere dich dabei an der Prägung, die du auf dem Pappteller siehst. Male den Teller von beiden Seiten rot an. Lass die Farbe gut trocknen und verteile anschließend auf der Außenseite die Klebepunkte.

2 Schneide vom Wollfaden 40 cm für die Aufhängung und dreimal je 20 cm für die Federn ab. Fädle den Rest in eine dicke Nähnadel. Stich durch den Tellerrand, ziehe den Faden durch und verknote ihn doppelt. Fädle 2–3 bunte Perlen auf und stich mit der Nadel gegenüber in den Teller. Ziehe den Faden straff und verknote ihn, dann fädle jeweils weitere 2–3 Perlen auf usw. Sichere den Faden am Schluss gut mit einem Doppelknoten.

3 Klebe an jedes Wollstückende mit Klebeband eine Feder an. Ziehe je drei Holzperlen auf, fädle den Faden in die Nähnadel und befestige die Federn unten am Traumfänger. Verknote die Fadenenden gut. Oben nähst du den Faden für die Aufhängung an.

November

Gefährlicher Hai

Das brauchst du Fotokarton in Mittelblau, 2 x 50 cm x 70 cm • Laternen- oder Mobilefolie, 0,2–0,4 mm stark, 2x A3 • Strohseide in Hellblau, 50 cm x 70 cm • Fotokartonreste in Gelb, Violett, Weiß und Hellblau • Laternenbügel • Mittelteil • 16 cm x 70 cm, inkl. 2 x 1 cm Klebekante **Vorlagen Seite 281**

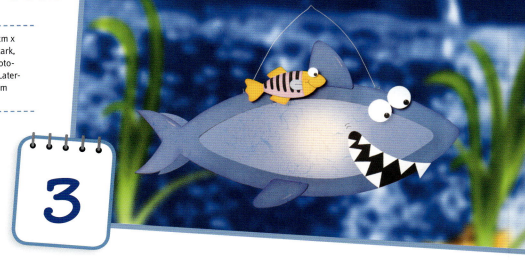

1 Das Mittelteil und den Körper des Hais kannst du aus blauem Fotokarton ausschneiden und rundum mit einem etwas dunkleren Buntstift schattieren. Die weißen Lichtstreifen mit einem Buntstift aufmalen. Das Innere lässt sich einfacher mit einem Cutter ausschneiden.

2 Die Ausschnitte mit Mobilefolie hinterkleben. Die Folie etwa 1 cm größer zuschneiden und mit der Strohseide bekleben. Die Folie dann mit den Papierseiten nach außen an der Innenseite der Kartonteile festkleben.

3 Schneide die restlichen Motivteile aus. Fast alle Motivteile sind rundum mit einem jeweils etwas dunkleren Buntstift schattiert, dadurch wirken sie plastischer.

4 Klebe die Augen auf und male die Pupillen mit einem schwarzen Filzstift, die Lichtpunkte mit einem weißen Lackmalstift. Dann das Maul mit den Zähnen aufkleben, die Linien oberhalb mit Filzstift zeichnen.

5 Klebe die Flossen auf die Vorderseite. Den Pilotfisch zusammenkleben, dazu Schuppenpanzer, Bauchflosse und Auge auf die gelbe Grundform kleben. Zum Positionieren die Vorlage zu Hilfe nehmen. Gesicht aufzeichnen. Den Fisch anschließend auf den Hairücken kleben.

6 Nun die gestaltete Vorder- und ungestaltete Rückseite mithilfe des Mittelstreifens zusammenkleben. Die Laterne ausbalancieren und den Laternenbügel anbringen.

Waldeule

Das brauchst du runder Laternen- zuschnitt aus 3D-Wellpappe in Hellbraun, ø 22 cm • Transparentpapier mit Punkten in Weiß, 2 x A4 • Fotokartonreste in Hellbraun, Weiß, Gelb, Schwarz, Rot und Orange • Perlhuhnfedern in Natur • Laternenbügel **Vorlagen Seite 280**

1 Die Eule ist schnell gemacht. Die Transparentpapierstücke zum Hinterkleben der Ausschnitte kannst du ca. 1 cm größer zuschneiden und anbringen. Dann die Laterne falten und zusammenstecken. Die Federn auf dem Bauch setzt du mit einem braunen Filzstift auf.

2 Die restlichen Motivteile ausschneiden und nach Belieben rundherum mit einem jeweils etwas dunkleren Buntstift schattieren, dann wirken sie plastischer.

3 Klebe die Augen zusammen und setzte die Lichtpunkte mit einem Lackmalstift. Die Augen dann auf die Laterne kleben. Dahinter an der Laterneninnenseite die Federn anbringen.

4 Nun noch die Flügel und Krallen anbringen. Die fertige Laterne ausbalancieren und den Laternenbügel anbringen.

November

Futterstelle für Piepmätze

Das brauchst du Eiersteige mit viereckigen Zapfen • 6er-Eierkarton in Blau mit achteckigen Schälchen • Acrylfarbe in Hellblau • Kordel in Weiß, ø 0,1 cm, 2,40 m lang • 4 Holzperlen in Gelb, ø 1 cm • 8 Holzperlen in Hellblau, ø 0,7 cm • 4 ovale Wackelaugen, 0,7 cm x 1 cm • Chenilledraht in Orange, ø 0,7 cm, 5 cm lang

1 Trenne den Deckel von dem Eierkarton ab und schneide aus der Eiersteige zwei Zapfen zu (ca. 2 cm hoch). Male die Zapfen in der Mitte des Eierkartons und die beiden Zapfen für die Vogelköpfchen hellblau an. Trocknen lassen. Dann stichst du mit einem Schaschlikstäbchen in alle vier Ecken des Eierkartons ein Loch. Teile die weiße Kordel in vier 60 cm lange Teile, ziehe durch jedes Loch ein Kordelstück und verknote die Enden.

2 Fädle nun auf jede Kordel eine blaue, eine gelbe und dann wieder eine blaue Perle auf. Dann nimmst du die vier Kordelstücke am Ende zusammen und verknotest sie miteinander.

3 Klebe auf die Zapfen für die Köpfchen je zwei Wackelaugen auf. Halbiere den Chenilledraht und biege alle Enden um, so vermeidest du scharfe Kanten. Dann knickst du die Chenilledrahtstücke in der Mitte zu Schnäbeln und klebst diese unter die Augen. Male mit Buntstift rote Wangen auf und klebe die Köpfe auf die Vogelkörper. Jetzt noch Futter einfüllen und die Vögelchen können zum Essen kommen.

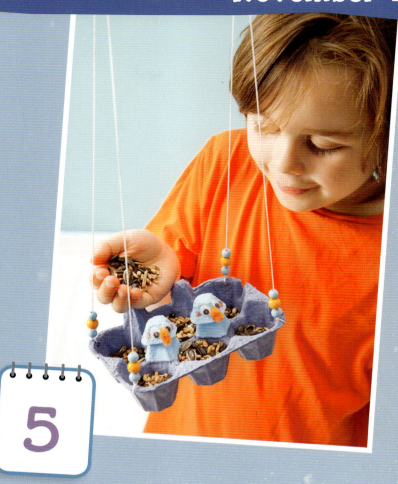

5

Buntstachel-Igel

Das brauchst du lufttrocknende Modelliermasse, ca. 500 g • Acrylfarbe in Türkis, Rosa und Pink • 2 Wackelaugen, ø 2,0 cm • 2 Wattekugeln, ø 2 cm • 20 Buntstifte

1 Zuerst formst du aus der lufttrocknenden Modelliermasse eine ca. 10 cm dicke Kugel. Drücke sie platt und forme daraus ein Oval. Dann knetest du ein ca. 5 cm x 5 cm großes Dreieck aus der Restmasse und arbeitest es mit nassen Fingern vorne an ein Ende des Ovals an. Das wird der Igelkopf.

2 Als Nächstes formst du eine 1 cm große Kugel als Nasenspitze und verbindest sie mit der Spitze des Dreiecks. Jetzt kannst du den Igel noch nach Lust und Laune nachformen.

3 Stich mit einem Bleistiftende 20 Löcher in den Igelkörper. Hier kommen später die Buntstifte hinein. Das Gesicht vorne sparst du dabei natürlich aus.

4 Mit nassen Fingern streichst du dann alle Unebenheiten schön glatt, bevor der Igel einen klitzekleinen Winterschlaf hält. Er muss nämlich gut trocknen, am besten zwei Tage an einem trockenen und warmen Ort.

5 Wenn die Modelliermasse hart geworden ist, kannst du den Igel mit Acrylfarbe anmalen. Lass die Farbe trocknen. Klebe mit Alleskleber die Wackelaugen auf die Wattekugeln. Dann klebst du die Augen auf den Igel. Ist der Kleber trocken, können die Buntstifte einziehen. Und dann ab damit auf den Schreibtisch!

6

November

Blumengrüße

Das brauchst du Wolle in verschiedenen Farben • Äste, ca. 25 cm - 40 cm lang
Vorlagen Seite 282

1 Für die Pomponblumen brauchst du Pompons. Schneide dir dazu mithilfe der Vorlage zwei Ringe aus Pappe zu und schneide sie an der Seite ein.

2 Lege die beiden Scheiben aufeinander und wickle die Wolle nach und nach engmaschig um die Ringe.

3 Ist das geschafft, hältst du das Ende des Wollfadens mit dem Daumen fest, stichst mit der Stoffschere von außen zwischen die beiden Ringe ein und schneidest ringsherum den Rand auf.

4 Fädle nun einen ca. 15 cm langen Wollfaden zwischen die Ringe, verknote die Enden und ziehe alles gut fest.

5 Dann kannst du die Ringe abziehen, die Fadenenden abschneiden und eventuell überstehende Stränge kürzen.

6 Stecke den Pompon auf eine Astspitze. Falls sich dabei ein paar Wollstränge verschieben, ist das nicht schlimm. Einfach mit der Schere kürzen und der Pompon ist wieder schön rund.

7

Sternchen-Magnete

Das brauchst du 300 g Modellgips • Eiswürfelform in Sternform • Magnete, Stärke 5 mm, ø 20 mm • Acrylfarbe in Rosa, Pink, Hellblau, Hellgrün, Hellgelb und Weiß

1 Rühre den Modellgips in einer Schüssel nach Packungsanleitung an. Dann ausreichend Gipsmasse mit einem Teelöffel in die Eiswürfelformen geben. Die Form ein paar Mal auf den Tisch klopfen, damit sich der Gips gut verteilt und keine Lufteinschlüsse entstehen.

2 Warte, bis der Gips ganz ausgehärtet und trocken ist (am besten über Nacht). Dann kannst du die Sterne aus der Form herausdrücken und mit Alleskleber die Magnete auf die Rückseite kleben.

3 Zum Schluss bekommen deine schicken Sternchen noch einen Anstrich mit Acrylfarbe.

8

November 269

Lollimonster

Das brauchst du 2 Handvoll bunte Bonbons • Zuckeraugen (gibt's im Internet oder in gut sortierten Küchengeschäften) • Lollistiele

1 Lass den Backofen auf 100° C vorheizen. Inzwischen breitest du Backpapier auf einem Backblech aus. Befreie die Bonbons aus ihrer Verpackung und sortiere sie nach Farben.

2 Jetzt legst du die Bonbons in kleinen Reihen untereinander oder nebeneinander auf das Backpapier. Alle gleichfarbigen Bonbons können z. B. in einer Reihe liegen. Lass deiner Fantasie freien Lauf – wichtig ist nur, dass die Bonbons gleichmäßig und schön dicht beieinander liegen.

3 Jetzt schiebst du das Blech in den Backofen. Bleib dabei und beobachte durch das Ofenfenster, wie die Bonbons zerlaufen. Sobald sie eine ebene Platte bilden, kannst du das Blech vorsichtig aus dem Ofen nehmen.

4 Beim nächsten Schritt lässt du dir am besten von einem Erwachsenen helfen, denn dein Lolli ist heiß und es muss ganz schnell gehen. In die noch flüssige Lollimasse drückt ihr zusammen ein bis zwei Monsteraugen und den Lollistiel hinein. Fertig ist deine Arbeit. Jetzt musst du nur noch warten, bis deine Monster schön ausgekühlt sind, dann kannst du sie vom Backpapier abziehen.

Munteres Fischlein

Das brauchst du Lampion in Weiß mit Drahtverstärkung, ø 24,5 cm • ca. 130 Muffinförmchen in Gelb, Rosa, Orange, Hellblau, ø am Boden 3 cm, 2,2 cm hoch • 2 Styropor®kugeln, ø 4 cm • Acrylfarbe in Hellblau • wasserfester Stift in Schwarz • Lackmalstift in Weiß • Fotokarton in Hellblau, A3 • Fotokartonrest in Pink • Buntstifte **Vorlagen Seite 282**

1 Umklebe die komplette Laterne mit den Muffinförmchen. Beginne am oberen Rand und klebe die Förmchen am Förmchenboden mit Alleskleber in Reihen an. Wechsel dabei die Farben der Förmchen ab.

2 Jetzt bemalst du die Styroporkugeln für die Augen mit der hellblauen Acrylfarbe und lässt sie gut trocknen. Dann mit dem schwarzen, wasserfesten Stift die Pupillen aufmalen. Sie haben einen Durchmesser von ca. 3 cm.

3 Die Lichtpunkte in den Augen mit dem weißen Lackmalstift setzen. Klebe die Augen vorne jeweils in einem Muffinförmchen an die Laterne.

4 Schneide die Fotokartonteile gemäß der Vorlage aus und schattiere sie mit Buntstiften. Dann die Flossen und den Mund an den unteren Rändern von beiden Seiten mit Alleskleber bestreichen und zwischen den Muffinförmchen festdrücken. Fertig ist die Laterne!

270 November

Prächtiger Elefant

Das brauchst du Fotokarton in Hellviolett, 50 cm x 70 cm • Laternen- oder Mobilefolie, 0,2–0,4 mm stark, 2 x A4 • Strohseide in Flieder oder Lavendel, 50 cm x 70 cm • Transparentpapierrest in Gelb • Fotokartonreste in Hellgrün, Hellblau und Hautfarbe • Glitterkartonrest in Weiß • 11 Strasssteine in Hellgrün, ø 5 mm • Strassstein in Pink, ø 1,4 cm • Perlmuttpen oder -liner • Papierkordel mit Draht in Hellgrün, ø 2 mm, 30 cm lang • Chenilledraht in Hellviolett, ø 6–9 mm, 10 cm lang • Wachsperle in Weiß, ø 8 mm • Laternenbügel • Mittelteil, 16 cm x 54 cm, inkl. 2 x 1 cm Klebekante **Vorlagen Seite 284/285**

1 Schneide Vorder- und Rückseite aus Fotokarton aus. Die Rückseite wird ohne Kopf gearbeitet. Schneide die Innenausschnitte heraus.

2 Die Mobilefolienstücke ca. 1 cm größer zuschneiden, als der jeweilige Ausschnitt ist, und mit Strohseide bekleben. Der Körperausschnitt wird mit der Strohseide, der Sattelausschnitt mit dem Transparentpapier hinterklebt.

3 Die Motivteile kannst du aus den verschiedenfarbigen Fotokartonen ausschneiden und rundum mit einem jeweils etwas dunkleren Buntstift leicht schattieren und bemalen.

4 Das Gesicht wie in der Grundanleitung beschrieben gestalten.

5 Die Teile für die Haube sowie die Bordüre der Satteldecke zusammenkleben. Die Fransen an der Decke sind ca. 2,5 cm lang und werden auf der Rückseite anklebt. Die Strasssteine aufkleben und die Spiralen mit dem Perlmuttpen aufsetzen.

6 Dann die Haube aufkleben und das Ohr, den Stoßzahn und den Schmuckstein ergänzen. Den Stern auf den Transparentpapierausschnitt setzen und die Strasssteine aufkleben.

7 Zuletzt die beiden Laternenseiten mit dem Mittelstreifen zusammenfügen und den Laternenbügel anbringen.

11

Wer bin ich?

12

Das brauchst du 6 verschiedene Fotos, je 9 cm x 13 cm • Fotokartonrest, Farbe nach Wunsch • 3 Holzwürfel, ca. 3,5 cm x 3,5 cm

1 Lass dich in sechs möglichst verschiedenen Outfits fotografieren. Stelle dich dazu immer in der gleichen Position auf, am besten vor einer Wand. Drucke die Fotos zusammen mit einem Erwachsenen dann in der Größe 9 cm x 13 cm aus.

2 Aus dem Fotokartonrest fertigst du dir eine Schablone an: Sie sollte so breit wie ein Würfel und so lang wie alle 3 Würfel nebeneinander sein.

3 Lege die Schablone auf die Vorderseite des Fotos und zeichne das Rechteck mit Bleistift auf. Schneide die Bilder sorgfältig aus.

4 Zeichne nun auf die Rückseite des Fotos die einzelnen Würfel an und schneide deine Fotos in je drei Teile.

5 Klebe die Teile der Reihe nach auf die Würfel. Lass den Kleber trocknen und fertig ist das Mix-Max-Spiel!

November

Häuserreihe

Das brauchst du Fotokarton in Schwarz, A3 • Transparentpapier in Weiß, A3 • Transparentpapier in Blau, 14 cm x 40 cm • Transparentpapierreste in Gelb, Grün, Pink, Lila und Hellblau **Vorlagen Seite 283**

1 Übertrage die Vorlage auf Fotokarton und schneide sie aus.

2 Umrande die zu beklebenden Flächen mit Klebestift und klebe das entsprechende Transparentpapier an.

3 Damit nichts durchscheint, die ganze Rückseite mit dem weißen Transparentpapierbogen bekleben.

4 Auf die Vorderseite kannst du ausgeschnittene Sterne und Kreise aufkleben.

13

Kugelrunde Haarclips

14

Das brauchst du Haarclip in Weiß mit Punkten, 5 cm lang • Wolle in Weiß und Pink • Haarclip in Pink mit Punkten, 5 cm lang • Wolle in Orange und Pink

1 Fertige aus der Wolle in Weiß und Pink bzw. Orange und Pink einen zweifarbigen Gabelpompon an, indem du die Gabel jeweils zur Hälfte mit den Farben umwickelst.

2 Befestige den Pompon mit Heißkleber auf dem Haarclip, und schon ist dein Haarschmuck fertig.

272 **November**

Schneeflöckchen ...

Das brauchst du mehrere Kronkorken • wasserfester Stift

1 Male in die Innenseiten der Kronkorken verschiedene Schneeflocken.

2 Jetzt kann das Schneespiel starten! Eine Flocke liegt in der Tischmitte. Jeder Mitspieler erhält gleich viele Spielsteine. Abwechselnd wird jeweils eine Flocke mit dem Zeigefinger zur Flocke in der Tischmitte geschnippt. Alle Flocken, die dabei berührt werden, gehören dem Schnipper.

3 Das Spiel endet, wenn alle Flocken weg sind oder ein Spieler keine Flocken mehr hat. Der Spieler mit dem meisten Schnee gewinnt!

15

Im Dunkeln funkeln

16

Das brauchst du Transparent-FIMO® in Rot, Orange, Gelb, Grün, Blau und Violett • Brettchen oder Glasplatte • leere, gereinigte Marmeladengläser oder Windlichter • evtl. Wellholz

1 Rolle aus jeweils zwei FIMO®-Strängen lange Röllchen. Lege dein erstes Röllchen probeweise um das Gefäß, um zu prüfen, ob es lang genug ist.

2 Stelle dir nun aus den übrigen Farben passende dünne Röllchen her. Lege dein erstes Röllchen unten um das Glas und drücke es ringsherum gut an. Es erleichtert die Arbeit, wenn du die Röllchen vorher mit dem Wellholz zu Bändern auswalzt.

3 Verstreiche die Ansatzstellen aller Farben gut miteinander, sodass du nichts mehr vom Gläschen siehst.

4 Wenn du magst, verzierst du den Boden mit einer Sonne. Drücke dafür eine gelbe Kugel flach. Strahlen aus dünnen Röllchen hinzufügen und die Zwischenräume mit blauen „Himmelskügelchen" ausfüllen.

5 Alternativ rollst du aus allen möglichen Farben verschieden große Kügelchen. Verteile z. B. zuerst alle roten, dann alle orangefarbenen und gelben Kügelchen.

6 Fülle die Zwischenräume mit blauen, violetten und grünen Flecken aus. Du kannst auch zwei Farben locker miteinander verkneten oder verwirbeln, zu einer Rolle formen und davon Kügelchen herstellen: Das ergibt bunte Flecken.

7 Du bist fertig, wenn das ganze Gläschen rundherum mit Fimo® gleichmäßig bedeckt ist.

8 Bei 110 Grad 30 Minuten im Ofen backen und abkühlen lassen.

November 273

Schmackhafter Fund

Das brauchst du Konturenfarbe in Schwarz • Windowcolor in Weiß, Arktisblau, Schwarz, Hellgrün, Saftgrün, Orange, Zitronengelb, Hautfarbe, Hell- und Mittelbraun • feiner Filzstift in Schwarz
Vorlagen Seite 286

1 Übertrage die Konturen von der Vorlage auf die Prospektfolie. Gut trocknen lassen.

2 Male den Eichhörnchenschwanz orange aus. Färbe nun auch alle anderen Flächen ein.

3 Tupfe einen schwarzen Farbtropfen neben das Motiv auf die Folie. Nimm mit dem Zahnstocher etwas von der Farbe auf und ziehe damit feine Linien auf den Eichhörnchenschwanz etc.

4 Zum Abschluss malst du die Barthaare mit dem Filzstift auf, nachdem die Farbe vollständig trocken ist.

17

Schneekugel

Das brauchst du Glas mit Schraubverschlussdeckel, ø 7 cm, 11,5 cm hoch • destilliertes Wasser • Krepppapierrolle in Rosa, 5 cm breit • Holzstäbchen • Flitter • Klebeband, 5 cm breit • Seidenpapier in Weiß, A3 • Goldband, 1,5 cm breit, 35 cm lang

1 Befülle das Glas mit destilliertem Wasser. Tauche dann das Krepppapier hinein.

2 Mit Holzstäbchen umrühren bis sich das Wasser rosa verfärbt. Dann Krepppapier herausnehmen.

3 Fülle den Flitter ein. Evtl. destilliertes Wasser nachfüllen, sodass das Glas randvoll gefüllt ist.

4 Verschließe das Glas mit dem Deckel und verklebe ihn mit Klebeband.

5 Doppelt gefalteten Bogen Seidenpapier über Glasdeckel legen und mit Goldband verschnüren.

6 Schneide unterschiedlich breite Zacken in die Seidenpapierränder rund um den Deckel.

18

274 November

Lichterkette im Streifendesign

Das brauchst du Masking Tape in verschiedenen Farben und Mustern • 10 runde Lampenschirme, 192 mm x 135 mm • 10er-Lichterkette

1 Klebe die Masking Tapes als Streifen- oder Karomuster außen auf die Lampenschirme.

2 Schneide mit der Schere überstehende Tapes ab und befestige die Schirme anschließend an der Lichterkette.

Vogelfutter

Das brauchst du Pflanzenfett, 500 g • Vogelfutter • Prickelnadel • Papierstrohhalme • Schaschlikspieße • Pappbecher • Wolle

1 Lass das Pflanzenfett in einem Topf auf dem Herd schmelzen, ein Erwachsener hilft dir dabei. Schütte eine Tüte Vogelfutter dazu und verrühr das Ganze gut. Lass alles etwas abkühlen.

2 In der Zwischenzeit bohrst du gemeinsam mit deinem Erwachsenen Helfer mit einer Prickelnadel Löcher für die Schaschlikspieße durch das untere Viertel deiner Papierstrohhalme. Steck die Spieße hindurch und kürze sie mit der Schere.

3 Jetzt brauchst du die Pappbecher. Je bunter sie sind, umso farbenfroher wird dein Garten im Winter sein! Stell den Strohhalm in einen Becher, die Seite mit dem Spieß schaut dabei raus. Dann füllst du vorsichtig das Vogelfutter hinein. Der Inhalt deiner Vogelfutterbecher muss jetzt richtig gut abkühlen und fest werden.

4 Dann kannst du mit der Nadel durch den seitlichen unteren Rand des Bechers stechen und den Wollfaden hindurch ziehen. Verknote die beiden Enden und schon hast du eine prima Aufhängung für deine Vogelfutterbecher.

November

Viele kleine Verstecke

Das brauchst du 24 Streichholzschachteln • Scrapbookingpapier, A4 • Tonpapier in Pink, Rosa, Grün und Weiß, A3 • Strukturkarton, A4 • Zahlenstempel, 1,2 cm hoch • Stempelfarbe in Pink und Grün • Motivstanzer: Rund ø 2,2 cm und 2,5 cm, Rund mit Wellenrand und Eiskristall, ø 2,5 cm • Goldfolie • verschiedene Bänder und Bordüren • Bordürenstanzer, 1,9 cm hoch

1 Beklebe die Streichholzschachtelhüllen mit Scrapbookingpapier, Strukturkarton und farbigen Tonpapieren (je 5,4 cm x 11 cm).

2 Stempel die einzelnen Zahlen auf helles Tonpapier. Sobald die Stempelfarbe getrocknet ist, stanzt du die Zahlen mithilfe des kleineren runden Motivstanzers aus. Drehe hierfür den Stanzer um, sodass du das zu stanzende Papier sehen und exakt positionieren kannst. Alternativ kannst du die einzelnen Kreise auch mit der Schere ausschneiden.

3 Klebe mehrere unterschiedlich große, ausgestanzte Kreise übereinander, der bestempelte Kreis sollte dabei immer den Abschluss bilden.

4 Schmücke die Schachteln nach Wunsch zusätzlich mit gestanzten Eiskristallen, Schleifenbändern sowie Papier- und Textilbordüren.

5 Fülle den Adventskalender mit kleinen Schokotäfelchen, Glöckchen und anderen Kleinigkeiten.

Funkel-Sternchen

Das brauchst du Perlen in Rot- und Orangetönen, ø 4 mm, je ca. 50 Stück • Schmuckdraht in Silber, ø 0,5 mm, 2x 70 cm lang • Papierdraht in Rosa und Orange, ø 2 mm, je 60 cm lang • Wolle in Rot und Gelb **Vorlagen Seite 287**

1 Fädle jeweils ca. 50 Perlen auf die Schmuckdrahtstücke. Die Enden des Drahtes zu kleinen Schlaufen legen, damit die Perlen nicht herunterrutschen können.

2 Biege ein Ende der Papierdrahtstücke zur Schlaufe und schlinge den Schmuckdraht auf der ganzen Länge um den Papierdraht.

3 Biege den Draht entlang der Konturen auf der Vorlage zu einem Stern. Die Enden miteinander verschlingen.

4 Jeweils einen Pompon in Rot und Gelb anfertigen und die Abbindefäden lang lassen. Knote die Pompons mit den Abbindefäden an die Sterne.

November

Leselust

Das brauchst du Tonkarton in Weiß • Masking Tape in verschiedenen Farben und Mustern • Schleifenband in verschiedenen Farben und Mustern • Bürolocher

1 Schneide den Tonkarton in die gewünschte Größe (z. B. 4 cm x 15 cm).

2 Klebe nun nach Wunsch oder Abbildung die Masking Tape-Streifen auf den Tonkarton. Überstehendes Tape einfach mit der Schere abschneiden.

3 Stanze ein Loch an die obere Kante und fädel ein Schleifenband hindurch.

23

Wollige Kleiderbügel

24

Das brauchst du Holzkleiderbügel, ca. 6 cm breit und 42 cm - 45 cm lang • Acrylfarbe in Flieder, Lachs und Taubenblau • Wolle in verschiedenen Farben • ggf. Holzperlen, ca. ø 1,5 cm

1 Male die Holzbügel mit Acrylfarbe an und lass die Farbe gut trocknen.

2 Wickle nun den ersten Wollfaden um den Bügel. Beginne ca. 2 cm vom Bügelende entfernt. Den Fadenanfang hältst du dabei mit deinem Daumen an der unteren Bügelkante fest.

3 Nun schlingst du den Faden weiter, schön dicht um das Holz. Achte darauf, dass der Fadenanfang immer mit umwickelt wird, so kann deine Wickelkunst später nicht aufgehen.

4 Hast du ein Farbfeld abgeschlossen, schneidest du den Faden vom Knäuel ab und nimmst eine neue Farbe. Das Ende des letzten Fadens wird nun zusammen mit dem Anfang des neuen Fadens an der Kante des Bügels gehalten und eingewickelt.

5 Auf diese Weise wickelst du nach und nach den ganzen Bügel ein. Wechsle die Farben nach Lust und Laune ab.

6 Bist du beim letzten Farbfeld angekommen, schneidest du den Faden ab und versteckst ihn an der unteren Kante in deiner Wicklung. Das geht besonders gut mit einem Schaschlikspieß.

7 Zum Schluss drehst du noch den Haken in das vorgebohrte Loch des Bügels. Wenn du möchtest kannst du zuvor noch Holzperlen aufstecken. Bitte am besten einen Erwachsenen, dir dabei zu helfen.

November

Sterne aus Butterbrottüten

Das brauchst du 8 Butterbrottüten • Locher • Goldfaden, 12 cm lang • Büroklammer

1 Klebe 8 Butterbrottüten zusammen. Sie sollten schön aufeinanderliegen.

2 Dann 10 cm vom Boden entfernt an den Längsseiten je eine Zacke bis zum Mittelpunkt der offenen Seite schneiden.

3 An den Längsseiten kannst du kleine Zacken einschneiden.

4 Mit dem Locher Löcher entlang der Zacken ausstanzen.

5 Die Außenseiten der Butterbrottüten mit dem Kleber bestreichen. Den Stern auffächern und die Außenseiten aneinanderkleben.

6 Fädle den Goldfaden durch die Büroklammer, verknote die Fadenenden und befestige die Büroklammer an der oberen Sternzacke.

25

26

Adventskerzen

Das brauchst du Verzierwachsplatte in Gold, 20 cm x 10 cm x 0,5 mm • Verzierwachsplatten in Rosa, Altrosa, Türkis, Lila, Hellblau, Dunkelblau, Ocker, Dunkelgrün, Dunkelrot und Rotbraun, je 20 cm x 5 cm x 0,5 mm • Obstmesser • 4 Kerzen in Weiß, ø 5,7 cm, 16 cm hoch, • Filzstiftdeckel, ø 1,5 cm
Vorlagen Seite 287

1 Schneide die goldene Platte in 4 Teile.

2 Übertrage die Zahlen auf Platten und schneide sie mit dem Obstmesser auf einer glatten Unterlage aus.

3 Schutzfolie entfernen und Zahlen mittig auf jeweils einer Kerze platzieren.

4 Mit dem Filzstiftdeckel kannst du pro Kerze 12 Kreise aus farbigen Verzierwachsplatten ausstanzen.

5 Entferne die Schutzfolie und drücke jeweils 3 Kreise jeder Farbe unregelmäßig verteilt auf eine Kerze auf.

November

Hurra, es ist Winterzeit!

Das brauchst du Fotokarton in Weiß, A3 • Fotokartonreste in Orange, Eosin, Gelb, Meergrün, Hellblau, Lila, Rotbraun, Rot, Violett, Pink, Californiablau und Rosa • 5 Holz-Wäscheklammern in Weiß, 4,5 cm lang • 8 Holz-Miniklammern in Weiß, 2,5 cm lang • Plüschpompon in Rosa, ø 1,5 cm **Vorlagen Seite 288/289**

1 Für die netten Wintergesellen musst du alle benötigten Einzelteile ausschneiden. Die Gesichter und Muster aufzeichnen. Die Wangen mit Buntstiftabrieb rot färben.

2 Die Körperteile fügst du zusammen und klebst anschließend die Verzierungen auf.

3 Die Schneemänner und den Bären an große Holz-Wäscheklammern kleben. Die Eiskristalle an kleinen Wäscheklammern fixieren und die Girlande mit den fröhlichen Winterfreunden schmücken.

27

Erdnuss-Pinguine

Das brauchst du Erdnuss • Prickelnadel • Acryllack in Schwarz, Cremeweiß und Orange • Nähnadel • Nähgarn in Weiß

1 Spieße eine Erdnuss längs auf die Prickelnadel.

2 Bemale Bauch und Gesicht des Pinguins weiß.

3 Die restliche Nuss bemalst du schwarz.

4 Male die Augen auf.

5 Füße und Schnabel kannst du in Orange aufmalen. Farbe trocknen lassen.

6 Stich vorsichtig mit der Nadel durch den Pinguinkopf, ziehe den Faden durch und verknote ihn. Lass dir dabei am besten von einem Erwachsenen helfen.

28

November

Rentiere und Sterne in Weiß-Türkis

29

Das brauchst du Fotokartonrest in Weiß und Türkis • Karopapierrest in Weiß-Hellblau • Fotokartonrest mit Punkten in Helltürkis • Strohhalm in Türkis mit Sternchen • Transparentpapierrest • Organzaband in Weiß, 1 mm breit, 25 cm lang pro Serviette **Vorlagen Seite 286**

1 Übertrage das Rentier auf den weißen Fotokarton. Für den Serviettenhalter braucht man den Körper zweimal. Der Schal wird aus Karopapier ausgeschnitten.

2 Die türkisfarbene Nase wird mit einem dunkleren Ton (Bleistift) rundherum schattiert und auf das Gesicht geklebt. Mit einem dünnen schwarzen Filzstift die zwei Augen und den Mund aufmalen und die Wangen röten.

3 Den Körper kannst du zur Hälfte von hinten an den Kopf kleben, damit man das Rentier auf den Glasrand setzen kann. Ein kleines Rechteck aus Transparentpapier ausschneiden, den Namen oder einen Wunsch („Frohes Fest") darauf schreiben. Das Schild wird von hinten an den Kopf des Rentiers geklebt. Für den Serviettenring werden zwei Körperteile zusammengeklebt, aufgespreizt und darauf wird der Kopf fixiert. Ein Organzaband um die Serviette herumbinden.

4 Die verschiedenfarbigen Sterne ausschneiden und den Schlitz einschneiden. Jeweils zwei Sterne zusammenstecken und mit etwas Klebstoff mithilfe eines Zahnstochers zusammenkleben.

Adventskranz

30

Das brauchst du 3 Klopapierrollen • 4 Geschenkpapierrollen, ø 3,5 cm, je 9,5 cm hoch • Acrylfarbe in Rot und Grün • Zirkel • Tonpapierrest in Grün • Buntstift in Dunkelgrün • 24 Hologrammsternchen in Gold, ø 1,5 cm • 8 rote Pompons, ø 1,5 cm • Krepppapierrest in Gelb **Vorlagen Seite 287**

1 Male die Geschenkpapierrollen für die Kerzen in Rot, die Klopapierrollen in Grün an und lass die Farbe trocknen. Zeichne dir auf jeder grünen Rolle vier gleichbreite Ringe an. Drücke die Klopapierrollen etwas flach und schneide die Ringe aus.

2 Zeichne dir mit einem Zirkel auf ein Blatt Papier einen Kreis mit dem Durchmesser von 21 cm auf. Diesen Kreis kannst du als Hilfslinie beim Zusammenkleben des Kranzes benutzen. Klebe die grünen Ringe wie auf dem Foto zu einem Kranz zusammen.

3 Zeichne dir auf das Tonpapier die Ilexblätter von der Vorlage 4x auf und schneide sie aus. Male die Blattadern mit Buntstift auf. Bringe auf den Kerzen die Klebesternchen an und klebe die Kerzen gleichmäßig verteilt in die Kranzringe.

4 Klebe auch die Ilexblätter auf und beklebe jedes Blatt mit zwei roten Pompons als Beeren. Dann schneidest du aus dem gelben Krepppapier vier Rechtecke von je 6 cm x 7,5 cm zu, faltest sie 2x zusammen und verzwirbelst die Enden oben und unten. Zuletzt klebst du die Flammen in die Kerzen.

280 November

Vorlagen

Pomponvögel
Seite 265

Waldeule
Seite 266
Vorlage bitte um 140 % vergrößern

2x

2x

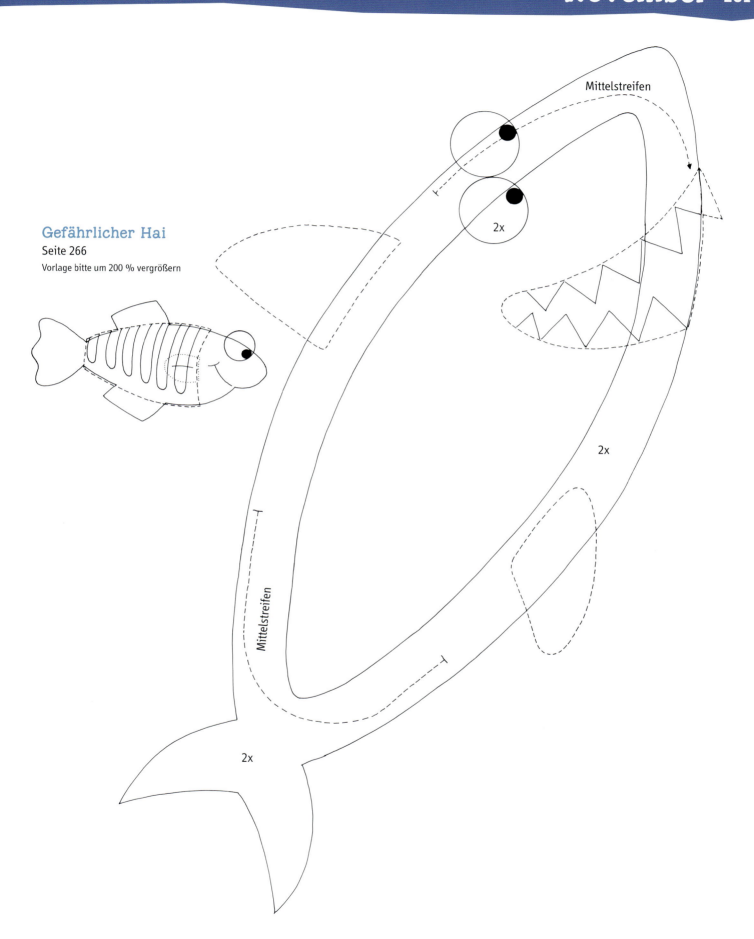

282 November

Blumengrüße
Seite 268

Munteres Fischlein
Seite 269

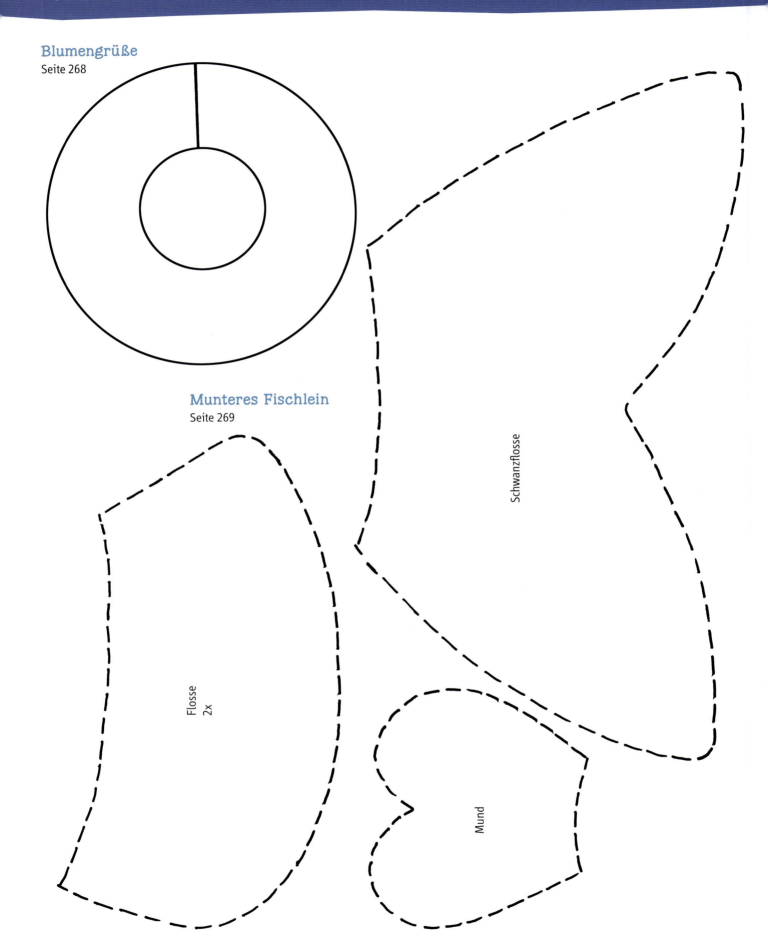

November 283

Häuserreihe
Seite 271
Vorlage bitte um 170 % vergrößern

284 November

Prächtiger Elefant
Seite 270
Vorlage bitte um 125 % vergrößern

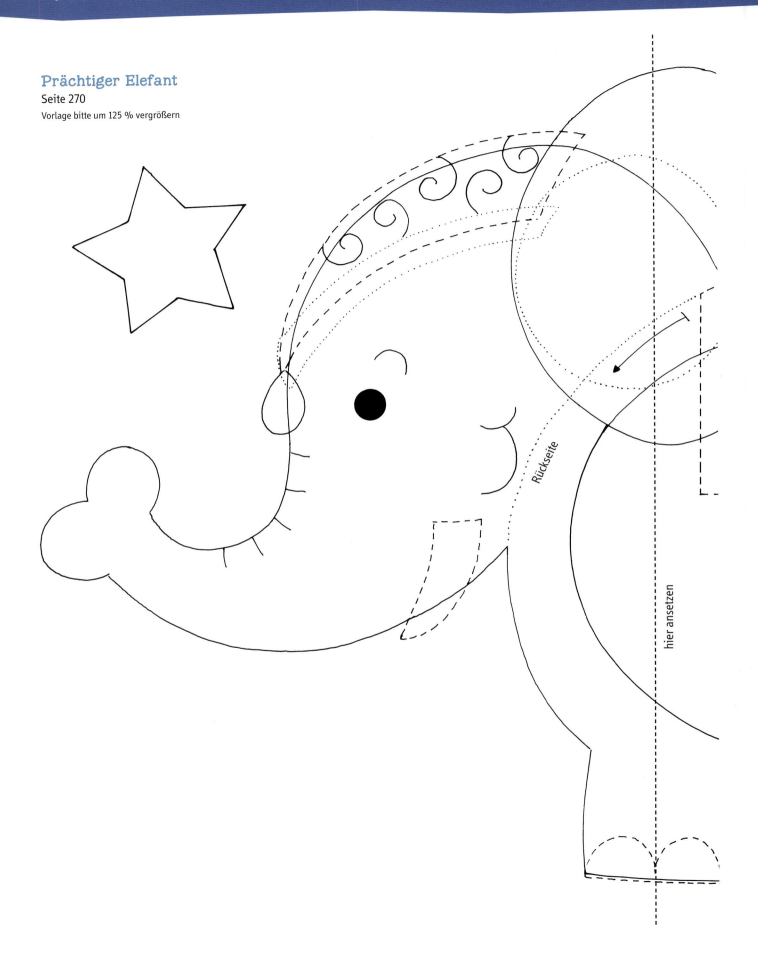

November

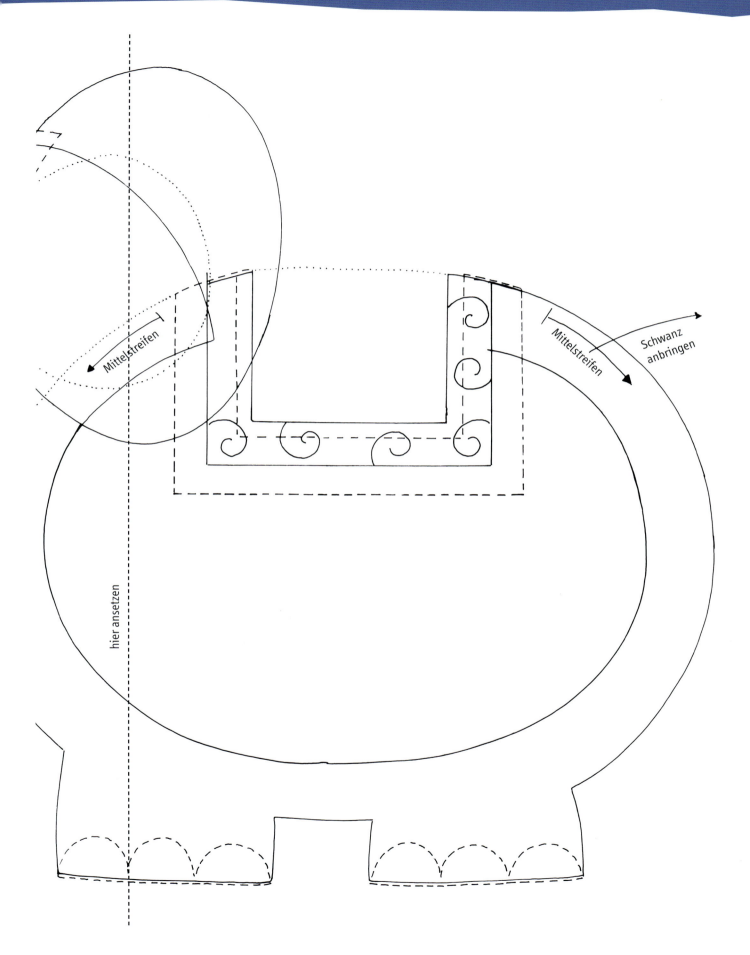

286 November

Schmackhafter Fund
Seite 273
Vorlage bitte um 200 % vergrößern

Rentiere und Sterne in Weiß-Türkis
Seite 279

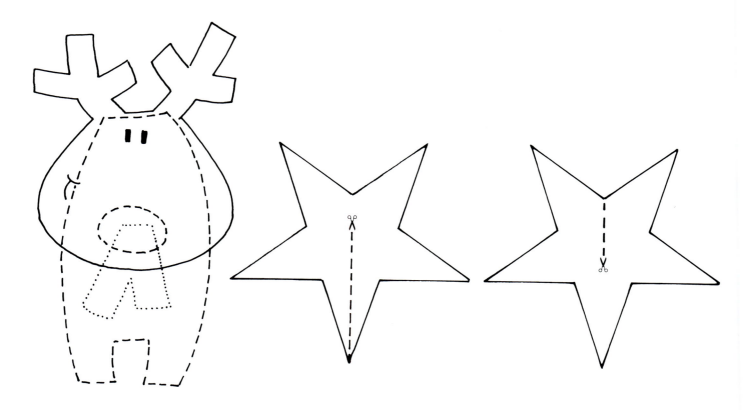

November 287

Adventskerzen
Seite 277

Adventskranz
Seite 279

Funkel-Sternchen
Seite 275

288 November

Hurra, es ist Winterzeit!
Seite 278

November 289

Dezember

Adventskalenderkerze

Das brauchst du Acrylfarbe in Hellgrün, Gelb, Orange, Rot, Pink und Lila • Kerzenmalmedium • Zahnstocher • Stumpenkerze in Weiß, ø 8 cm, 25 cm hoch
Vorlagen Seite 307

1 Mische je einen Klecks der Acrylfarben mit der gleichen Menge Kerzenmalmedium, verwende zum Verrühren am besten Zahnstocher.

2 Schreibe als erstes die Zahlen von 1 bis 23 knapp untereinander mittig auf deine Kerze. Die Farbe trocknet ziemlich schnell. Eventuell benötigst du noch einen zweiten Farbauftrag.

3 Nun geht es weiter mit der 24: Male dazu den Schweifstern in Gelb und Orange auf die Kerze. Nach dem Trocknen kannst du die Zahl hineinschreiben.

4 Verziere die Kalenderkerze mit grünen Tannenzweiglein. Für den Ast mischst du einfach ganz wenig Orange in einen Teil der hellgrünen Farbe. Dazwischen malst du gelbe Sterne.

5 Damit die Kerze nicht langweilig weiß aussieht, kannst du rundherum bunte Sterne in Gelb, Orange, Pink und Lila aufmalen.

1

Eulenverpackung

Das brauchst du 2 Klopapierrollen • Acrylfarbe in Türkis • Tonpapierrest in Weiß und Gelb • Filzstift in Schwarz • Lackmalstift in Weiß • Buntstift in Rot • Filzreste in Rot und Grün • 2 Pompons in Weiß, ø 1 cm **Vorlagen Seite 307**

1 Male die Klopapierrollen türkis an und lass die Farbe trocknen. Knicke die Klopapierrollen auf jeder Seite wie einen Halbkreis zweimal gegeneinander ein. Schneide die Gesichter und Schnäbel nach der Vorlage aus. Male die Augen mit schwarzem Filzstift, die Pupillen mit weißem Lackmalstift, Schnäbel und Wangen mit rotem Buntstift auf.

2 Schneide die Mützen nach der Vorlage zu. Schneide zwei Schals mit je 1,5 cm x 25 cm aus dem roten und grünen Filz aus. Schneide die Enden ein und binde sie um die Eulen.

3 Klebe die Mützen zu Tüten zusammen und befestige sie auf einem Eulenohr. Dann biegst du sie um und klebst das Mützenende seitlich fest. Am Schluss klebst du den Pompon auf die Mützenspitze.

2

Dezember

Kleine Lieblingstiere

Das brauchst du Fotokartonreste in Hellbraun, Gelb, Rosa, Rot, Haut, Weiß, Schwarz, Hellblau, Hellgrün und Violett • Pompons in Weiß, ø 1 cm • Satinband in verschiedenen Farben, 3 mm breit, 15 cm pro Figur • Kordel in Gelb, ø 2 mm, 15 cm (Zöpfe) • Wiederablösbare Klebepads (UHU patafix) • Kleine verpackte Süßigkeiten **Vorlagen Seite 309**

1 Die Grundform vom Bär auf Fotokarton übertragen und ausschneiden. Dann die Schnauze ausschneiden und aufkleben. Das Gesicht aufmalen.

2 Aus hellbraunem Fotokarton die Grundform für das Rentier ausschneiden. Die Nase zuschneiden und aufkleben. Einen Lichtpunkt aufsetzen. Augen und Mund aufmalen. Ein Kleeblatt auf den Bauch kleben und den Schoko-Marienkäfer in den Händen fixieren.

3 Für den Weihnachtsmann die Grundform ausschneiden. Das Gesicht wird zugeschnitten und angeklebt. Gesichtslinien und Augen aufmalen. Die Nase aufkleben und mit einem Lackmalstift weiße Punkte auf die Mütze malen. Die weiße Mützenkrempe aus Papier auf die Mützenkante kleben. Pompon und Ilexblatt fixieren. Für die Handschuhe zwei kleine weiße Rechtecke zuschneiden, auf die Arme kleben und mit der Schere abrunden.

4 Für den Pinguin die Grundform, das Gesicht und den Bauch ausschneiden. Zusammenkleben, Augen und Mund aufmalen. Der Schnabel wird schattiert und dann fixiert. Zwei schmale schwarze Streifen als Federn aufkleben. Die zwei Füßchen hinter den Körper kleben. Mit den Flügeln hält der Pinguin einen Gutschein.

5 Alle Figuren haben ein Satinband-Schleifchen um den Hals. Die Süßigkeiten mit Klebepads befestigen und die Ärmel ebenfalls mit ganz wenig von dieser „Knete" in der gezeigten Position fixieren.

Spitzendeko

Das brauchst du 3 kleine Tortenspitzen (ø ca. 10 cm) • Wäscheklammer • Nadel • dünne Kordel oder Stickgarn • Perlen nach Wunsch • kleines Glöckchen (z. B. vom Gürtel des Schoko-Nikolaus) oder Lüsterkristall

1 Mit dem Lineal eine Linie durch die Mitte einer Tortenspitze zeichnen.

2 Lege alle drei Tortenspitzen exakt aufeinander und fixiere sie mit der Wäscheklammer.

3 Die Spitzen an der Linie mit der Kordel oder dem Stickgarn mit kleinen Vorstichen zusammennähen.

4 Auf das eine Garnende ein paar bunte Perlen fädeln. Jede Perle mit einem Knoten fixieren.

5 Zum Schluss kannst du das Glöckchen oder den Lüsterkristall auffädeln. Die einzelnen Tortenspitzen über die Nahtlinie knicken und zu einer Kugel auffächern.

Dezember

Tannenbaum fürs Fenster

5

Das brauchst du 9 Klopapierrollen • Acrylfarbe in Grün und Braun • Sternenlocher, ø 2,5 cm • Glitzerkarton in Silber, DIN A5 • Band in Grün-Weiß-kariert, 1 cm breit, 40 cm lang

1 Bemale sieben Klopapierrollen außen und innen in Grün und zwei Klopapierrollen in Braun. Lass die Farbe gut trocknen. Zeichne bei den grünen Rollen drei Streifen von je 2,5 cm Breite an und schneide Ringe ab. Bei den braunen Klopapierrollen benötigst du insgesamt vier Ringe.

2 Jetzt klebst du den Tannenbaum zusammen. Die untere Reihe besteht aus sechs grünen Ringen, nach oben immer einen Ring weniger ankleben. Für den Baumstamm vier Ringe zusammenkleben und unter dem Baum befestigen.

3 Dann stanzt du mit einem Locher acht Sterne aus dem Glitzerkarton und klebst sie verteilt auf dem Baum an. Hänge den Baum an dem grünen Karoband auf, das du durch den letzten Ring in der Baumspitze ziehst und verknotest.

Futtereulen

Das brauchst du 2 Getränkekartons, 1 l • Acryllack in Hellblau und Hellrosa • 4 Schraubverschlüsse, ø 4 cm • 2 Wattekugeln, ø 3 cm • Duct Tape • Holzstäbchen • Permanentmarker in Hellblau und Schwarz **Vorlagen Seite 307**

1 Schneide mit einem Cutter eine Öffnung nach Vorlage in die Vorderseite des Kartons. Lass dir dabei von einem Erwachsenen helfen. Dann schneidest du seitlich die Flügel heraus und zwar so, dass der obere Teil des Flügels noch mit dem Getränkekarton verbunden bleibt.

2 Male den Karton mit Acryllack an und lass ihn am besten über Nacht gut trocknen. Eventuell braucht er einen zweiten Anstrich.

3 Schneide aus dem ausgeschnittenen Reststück des Getränkekartons einen Schnabel zu und beklebe ihn mit Duct Tape. Überstehende Reste schneidest du ab.

4 Halbiere die Wattekugel und zeichne mit Permanentmarkern Augen auf. Dann klebst du sie mit Alleskleber in die Innenseiten der Schraubverschlüsse.

5 Jetzt klebst du Augen und Schnabel ebenfalls mit Alleskleber auf.

6 Zum Schluss schneidest du mit dem Cutter mittig einen kleinen Schlitz ca. 1 cm unterhalb der Bauchöffnung. Dort hinein steckst du das Holzstäbchen und klebst es innseitig fest. Fertig ist deine Futterstelle.

6

Dezember

Bemalte Plätzchenteller

Das brauchst du tiefer Teller in Türkis, ø 19,5 cm • Keramikfarbe in Schwarz, Weiß und Orange

1 Male drei Kreise in Weiß auf, dabei sollte der oberste Kreis kleiner als die beiden anderen sein.

2 Male mit schwarzer Farbe Knöpfe, Zweig, Gesicht und Zylinder auf.

3 Ergänze mit Keramikfarbe in Orange eine Nase.

4 Arbeite den zweiten, etwas kleineren Schneemann ebenso. Auf den Kopf eine Wollmütze malen.

5 Male Schneebälle auf. Brenne den Teller entsprechend der Herstellerangaben auf der Packung.

7

Teelichthalter

Das brauchst du 4 Klopapierrollen • Acrylfarbe in Blau • Tonpapierrest in Blau, 1,8 cm x 13 cm • Teelicht

1 Male die Klopapierrollen außen und innen mit der blauen Acrylfarbe an und lass die Farbe gut trocknen. Dann schneidest du zwölf Ringe von je 2,5 cm Breite zu.

2 Jetzt formst du acht Ringe zu Herzen, indem du eine Spitze nach außen und auf der gegenüberliegenden Seite eine Spitze nach innen biegst. Vier Ringe biegst du zu einem Oval, und formst an zwei gegenüberliegenden Seiten die Spitze zur Außenseite.

3 Umklebe das Teelicht mit dem Tonpapierstreifen. Nun fügst du den Kerzenständer wie auf dem Foto zusammen. Umklebe zuerst das Teelicht mit vier Herzen, dann kannst du die anderen Teile ankleben.

8

Dezember 295

Bunte Weihnachten

Das brauchst du Wolle in Rosa, Grün, Pink, Braun, Weiß und Naturweiß • Faden in Rosa, Grün, Pink, Braun und Weiß • Pomponlitze in Pink, 30 cm lang • Zackenlitze in Rosa und Blau mit weißen Punkten, jeweils 30 cm lang • je 1 Holzperle in Rosa und Orange, ø 1,5 cm und ø 1 cm • Acrylsteine, 8 mm lang • Tonpapier in Rot-Weiß kariert, 12 cm x 10 cm • Filz in Weiß, 1 mm stark, 2 cm x 3 cm • Filz in Rot, 1 mm stark, 10 cm x 15 cm • 4 Plastikhalbperlen in Schwarz, ø 6 mm • 2 Mini-Pompons in Rot, ø 1 cm • Band in Rot-Weiß kariert, 5 mm breit, 20 cm lang **Vorlagen Seite 310**

1 Wickle je einen Pompon in Rosa, Grün und Pink mit langen Abbindefäden. Binde Aufhängefäden daran.

2 Für die Kugel in Rosa die rosafarbene Perle auf den Aufhängefaden fädeln. Klebe die orangefarbene Perle unten an die Kugel. Die Litze festkleben.

3 Die grüne Kugel verzierst du mit Litze in Blau-Weiß.

4 Um die pinke Christbaumkugel klebst du rosafarbene Litze. Klebe die Acrylsteine auf.

5 Für den Elch das Geweih zweimal (einmal spiegelverkehrt) aus kariertem Papier ausschneiden.

6 Schneide die Augenkreise aus Filz aus und klebe die Plastikhalbperlen darauf.

7 Fertige einen Pompon in Braun an. Klebe das Geweih, die Augen und die Nase auf den Pompon, die Abbindefäden liegen oben. Binde an den Abbindefäden einen dünnen Faden fest.

8 Schneide die Wichtelmütze aus Filz aus und klebe sie zusammen. An den unteren Rand klebst du Karoband.

9 Fertige einen weißen Gabelpompon an, die Abbindefäden lang hängen lassen. Den Pompon oben auf die Mütze kleben.

10 Fertige nun noch einen Pompon in Naturweiß an. Klebe die Mütze, die Augen und die Nase auf den Wichtel. Binde an den Abbindefaden einen dünnen Faden in Weiß fest.

Merry Christmas

Das brauchst du Keilrahmen, ca. 40 cm x 100 cm • Masking Tape in verschiedenen Farben und Mustern, 1,5 cm breit • Masking Tape in verschiedenen Farben und Mustern, ca. 0,7 cm breit **Vorlagen Seite 309**

1 Zunächst einen ca. 75 cm langen Streifen grün-gemustertes Tape als Stamm aufkleben. Von diesem Stamm ausgehend auf jeder Seite drei ca. 18–22 cm lange Streifen anordnen.

2 An diesen Zweigen mit schmalem grünen Tape auf jeder Seite drei ca. 7 cm lange Streifen befestigen.

3 Nun kannst du den Baum schmücken. Kugeln gestaltest du, indem du kurze Tape-Streifen in Kreisform aufklebst. Die Kugeln im Streifen- oder Karomuster verzieren.

4 Die Kerzen bestehen aus einem ca. 8 cm langen Tape-Streifen mit einem kleinen Tape-Stück in Gelb als Kerzenflamme.

5 Den Stern klebst du aus grau-gemusterten Tape-Streifen, die an den Enden schräg zugeschnittenen wurden.

296 Dezember

Schneeflöckchen

Das brauchst du 3 Klopapierrollen • Acrylfarbe in Hellblau und Weiß • Schaschlikstab • 6 Strasssteine in Klar, ø 1,5 cm • Kordel in Hellblau-Beige gestreift, ø 1,1 mm, 1 m lang

1 Male die Klopapierrollen mit der hellblauen Acrylfarbe an und lasse die Farbe gut trocknen. Zeichne dir Markierungspunkte für Ringe im Abstand von 1,5 cm auf die Klopapierrollen. Dann schneidest du die Ringe aus.

2 Tupfe mit der stumpfen Seite von einem Schaschlikstab weiße Punkte auf die Ringe und lasse sie trocknen.

3 Klebe immer drei Ringe ineinander. Dann klebst du auf die Mitte der Überschneidungspunkte die Strasssteine auf. Hänge deine Schneeflocken mit je ca. 25 cm Kordel auf.

11

Hahn und Henne

Das brauchst du Moosgummi in Weiß, Gelb, Rot und Braun, 2 mm stark, A4 • Moosgummi in Blau und Grün, 2 mm stark, A5 • Moosgummirest in Schwarz, 2 mm stark • Ölkreide in Weiß, Grau, Orange, Rot und Braun • 2 Schaschlikstäbchen **Vorlagen Seite 311**

1 Schneide die einzelnen Teile aus Moosgummi aus. Die Flügel zweimal in Braun und zweimal in Weiß anfertigen. Dann die Linien und Schattierungen mit Ölkreide aufmalen.

2 Füge die Kopf- und Schnabelteile zusammen. Die schwarzen Pupillen auf die Augen kleben und diese auf den Schnabel setzen. Die Kehllappen schräg unter dem Schnabel fixieren.

3 Für die Körper je eine runde Schneekugel formen und alle Teile gemäß Foto einstecken.

12

Dezember

Tiere mit Päckchen

Das brauchst du Würfel oder kleine Schachteln • Seidenpapier in Rot, 8 cm x 20 cm • Klebefilm • Goldband, 1 mm stark, 80 cm lang • Plastikfigur, z. B. Fuchs, ca. 6 cm • doppelseitiges Klebeband

1 Packe die Würfel in rotes Seidenpapier ein. Mit Klebefilm zukleben.

2 Die Päckchen kannst du mit Goldband zweimal überkreuzt verschnüren und verknoten.

3 Binde die Päckchen auf den Rücken des Tierchens. Mach einen Knoten und binde anschließend eine Schleife.

4 Sollte das Päckchen nicht fest sitzen, mit ein wenig doppelseitigem Klebend befestigen.

Lustige Rentiere

Das brauchst du Fotokartonrest in Weiß • 2 Wäscheklammern • Orange oder Mandarine • 9 Sultaninen • 2 Schokoladenstücke in Herzform • Teller • Serviette • Fotokartonrest in Hellbraun • 2 Zahnstocher • Himbeerbonbon **Vorlagen Seite 310**

1 Übertrage die beiden Geweih-Teile von der Vorlage auf den weißen Karton und schneide sie aus. Auf die Wäscheklammer kleben und oben am Teller (an beiden Seiten des Kopfes) fixieren.

2 Als Nase eine Mandarine oder eine kleine Orange auflegen. Die Augen und der Mund bestehen aus Sultaninen. Zwei kleine Schokoladen in Herzform sind die Wangen. Die Serviette zum Dreieck falten und als Halstuch darunter legen.

3 Der Muffin erhält zwei Geweih-Teile aus braunem Fotokarton. Die Vorlage übertragen, den Karton ausschneiden, auf die beiden Zahnstocher kleben und dann in den Muffin stecken.

4 Die Augen bestehen aus zwei Sultaninen, die Nase ist ein Himbeerbonbon. Augen und Nase einfach auflegen oder mit etwas Zuckerguss befestigen.

Dezember

Stempel-Kunst

Das brauchst du Acrylfarbe in Pink, Hautfarbe, Weiß, Rosa, Braun, Blau und Gold • Keilrahmen in Weiß, 30 cm x 40 cm • Glitzerkleber in Weiß irisierend

1 Male zunächst einen deiner Füße pink an. Drücke ihn dann mittig auf den Keilrahmen, sodass ein Fußabdruck entsteht. Lass die Farbe gut trocknen.

2 Für die Flügel malst du zuerst die eine, dann deine andere Hand golden an und drückst sie links und rechts neben den Fußabdruck. Trocknen lassen.

3 Male nun den runden Kopf und den Hals dazu. Wenn die Farbe trocken ist, ergänzt du noch das Gesicht und malst Haare auf. Wenn du magst, kannst du das Engelkleid noch mit einem Herz oder kleinen Pünktchen verzieren.

4 Zwei Wolken machen dein Meisterwerk komplett! Tauche dazu einen Pinsel zuerst in wenig blaue und dann in ganz viel weiße Farbe, beim Malen ergeben sich dann tolle Farbeffekte. Wenn du Lust hast, kannst du nach dem Trocknen noch Glitzerkleber auftragen.

15

Krippenlicht

Das brauchst du Tonpapier in Dunkelgrau, A4 • Seidenpapier in Hellblau, 12,5 cm x 31 cm, 9,5 cm x 18 cm und 22 cm x 26 cm • Klebefilm • Gläser, ø 7,7 cm, 12,5 cm hoch; ø 6 cm, 22 cm hoch und ø 7,5 cm, 9,5 cm hoch **Vorlagen Seite 312**

1 Übertrage die Vorlagen auf graues Tonpapier und schneide sie aus.

2 Befestige das Seidenpapier mit Klebefilm an den jeweiligen Gläsern.

3 Klebe den Stern auf das höchste, die Krippe auf das mittlere und den Engel auf das niedrigste Glas.

4 Lege jeweils ein Teelicht in ein Glas und zünde es zusammen mit einem Erwachsenen an.

16

Dezember

Engel, Fuchs und Eule

Das brauchst du Fotokarton in Weiß, Hellbraun und Grau, A4 • Fotokartonreste in Bordeaux, Hellblau, Hautfarbe, Blau, Weiß, Schwarz, Gelb, Hellgrau und Orange • Designpapier für das gemusterte Engelskleid • Borsten von Spülbürste oder Bast • Zackenlitze in Hellblau, 12 cm lang • 2 Spitzenborten in Weiß, 12 cm lang • Lackmalstift in Weiß **Vorlagen Seite 313**

1 Für alle Karten die Grundform für den Körper von der Vorlage auf den Fotokarton übertragen und ausschneiden. Die Form wenden und mithilfe von Lineal und Prickelnadel dort einritzen, wo die Flügel (oder der Fuchsschwanz) beginnen. Die Form zusammenfalten.

2 Dem Engel ein hautfarbenes Gesicht aufkleben. Male das Gesicht auf. Die Haare mit einem Faden oder dünnen Draht zusammenbinden und auf den Kopf kleben, darüber den Stern.

3 Das gemusterte Rechteck für das Kleid oder die hellblaue Form aufkleben, darüber die Spitzenborte. Die Füßchen unten ankleben.

4 Dem Fuchs die weißen Gesichtsteile aufkleben. Die Innenohren und die Schwanzspitze aufmalen.

5 Das Gesicht aufmalen. Die Nase, den Stern und den weißen Bauch aufkleben, ebenso die Pfoten.

6 Die Eule mit dem hellgrauen Teil bekleben. Auf die Augen mit einem gelben Buntstift je einen Kreis und mit einem schwarzen Filzstift Pupillen aufmalen. Mit einem weißen Lackmalstift je einen Lichtpunkt in die Augen setzen. Den Schnabel aufkleben.

7 Die Flügel mit weißen Lackmalstiftpunkten verzieren. Unten die Spitzenborte aufkleben. Die Pfoten von hinten an die Karte kleben.

Weihnachtsmann-Fernglas

Das brauchst du 4 Klopapierrollen • Stoff in Rot mit weißen Punkten, 13,5 cm x 19 cm • Stoff in Rot mit weißen Sternen, 13,5 cm x 19 cm • 4 Streifen Häkelpelz in Weiß, 2 cm breit, je 16 cm lang • Glitzerkordel in Weiß, ø 0,5 cm, 1,60 m lang • Lochzange

1 Klebe die Stoffrechtecke um die Klopapierrollen. Dann schneidest du die überstehenden Enden bis zur Klorolle ein, biegst die Ränder um und klebst sie an der Innenseite der Klopapierrollen fest.

2 Klebe den Häkelpelz jeweils um eine Klopapierrollenseite. Lass dabei ein Stück der Klorolle offen, damit die Fernglasteile hier später zusammengeklebt werden können.

3 Jetzt klebst du je zwei Rollen des gleichen Stoffes zusammen. Mit der Lochzange bringst du an den Außenseiten der Klopapierrollen zwei Löcher an. Halbiere die Glitzerkordel, ziehe die Kordeln von außen nach innen durch die Löcher und sichere die Enden auf der Innenseite mit Knoten.

300 Dezember

Weihnachtskarte

Das brauchst du Fingerfarbe in Grün und Braun • Fotokarton oder Klappkarte in Weiß • Papier in verschiedenen Farben • Glitter oder Glitzerkleber • kleine Plastikedelsteine • verschiedene Pailletten • Chenilledraht in Rot-Weiß gestreift

1 Bestreiche deinen Fuß mit grüner Fingerfarbe und tritt vorsichtig auf den Karton. Füße abwaschen und Farbe trocknen lassen.

2 Schneide die Karte zurecht.

3 Male unter den Zehenabdruck einen braunen Baumstamm.

4 Etwas Klebstoff im Zickzack über den Baum verteilen. Glitter drüberstreuen. Schüttel den Überschuss ab.

5 Verziere den Baum nach Belieben mit Zuckerstangen aus Chenilledraht, Pailletten, Edelsteinchen usw.

Stern über Bethlehem

Das brauchst du Alufolie in Lila/Gold oder Rot/Gold, A4
Vorlagen Seite 312

1 Diese Sterne eignen sich als Geschenkkärtchen oder als Baumschmuck: Fertige dir Kartonschablonen an. Dann werden bei beiden Teilen rundum jeweils vom Rand acht Einschnitte bis zum Innenkreis gemacht.

2 Lege die Schablonen auf die Folie und zeichne nur die Umrisse mit Bleistift nach.

3 Schneide die Kreise aus. Nun legst du auf den großen Kreis die große Schablone und schneidest dann die acht Einschnitte vom Rand her nach. Beim anderen Folienkreis machst du dasselbe.

4 Zwischen zwei Einschnitten werden nun einfach die beiden Ecken nach oben gebogen und zusammengedrückt, wieder geöffnet, etwas Klebstoff aufgetragen und wieder zusammengedrückt.

5 Wenn du mehrere dieser Foliensterne gemacht hast, kannst du entweder zwei gleich große oder einen kleinen und einen großen Stern versetzt aufeinander kleben. Du kannst auch zwei Sterne Rücken an Rücken zusammenkleben (für Baumschmuck muss eine Fadenschlaufe dazwischen) oder einen kleinen Stern in einen großen Stern kleben.

Dezember

Christbaumkugeln bemalen

Das brauchst du Acrylfarbe in Weiß • Christbaumkugel in Blau, ø 8 cm • Acryllack in Schwarz und Orange

1 Bemale deine Handfläche weiß.

2 Umfasse die Christbaumkugel, dabei darfst du nicht mit der Hand verrutschen.

3 Lass die Farbe trocknen. Male den Fingerabdrücken Schneemanngesichter auf.

4 Male Augen, Hüte und Münder mit schwarzem, Nasen mit orangefarbenem Acryllack auf.

21

Hübsch verpackt

Das brauchst du Packpapier in Hellbraun und Weiß • Geschenkpapier in 2 verschiedenen Blautönen und in Grau • Fotokartonreste (Tonpapierreste) in Rosa, Weiß und Schwarz • Karoband in Weiß- Hellblau und in Weiß- Hellbraun, 6 mm breit, Länge je nach Paket • Klebepunkte in Schwarz, ø 7 mm **Vorlagen Seite 314**

22

1 Die Kartons einpacken. Die Ohren des Fuchses und der Katze werden bis auf die Form gleich gearbeitet: Ein Stück Packpapier doppelt zusammenkleben. Die Schablone für das Ohr übertragen, ausschneiden und an der gestrichelten Linie mit der Prickelnadel einritzen. Zusammenfalzen und die zwei Ohrspitzen oben zusammenkleben. Die Ohren von Bär und Maus werden entsprechend gearbeitet. In die Kreise mit der Schere einen Schlitz schneiden, dann werden die Hälften leicht übereinander geschoben und festgeklebt. Die Ohren auf das Paket kleben.

2 Die Augen bestehen immer aus schwarzen Klebepunkten. Mit einem Lackmalstift einen Lichtpunkt aufsetzen.

3 Für den Fuchs die Fellteile auf das Paket kleben. Die Nase darüber kleben, die Augen befestigen, Mund aufmalen und Wangen röten. Die Beine aufmalen.

4 Der Katze eine Papiernase aufkleben. Gesicht und Flecken mit Filzstift malen. Die Ohren mit Buntstiftabrieb färben.

5 Dem Bär eine Schnauze aufkleben und mit der ausgeschnittenen Nase bekleben. Augen aufkleben und Gesichtslinien aufmalen. Arme ergänzen.

6 Die Mausohren und Nase festkleben. Die Barthaare aufmalen. Für den Schwanz einen Papierstreifen über ein Stäbchen rollen und dann an den Körper kleben.

7 Die Eulenaugen aufkleben. In der Mitte werden zwei Klebepunkte fixiert. Schnabel und Flügel aufkleben. Das Rechteck einschneiden, die Fransen aufbiegen und als Büschelohren ankleben.

Dezember

Baumschmuck mit Glöckchen

23

Das brauchst du 2 Klopapierrollen • Acrylfarbe in Rot • Glitzerklebeband in Rot, 2,3 cm breit, 1,30 m lang • 8 Silberglöckchen, ø 1,5 cm • 8 grüne Holzperlen, ø 1,2 cm • Baumwollband in Grün, ø 0,1 cm, 8x je 25 cm lang

1 Male die Klopapierrollen an der Innenseite mit der roten Acrylfarbe an. Lass die Farbe gut trocknen. Schneide acht je 16 cm lange Streifen aus dem roten Glitzerklebeband zu. Dafür klebst du je einen Streifen um die Klorolle und schneidest die Klorolle nach dem Klebeband ab.

2 Knote nun die Glöckchen an die Enden der Baumwollbänder. Durchbohre die Ringe an einer Stelle mittig mit einem spitzen Bleistift. Ziehe auf jeden Baumwollfaden noch eine grüne Holzperle und fädle den Faden von innen nach außen durch die Klorolle.

3 Jetzt ziehst du den Baumwollfaden fest und machst einen Knoten direkt an der Außenseite des Rings. Knote das Ende des Bandes zu einer Schlaufe.

Oh Tannenbaum

24

Das brauchst du Kreidestifte • Kerzen oder Teelichter • Tannenzapfen und Weihnachtsdekoration

1 Suche dir einen schönen, schattigen Platz und beginne mit dem Baumstamm. Zeichne ihn kräftig mit einem schönen Braunton.

2 Wenn der Stamm fertig ist, skizziere das Tannengrün zart. Spare dabei die Stellen aus, auf die du Weihnachtsdekoration, wie Christbaumkugeln oder Sterne, malen willst. Gestalte dann das Tannengrün und die Dekoration mit den Kreidestiften.

3 Schau dir das Bild immer wieder von einiger Entfernung an. Wenn du zufrieden bist, verteile die Kerzen oder Teelichter auf deinem Weihnachtsbaum und schmücke ihn mit Tannenzapfen und echter Weihnachtsdekoration. Wenn du mit einem Erwachsenen die Kerzen angezündet hast, kannst du ein Foto deines Baumes machen und dieses als Weihnachtskarte verschicken.

Dezember

25 Drolliges Pinguinpärchen

Das brauchst du Fotokarton in Weiß, A4 • Motivlocher: Kristalle, ø 3,5 cm • Fotokopierpapier • 8 Halbperlen in Weiß, ø 5 mm • Fotokartonreste in Gelb und Schwarz • Transparentpapier mit Punkten, A4 **Vorlagen Seite 315**

1 Schneide die Grundform des Tannenbaums aus dem weißen Fotokarton aus. Entlang der gestrichelten Linie den Fotokarton einritzen.

2 Stanze die sechs Kristalle aus und klebe sie an den angegebenen Stellen an. In die Mitte jedes Kristalls eine Halbperle kleben. Den Baum nur oben zusammenkleben und an der Baumspitze noch einen Stern aus gelbem Fotokarton anbringen.

3 Für die Pinguin-Windlichter kannst du die Rechtecke aus dem gepunktetem Transparentpapier ausschneiden. Diese auf die Vorlage legen und die Haube jedes Pinguins mit einem schwarzen Filzstift aufmalen, ebenso die Augen.

4 Die Rechtecke zusammenkleben und dabei ca. 1 cm überlappen lassen. Schnabel und Flügel vom Vorlagenbogen übertragen und ausschneiden. Den Schnabel leicht schattieren und mittig unter den Augen aufkleben. Die Flügel an den Seiten ankleben, dabei hinter einem Flügel ein ausgestanztes Kristall aus Fotokopierpapier befestigen.

Klorollenwerfen

Das brauchst du 25 Klopapierrollen • 2 Bögen Tonpapier in Grün, 50 cm x 70 cm • Tonpapier in Rot, DIN A4 • Tonpapierrest in Hautfarbe • Filzrest in Weiß • Filz in Rot, 8 cm x 16 cm • Filzstift in Schwarz • Lackmalstift in Weiß • Buntstift in Rot • Glitzerpompon in Rot, ø 1 cm • Astknopf, ø 1,5 cm • Chenilledraht in Weiß, ø 0,7 cm, 16 cm lang • Baumwollkordel in Grün, ø 0,1 cm, 20 cm lang • je 2 Bögen bunte Klebesternchen und Klebeherzen **Vorlagen Seite 315**

1 Schneide aus dem grünen Tonpapier 24 Rechtecke von 9,5 cm x 16 cm zu und umklebe die Klopapierrollen damit. Die 25. Rolle umklebst du mit rotem Tonpapier der gleichen Größe.

2 Schneide das Nikolausgesicht aus und klebe es mit dem Rand bündig auf der roten Klorolle fest. Schneide den Bart aus weißem Filz aus.

3 Bemale das Gesicht mit Filzstift, Lackmalstift und rotem Buntstift. Klebe den Nikolausbart, den Astknopf und den Glitzerpompon auf. Dann klebst du das rote Filzstück als Mütze um den Kopf und den Chenilledraht als Mützenpelz auf.

4 Schneide den Mützenrand fransig ein und binde die grüne Baumwollkordel darum. Beklebe die grünen Klopapierrollen mit Herzen und Sternchen.

304 Dezember

Beerenstarke Eislichter

Das brauchst du Glas- oder Plastikgefäße • Plastikbecher • Klebeband • Naturmaterialien, wie Ilex, Zapfen, Zweige und Mistel

27

1 Das große Gefäß muss gerade Wände haben oder nach oben weiter werden. Setze einen Plastikbecher hinein und befestige diesen mit Klebeband. Der Becher sollte mindestens 2–3 cm über dem Boden hängen.

2 Schneide das Klebeband mittig durch und klebe es an den Becherinnenseiten fest.

3 Fülle die Naturmaterialien in den Zwischenraum. Gieße dann Wasser in das Glas und stelle es über Nacht ins Freie (bei Frost) oder in den Gefrierschrank. Die Gefäße dann unter warmes Wasser halten, damit sich das Eis leicht anlöst. Die Eisform herausnehmen und mit einem Teelicht ins Freie stellen.

Putziges Eichhörnchen

Das brauchst du Fotokarton in Hellbraun, A4 • Fotokartonreste in Weiß, Gelb und Beige • Designpapier für Ilexblätter, Herz und Eichelhut • Kordelrest in Gelb, ø 1 mm • Band in Weiß-Rosa gestreift, 6 mm breit, 30 cm lang • 3 Holzperlen in Rot, ø 6 mm • dünner Draht in Weiß, 7 cm lang • Papierdrahtkordel in Natur, ø 1 mm, 6 x 3 cm lang **Vorlagen Seite 315**

28

1 Pause die Vorlagen von Körper und Schwanz auf den hellbraunen Fotokarton ab und schneide sie aus. Die Eichel ebenfalls ausschneiden. Dann kannst du alle drei Formen rundherum mit Buntstiften schattieren.

2 Die Blätter, das kleine Herz und den Eichelhut aus den verschiedenen Designpapieren ausschneiden.

3 Den weißen Fleck für den Bauch auf den Körper kleben. Die zusammengeklebte Eichel mit einem Band dekorieren und den kleinen Ilexstrauß unter die Eichel kleben. An ein Bandende das Herz kleben. Die Eichel vorne auf den Eichhörnchen-Körper kleben.

4 Einen kleinen Stern an ein Stück gelbe Kordelschnur kleben und oben am Eichelhut anbringen. Die Hände auf die Eichel kleben. Auf den Schwanz mit dem weißen Buntstift eine Spirale malen und den Schwanz hinter den Körper kleben.

5 Die Augen ausschneiden, mit einem Filzstift die Pupillen einzeichnen und Mund und Nase aufmalen. Die Wangen röten. Lichtpunkte in die Augen setzen. Die Ohren entstehen aus je drei kleinen Papierdrahtkordelstücken, die hinter jedes Ohr geklebt werden.

6 Die Schneeflecken aus dem weißen Fotokarton zuschneiden und auf dem Schwanz, dem Ohr und dem Kopf anbringen.

Dezember

Schneemänner auf Reisen

Das brauchst du Tonkarton in Hellblau, 2 x A2 • Tonkartonrest in Schwarz • 2 x Transparentpapier in Weiß, A3 • Transparentpapierreste in Rot, Gelb, Blau und Orange **Vorlagen Seite 316/317**

1 Schneide die Motive doppelt aus Tonkarton aus.

2 Dann werden die Innenflächen gestaltet: Mehrfarbige Flächen entstehen, wenn du Teile des Transparentpapiers nach dem Bekleben wegschneidest und mit einer anderen Farbe hinterklebst.

3 Zuletzt klebst du die Rückseite absolut deckungsgleich auf. Der Lichterbogen lässt sich gut knicken, wenn du die gestrichelt gezeichneten Faltlinien mithilfe von Lineal und Scherenspitze leicht anritzt.

29

Rennautos

Das brauchst du Holzwäscheklammer • Acrylfarbe oder Masking Tape • Strohhalm • plastikummantelter Draht (liegt z. B. Gefrierbeuteln bei) • 4 gleichgroße Knöpfe

1 Bemale die Wäscheklammer mit Acrylfarbe oder beklebe sie mit Masking Tape.

2 Klemme einen Strohhalm in die Wäscheklammer und schneide ihn mit ca. 2 mm Abstand ab. Ein zweites gleich großes Strohhalmstück abschneiden.

3 Fädle Draht durch zwei Löcher eines Knopfes. Schieber das Strohhalmstück über beide Drahtenden.

4 Die Drahtenden jeweils durch die Löcher des zweiten Knopfes schieben. Draht verzwirbeln. Überstand abschneiden. Jetzt kannst du noch ein zweites Radpaar anfertigen. Die Strohhalme sollten locker zwischen den Knöpfen liegen, damit sich die Drähte in den Strohhalmen drehen können.

5 Das Strohhalmstück des einen Radpaares kannst du in die Aussparung der Wäscheklammer legen.

6 Das andere Radpaar am Strohhalm hinten in die Klammer kleben.

30

Dezember

Silvesterraketen

Das brauchst du Papier • Filzstifte • Strohhalm • Bunt- oder Bleistift • Masking Tape • Klebeband

1 Schneide aus dem Papier ein Rechteck (ca. 8 cm x 15 cm) aus.

2 Bemale das Rechteck nach Lust und Laune mit Filzstiften.

3 Lege einen Bunt- oder Bleistift längs auf das Papier. Rolle das Papier über den Stift zu einem Röhrchen.

4 Mit Masking Tape ein Ende des Röhrchens umwickeln. Aber nicht am Stift festkleben!

5 Ca. 1,5 cm vom anderen Ende umknicken und mit Klebeband fixieren.

6 Entferne den Buntstift und stecke stattdessen den Strohhalm in das Röhrchen. Pusten ... und die Silvesterrakete hebt ab!

Dezember

Vorlagen

Adventskalenderkerze
Seite 293

Eulenverpackung
Seite 291

Futtereulen
Seite 293

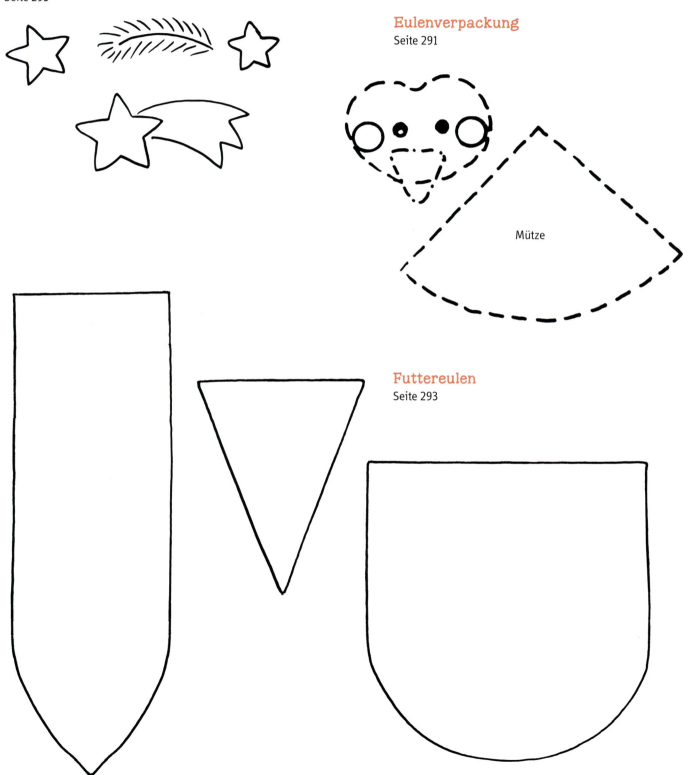

308 Dezember

Kleine Lieblingstiere
Seite 292

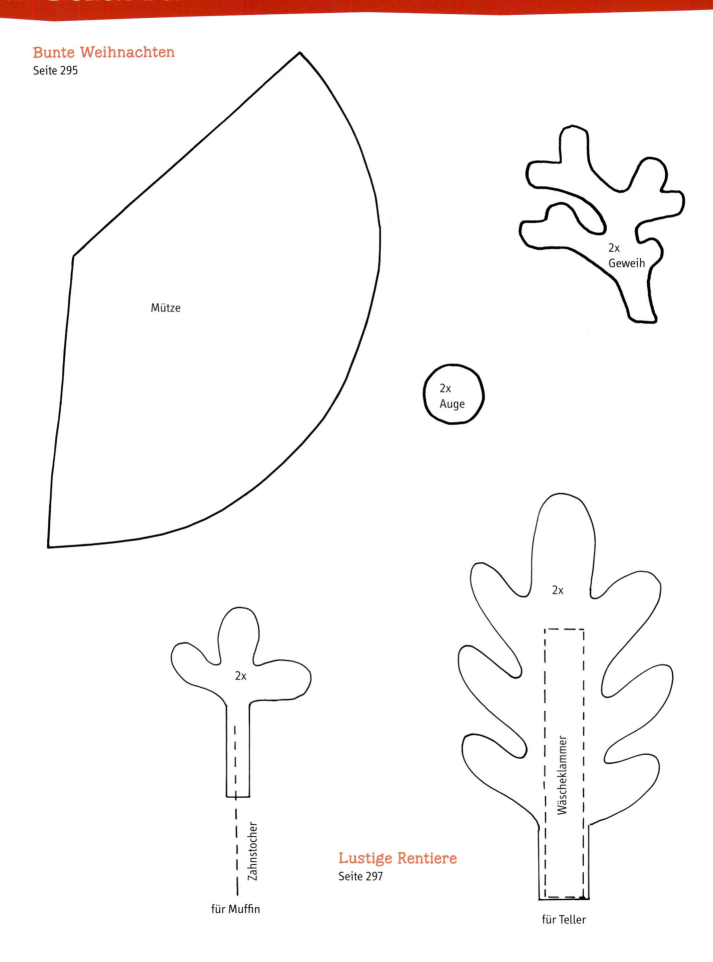

Dezember 311

Hahn und Henne
Seite 296
Vorlage bitte um 200 % vergrößern

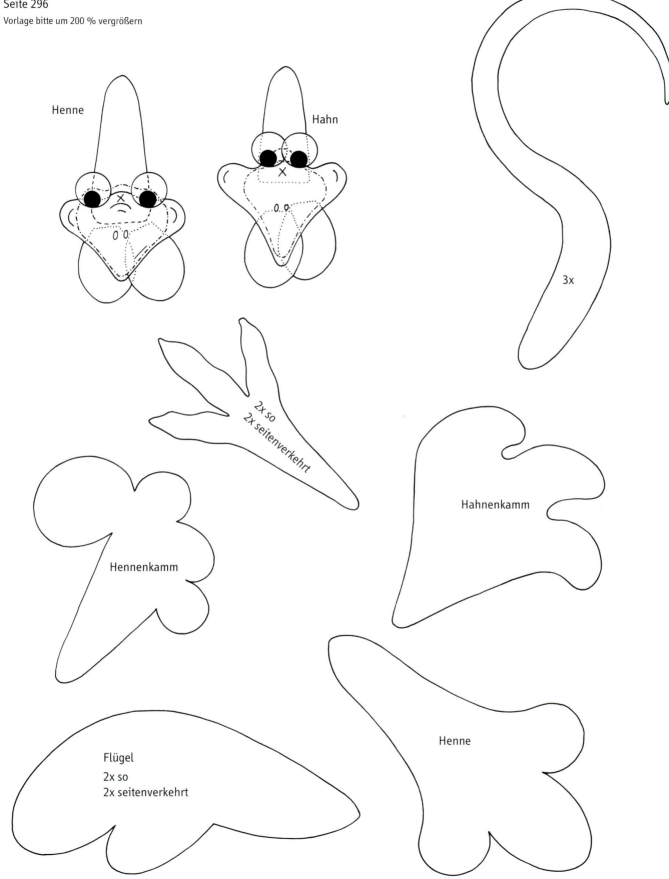

Dezember 313

Engel, Fuchs und Eule
Seite 299
Vorlage bitte um 200 % vergrößern

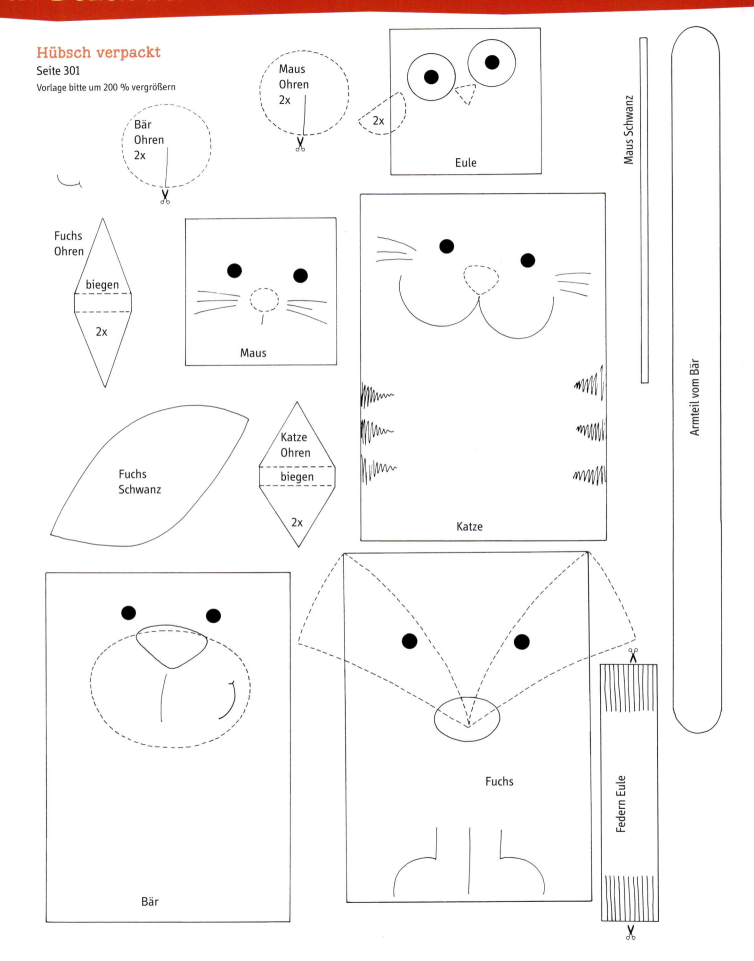

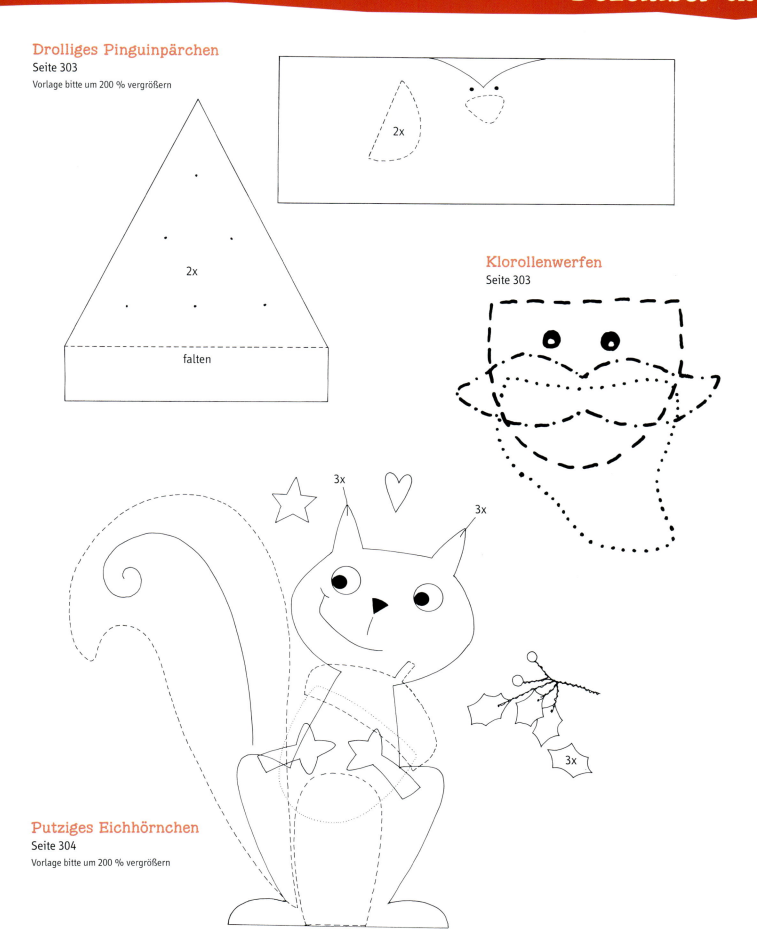

316 Dezember

Schneemänner auf Reisen
Seite 305
Vorlage bitte um 220 % vergrößern

Dezember 317

Buchempfehlungen für Dich

TOPP 7719
ISBN 978-3-7724-7719-5

TOPP 7725
ISBN 978-3-7724-7725-6

TOPP 7737
ISBN 978-3-7724-7737-9

TOPP 7761
ISBN 978-3-7724-7761-4

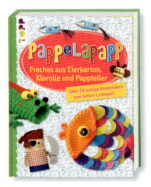

TOPP 7720
ISBN 978-3-7724-7720-1

TOPP 7724
ISBN 978-3-7724-7724-9

TOPP 7670
ISBN 978-3-7724-7670-9

TOPP 7604
ISBN 978-3-7724-7604-4

TOPP 7766
ISBN 978-3-7724-7766-9

TOPP 7767
ISBN 978-3-7724-7767-6

TOPP 7770
ISBN 978-3-7724-7770-6

TOPP 7611
ISBN 978-3-7724-7611-2

Kreativ-Bücher finden Sie auf www.TOPP-kreativ.de

Weitere Ideen zum Selbermachen gesucht?

Lieblingsstücke von einfach bis einfach genial finden Sie bei TOPP! Lassen Sie sich auf unserer Verlagswebsite, per Newsletter oder in den sozialen Netzwerken von unserer Vielfalt inspirieren!

Website
Verlockend: Welcher Kreativratgeber soll es für Sie sein? Schauen Sie doch auf **www.TOPP-kreativ.de** vorbei & stöbern Sie durch die neusten Hits der Saison!

TOPP-Autoren
Sie wollen wissen, wer die „Macher" unserer Bücher sind? Wer Ihnen nützliche Tipps & Tricks gibt? Auf **www.TOPP-kreativ.de/Autor** warten jede Menge spannender Infos zum jeweiligen Autor auf Sie. Finden Sie heraus, welches Gesicht hinter Ihrem Lieblingsbuch steckt!

Facebook
Werden Sie Teil unserer Community & erhalten Sie brandaktuelle Informationen rund ums Handarbeiten auf **www.Facebook.com/Mitstrickzentrale**
Wer sich für Basteln, Bauen, Verzieren & Dekorieren interessiert, ist auf **www.Facebook.com/Bastelzentrale** genau richtig!

Pinterest
Sie sind auf der Jagd nach den neusten Trends? Sie suchen die besten Kniffe? Die schönsten DIY-Ideen? All' das & noch vieles mehr gibt es von TOPP auf **www.Pinterest.com/Frechverlag**

Newsletter
Bunt, fröhlich & überraschend: Das ist der TOPP-Newsletter! Melden Sie sich unter: **www.TOPP-kreativ.de/Newsletter** an & wir halten Sie regelmäßig mit Tipps & Inspirationen über Ihr Lieblingshobby auf dem Laufenden!

Extras zum Download in der Digitalen Bibliothek
Viele unserer Bücher enthalten digitale Extras: Tutorial-Videos, Vorlagen zum Downloaden, Printables & vieles mehr. Dieses Buch auch? Dann schauen Sie im Impressum des Buches nach. Sofern ein Freischaltcode dort abgebildet ist, geben Sie diesen unter **www.TOPP-kreativ.de/DigiBib** ein. Nach erfolgreicher Registrierung erhalten Sie Zugang zur digitalen Bibliothek & können sofort loslegen.

YouTube
Sie wollen eine ganz neue Technik ausprobieren? Sie arbeiten an einem spannenden Projekt, aber wissen nicht weiter? Unsere Tutorials, Werbetrailer, Interviews & Making Of's auf **www.YouTube.com/Frechverlag** helfen Ihnen garantiert dabei, den passenden Ratgeber von TOPP zu finden.

Instagram
Sie sind auf Instagram unterwegs? Super, TOPP auch. Folgen Sie uns! Sie finden uns auf **www.Instagram.com/Frechverlag**
Möchten Sie uns an Ihrem Lieblingsprojekt teilhaben lassen? Am besten posten Sie gleich ein Foto mit dem Hashtag **#frechverlag** & wir stellen Ihr Werk gerne unserer Community vor – yeah!

Alles in einer Hand gibt's hier:

Kreativ-Bücher finden Sie auf www.TOPP-kreativ.de

Impressum

MODELLE: Ina Andresen (S. 21 u., 45 o., 50 u., 75 u., 87 u., 90 u., 95 u., 115 u., 125 u., 129 u., 141 o., 146 o., 151 u., 152 u., 165 u., 167 o., 170 u., 172 o., 176 o., 189 u., 201 u., 222 u., 227 u., 242 o., 271 u., 275 u., 295 o.); Renate Bretzke (S. 95 o.); Pia Deges (S. 13 u., 14 u., 15 o., 17 u., 18 u., 19 u., 25 o., 28, 39 o., 42, 43 u., 45 u., 50 o., 63 o., 65 o., 66 u., 67 o., 68 u., 69, 71 o.,74, 76 u., 77 u., 89 u., 92 o., 94 u., 97 u., 98 o., 99 u., 100 u., 123, 124, 126 u., 127 o., 128 o., 141 u., 144 o., 148 u., 149 u., 150 u., 151 u., 155 u., 169 o., 171 u., 173 u., 177 o., 179 o., 190 u., 194 o., 195 o., 196 u., 198 u., 201 o., 203 o., 204, 218 u., 220, 221 o., 222 o., 224 u., 226 o., 228, 229 o., 239 u., 240 o., 241 u., 243 o., 246 u., 252 u., 254, 267 u., 268 u., 269 o., 274 u., 393 u.); Sybilla Ferdinand (S. 64 u., 121 u., 224 o.); Henriette Foldenauer (S. 40 u.); Jan Frohme (S. 27 u.); Sandra Grimm (S. 26 u., 44 u., 71 u., 92 u., 120 u., 149 o., 215 u., 247 o., 248 o., 272 o.); Julia Hansen (S. 68 o., 73 o., 117 u., 143 o., 167 u., 194 u., 202 o., 302 u.); Gesine Harth (S. 275 o.); Franziska Heidenreich/Bianka Langnickel (S. 52 u., 125 o., 155 o., 192 u.); Birgit Hertfelder (S. 49 u., 63 u.); Alice Hörnecke (S. 13 o., 43 o., 46 o., 73 u., 249 u., 268 o., 276 u.); Birgit Karl (S. 76 o., 190 o.); Birgit Kaufmann (S. 14 o., 15 u., 41 o., 66 o., 128 u., 148 o., 166 u., 170 u., 175 o., 195 u., 200 o., 215 o., 223 u., 270 u., 291 o., 298 o.); Angelika Kipp (S. 18 o., 94 o., 278 o., 305 o.); Sabine Koch (S. 118 u.); Pascale Lamm (S. 20 o., 24 o., 39 u., 44 o., 119 u., 129 u., 242 u., 271 o., 273 u., 277, 278 u., 294 o., 297 u., 298 u., 301 o.); Rena C. Lange (S. 192 o., 203 u., 272 u.); Patricia Morgenthaler (S. 147 o., 169 u., 191 o., 216 u., 245 u., 274 u., 276 u., 295 u.); Tanja Neukircher (S. 24 u., 52 u., 150 o.); Pia Pedevilla (S. 16 o., 23 o., 72 o., 78, 87 o., 88, 89 o., 90 o., 91 o., 93, 97 o., 98 u., 122 o., 142 u., 143 u., 154, 189 o., 198 u., 219 u., 225 o., 230, 245 o., 249 o., 251 o., 253, 266, 270 o., 279 o., 292 o., 297 u., 299 o., 301 u., 303 o., 304); Christine Renzler (S. 96 o., 118 o., 174 u.); Anja Ritterhoff (S. 101 u.); Johanna Rundel (S. 49 o., 77 o., 91 u., 116 u., 146 u., 168 u., 175 u., 196 u., 200 u., 216 u., 239 u., 243 u., 244 o., 265 o., 292 u., 300 o., 305 u., 306); Karina Schmidt (S. 119 o., 144 u., 165 u., 176 u., 199 u., 218 o.); Gudrun Schmitt (S. 17 o., 19 o., 22 o., 27 o., 47 u., 51 o., 67 u., 70, 96 u., 99 u., 100 u., 120 u., 121 u., 130, 142 o., 145 u., 152 o., 153 u., 166 o., 168 u., 171 o., 172 u., 174 o., 193, 217, 219 o., 226 u., 241 o., 244 u., 246 o., 250 o., 265 u., 267 o., 269 u., 279 u., 291 u., 293 o., 294 u., 296 o., 299 u., 302 o., 303 u.); Martina Schröder/ Marion Vogel (S. 16 u., 296 u.); Eva Sommer (S. 75 o., 127 u.); Christiane Steffan (S. 22 u., 25 u., 65 u., 101 u., 126 u., 202 u., 248 u., 252 o.); Armin Täubner (S. 21 o., 26 o., 46 u., 47 o., 48, 64 u., 116 u., 145 u., 147 u., 177 u., 179 u., 191 u., 197, 199 u., 221 u., 223 o., 225 u., 240 u., 247 u., 250 u., 251 u., 273 u., 300 u.); Gudrun Thiele (S. 20 u., 117 o.); Petra Tronser (S. 51 u., 178 o.); Tanja Wechs (S. 40 o., 41 o., 122 u., 178 u.); Andrea Wegener (S. 153 u., 180, 229 u.); Ingrid Wurst (S. 23 u., 72 u., 115 o., 227 u.)

FOTOS: frechverlag GmbH, Turbinenstraße 7, 70499 Stuttgart; Renate Bretzke, Kirchbarkau (S. 95); Fotolounge, Sigrid Kröniger, Maxhütte-Haidhof (S. 166 u.); Fotostudio Ullrich & Co., Renningen (S. 16 u., 23 u., 26 o., 46 u., 47 u., 64 u., 72 u., 75 u., 115 o., 147 u., 154 u., 177 u., 190 u., 197 u., 219 u., 221 u., 225 u., 227 u., 240 u., 251 u., 296 u.); Lutz Grimm (S. 26 u., 44 u., 71 u., 92 u., 120 u., 149 o., 215 u., 247 o., 248 o., 272 o.); Michael Horaczek, Ingelheim, www.pro-photo.de (S. 51 u., 178 o.) Pascale Lamm (S. 24 o., 44 o.); Bianka Langnickel, Berlin/Franziska Heidenreich, Berlin (S. 52 u., 125 o., 155 o., 192 u.); lichtpunkt, Michael Ruder, Stuttgart (S. 13-15, 16 o., 17-22, 24 u., 25, 27-28, 40-43, 45, 46 o., 47 u., 48-50, 51 o., 52 u., 63, 64 u., 65-70, 71 u., 73-74, 75 u., 76-78, 87 u., 89-91, 92 u., 93-94, 95 u., 96 u., 97 u., 98-101, 115 u., 116-117, 118 u., 119, 120 u., 121, 122 u., 123-124, 125 u., 126-130, 141, 142 u., 143-146, 147 o., 148, 149 u., 150-153, 155 u., 165, 166 o., 167-173, 174 o., 175-176, 177 o., 178 u., 179-180, 189, 190 u., 191, 192 o., 193-196, 197 o., 198-204, 215 o., 216-218, 219 u., 220, 221 o., 222-224, 225 o., 226, 227 o., 228-229, 239, 240 o., 241-246, 247 u., 248 u., 249 u., 250, 252, 254, 265-271, 272 u., 273 u., 274-279, 291-295, 296 o., 297-303, 304 u., 305-306); Pia Pedevilla (S. 23 o., 72 o., 87 o., 88, 97 o., 122 o., 154 u., 230, 251 o., 304 o.); Lorenzo Perego, Bruneck, Italien (S. 142 u.); Josef Pernter Fotografie, Bruneck (S. 249 o., 253); Christine Renzler (S. 96 o., 118 o., 174 u.); Armin Täubner (S. 273 o.);

ARBEITSSCHRITTFOTOS: Ina Andresen (S. 9 u. Pompons, 10 o. links); Alice Hörnecke (S. 6, 8 u., 9 o., 9 u. Vernähen); Pia Pedevilla (S. 11); Christiane Steffan (S. 8 o.); Armin Täubner (S. 7 u., 10 Holz); Andrea Wegener (S. 7 o.)

PRODUKTMANAGEMENT UND LEKTORAT: Juliane Voorgang

UMSCHLAGGESTALTUNG UND LAYOUT: Tatjana Ströber

SATZ: Arnold & Domnick, Leipzig

DRUCK: Finidr s.r.o., Tschechische Republik

Materialangaben und Arbeitshinweise in diesem Buch wurden von den Autoren und den Mitarbeitern des Verlags sorgfältig geprüft. Eine Garantie wird jedoch nicht übernommen. Autoren und Verlag können für eventuell auftretende Fehler oder Schäden nicht haftbar gemacht werden. Das Werk und die darin gezeigten Modelle sind urheberrechtlich geschützt. Die Vervielfältigung und Verbreitung ist, außer für private, nicht kommerzielle Zwecke, untersagt und wird zivil- und strafrechtlich verfolgt. Dies gilt insbesondere für eine Verbreitung des Werkes durch Fotokopien, Film, Funk und Fernsehen, elektronische Medien und Internet sowie für eine gewerbliche Nutzung der gezeigten Modelle. Bei Verwendung im Unterricht und in Kursen ist auf dieses Buch hinzuweisen.

1. Auflage 2017

© frechverlag GmbH, Turbinenstr. 7, 70499 Stuttgart

ISBN 978-3-7724-7764-5

Best.-Nr. 7764